广东地方治理创新研究丛书
肖　滨　朱亚鹏　主编

调适与变迁
——广东探索地方政府治理结构创新

张紧跟　著

中山大学出版社
SUN YAT-SEN UNIVERSITY PRESS
·广州·

版权所有　翻印必究

图书在版编目（CIP）数据

调适与变迁：广东探索地方政府治理结构创新/张紧跟著．—广州：中山大学出版社，2018.6

（广东地方治理创新研究丛书/肖滨，朱亚鹏主编）

ISBN 978-7-306-06319-9

Ⅰ.①调…　Ⅱ.①张…　Ⅲ.①地方政府—行政管理—研究—广东　Ⅳ.①D625.65

中国版本图书馆 CIP 数据核字（2018）第 059562 号

出 版 人：	王天琪
策划编辑：	嵇春霞
责任编辑：	周　玢
封面设计：	曾　斌
责任校对：	李先萍
责任技编：	何雅涛
出版发行：	中山大学出版社
电　　话：	编辑部 020-84110771，84113349，84111997，84110779
	发行部 020-84111998，84111981，84111160
地　　址：	广州市新港西路 135 号
邮　　编：	510275　　传　真：020-84036565
网　　址：	http://www.zsup.com.cn　E-mail：zdcbs@mail.sysu.edu.cn
印 刷 者：	佛山市浩文彩色印刷有限公司
规　　格：	787mm×1092mm　1/16　20.5 印张　273 千字
版次印次：	2018 年 6 月第 1 版　2018 年 6 月第 1 次印刷
定　　价：	62.00 元

如发现本书因印装质量影响阅读，请与出版社发行部联系调换

教育部人文社会科学重点研究基地
中山大学中国公共管理研究中心重大项目"中国特色的治理理论构建（16JJD630012）"研究成果

总　　序

　　20世纪八九十年代以来，经济全球化和以信息技术为导向的新技术革命浪潮席卷世界各国，它们不但深刻地改变了国际经济、政治格局，也快速重塑着全球治理体系。全球化在带来了重大红利的同时，也给不同经济体之间以及各经济体内部带来了一系列分化与冲突，并由此引发了全球性的治理危机。不同国家回应危机的方式大相径庭，乃至直接催生出全球化与逆全球化之间角力的局面。作为全球化的参与者、受益者和积极推动者，中国积极谋划顶层设计，在规范公共权力运行、营造公平市场环境和维护公共秩序等方面进行了大胆改革与创新，力图通过创新和善治解决国内发展中遇到的新问题，并努力为推动世界经济发展和全球善治贡献中国智慧，体现了引领全球化发展的大国担当。

　　面对全球化带来的机遇和挑战，改革与发展成为当代中国的必然选择。党的十八届三中全会进一步将"推进国家治理体系和治理能力现代化"确定为全面深化改革的总目标，力争在2020年形成系统完备、科学规范、运行有效的现代制度体系。我们有理由认为，这不仅是一个事关中国国内治理的战略布局，它也为增强中国参与全球治理的能力、为全球治理提供"中国方案"创造了契机。在近40年中，中国融入了全球化浪潮，不但保持着经济高速增长，而且社会总体稳定并充满活力。因此，越来越多的人从直接关注中国的经济奇迹，开始转向探究这种经济奇迹背后的政治动力和社会诱因。事实上，中国的治理经验已开始被越来越多的国家所认可和借鉴。

然而，作为一个发展中的大国，积极的地方探索是中国改革开放得以成功的一条重要经验。为应对现代化和全球化进程中的各种挑战，中国涌现了大量的地方治理创新典型案例，其直接动力根植于地方社会不同类型行动者的持续互动之中。换言之，在特定的结构和制度情景中，不同的行动者通过互动，逐步消弭利益冲突并达成政策共识，进而让公共问题最终得到解决。虽然随着改革进入深水区，中央顶层设计的必要性日益凸显，但保持地方自主探索的活力依然是中国治理现代化不可或缺的一环。在此意义上，为了更好地总结中国的治理经验，并准确揭示它们背后的动力及其作用机制，我们需要将研究触角进一步下沉到纷繁复杂的地方治理实践过程之中，以便为下一步对全球治理之"中国方案"的学理表达提供切实的地方性经验的支撑。

作为改革开放的前沿地带，广东地方治理创新始终保持着热度，甚至在全国都起到了引领示范的作用。改革开放以来，广东一直秉持"敢为天下先"的精神，在诸多领域积极进行探索创新，无论是在经济发展、法治民主建设方面，还是在社会建设等方面，都大胆突破，涌现出了一大批治理创新的典型案例。它们在地方实践的意义上构成了推进国家治理体系和治理能力现代化最直接的注脚，堪称理解中国治理经验的"广东样本"。

2012年年末，习近平总书记在广东考察时强调指出，"广东要努力成为发展中国特色社会主义的排头兵、深化改革开放的先行地、探索科学发展的试验区，为率先全面建成小康社会、率先基本实现社会主义现代化而奋斗"。这已成为广东进一步推进治理体系和治理能力现代化建设的新起点和动力源。5年来，广东积极响应中央号召，在改革行政审批制度、优化基层自治、扩大公民有序参与、创新社会治理模式等方面继续着力，探索出了许多治理创新的新经验。立足于这些鲜活的广东治理创新案例，从实践出发，提炼具有解释力和穿透力的理论体系，参与全球治理理论对话，进而提升中国国家治理的绩效和品质，将是一件兼具学术价值和现实意义的研究工程。

在此背景下，中山大学政治与公共事务管理学院、中山大学中国公共管理研究中心、中山大学当代中国政治研究中心本着"问人间政治之道以善政天下，求公共管理之理为良治中国"的一贯宗旨，推出《广东地方治理创新研究丛书》，试图对广东治理体系和治理能力现代化建设的理论基础、实践经验和未来走向进行一次系统的总结和探讨，内容涵盖政府内部纵横双向权力配置改革，国家、市场、社会与群众四者之间的协同共治关系变革，以及基层自治与社会治理革新等多个方面，为深入理解广东地方治理创新实践提供有益的理论解释，为广东破解发展难题、增强发展动力、厚植发展优势奠定坚实基础。

在中国改革开放40周年即将到来之际，我们也希望以出版本套丛书为契机，抛砖引玉，激发新一轮关注国家治理体系与治理能力现代化建设的研究潮流。一方面，除广东外，国内还有浙江、贵州等许多地区在不同公共领域中大胆尝试，形成了一大批集国家、社会与市场力量智慧于一体的治理创新模式。这些具体的治理实践内容丰富、成绩亮眼，不但值得深入剖析和总结，而且是进行不同地区治理创新比较研究的珍贵素材。我们希望学术界和实务界有更多人能投身于中国治理创新的研究及实践之中，为"中国经验"的提炼提供助益。另一方面，如何解决公共领域中的治理问题，进而建构善治良序的局面是世界性的难题。以中国治理经验为基础，通过实践分析、理论建构参与全球治理理论对话和治理实践质量优化也正当其时。我们愿与学界同仁一道，在做好充分的中国地方治理研究的基础上，基于国际比较的宽广视野，进一步推进更具普遍适用性的治理理论创新，真正彰显中国治理经验对推动现代政治文明更新和治理理念发展的作用。

目 录
CONTENTS

导论 治理体系现代化：地方政府创新的趋向
　一、既有地方政府创新的主要内容 …………………………… 3
　二、地方政府创新的成效与面临的挑战 ……………………… 8
　三、走向地方治理体系现代化 ………………………………… 13

第一章　广东地方政府治理体系创新的背景
　一、工业化、市场化、城镇化和区域一体化加速发展 …… 23
　二、工业化、市场化、城镇化和区域一体化驱动广东
　　　发展 ……………………………………………………… 37
　三、广东地方政府持续的自我调适性创新 ………………… 44
　四、广东发展依然面临的挑战 ……………………………… 56
　五、结语 ……………………………………………………… 71

第二章　广东的地方政府治理结构创新
　第一节　广东渐进深化公共服务型政府建设 ……………… 77
　　一、以公共服务为重点深化行政改革 ………………………… 77
　　二、以公共服务为重点优化政府结构 ………………………… 84
　　三、以公共服务为重点改进地方政府治理机制 …………… 86
　　四、以公共服务为重点加大财政支持力度和促进区域
　　　　公共服务均等化 ……………………………………… 91
　　五、结语 ……………………………………………………… 94
　第二节　东莞的地级市直管镇体制改革 …………………… 95

一、引言 · 95
　　二、文献综述 · 96
　　三、东莞市现行体制的成效 · 100
　　四、东莞市现行体制面临的主要问题 · 105
　　五、改革东莞地级市直管镇体制的新思路 · 109
　　六、结语 · 116
　第三节　珠江三角洲的行政区划改革 · 118
　　一、行政区经济成为珠三角区域经济一体化的阻碍 · 119
　　二、行政区划改革的效果与问题 · 123
　　三、走向区域公共管理 · 128
　　四、简要的结论 · 133

第三章　广东地方政府分权于市场和还权于社会的创新
　第一节　珠三角从简政放权到治理体系现代化 · 139
　　一、珠三角地方政府简政放权的实践 · 140
　　二、珠三角地方政府简政放权的主要成效 · 144
　　三、珠三角地方政府创新依然面临的挑战 · 147
　　四、走向地方治理体系现代化 · 151
　第二节　南沙区的社会组织治理创新 · 157
　　一、问题的提出与研究方法 · 157
　　二、南沙新区社会组织发展现状 · 161
　　三、南沙新区社会组织管理体制改革 · 167
　　四、南沙区社会组织发展存在的主要问题及其限制性
　　　　因素 · 177
　　五、南沙区创新社会组织管理的思路 · 190

第四章　广东地方政府治理中的公民参与创新
　第一节　广州市政府创新中的参与式治理趋向 · 207
　　一、广州市政府创新的动因 · 208
　　二、广州市政府创新的相关实践 · 215
　　三、参与式治理开启了地方政府创新的新方向 · 223
　　四、结语 · 229
　第二节　广州市政府治理邻避冲突的制造同意策略 · 231

一、问题的提出与文献回顾 ……………………………… 231
　　二、案例描述 …………………………………………… 234
　　三、广州市政府如何制造公众同意 ……………………… 238
　　四、结论与讨论：制造同意的潜力与限制 ……………… 245

第五章　珠三角区域治理创新

第一节　珠江三角洲城市群发展模式的转型 …………… 257
　　一、多中心竞逐模式的形成 …………………………… 258
　　二、多中心竞逐模式面临的挑战与存在的问题 ……… 263
　　三、联动整合：新的区域发展思路 …………………… 268

第二节　珠江三角洲区域治理制度创新 ………………… 273
　　一、引言 ………………………………………………… 273
　　二、文献综述 …………………………………………… 275
　　三、区域公共管理制度的演进 ………………………… 278
　　四、区域公共管理制度的绩效及其面临的挑战 ……… 285
　　五、推进区域公共管理制度创新 ……………………… 292
　　六、结论 ………………………………………………… 299

第三节　粤港从"前店后厂"到制度学习 ……………… 300
　　一、粤港合作的发展及其面临的挑战 ………………… 301
　　二、制度落差是制约粤港合作的主要原因 …………… 304
　　三、加快广东向香港的制度学习 ……………………… 308
　　四、简短的结论 ………………………………………… 311

后记 ……………………………………………………………… 313

治理体系现代化：地方政府创新的趋向[①]

改革开放以来，地方政府创新在推动当代中国持续高速发展进程中扮演了非常重要的角色，被认为是过去40余年中国"非常规性"发展奇迹的关键性动力。在此过程中，地方政府通过推动政治改革、行政改革、公共服务与社会治理创新，既破解了一些传统体制弊端，又孕育了制度创新。地方政府创新极大地提升了民主化水平、政府绩效与政治合法性，成为推动社会善治与政治进步的重要动力源和突破口，是中国改革开放进程中最为亮丽的风景线。但是，这种创新始终居于地方政府主导之下，未能从

---

① 原文发表在《天津行政学院学报》2016年第3期。

根本上改变"强政府、弱市场与弱社会"的传统治理体系。因此，地方政府创新不仅难以持续，而且面临着边际效益递减的"内卷化"挑战。而从既有地方政府创新研究来看，研究者主要聚焦于探讨地方政府管理创新的理论、持续力、制度化等，[①] 并强调地方政府创新应该从提高规划性、改进协调性、增强针对性和重视可持续性四个方面实现转型升级，[②] 在相当程度上依然将其视为一种地方政府主导的行政改革，[③] 这显然无助于破解地方政府创新困境。在党的十八届三中全会上，实现国家治理体系与治理能力现代化被确定为新时期全面深化改革的总体目标。显然，这一最新顶层设计只有通过地方政府创新才能落到实处。因此，推进治理体系现代化应该成为新时期地方政府创新的趋向。

[①] 参见陈国权《地方政府创新研究的热点主题与理论前瞻》，载《浙江大学学报（人文社会科学版）》2010年第3期。

[②] 参见杨雪冬《地方政府创新治理提升绩效的四个突破点》，载《人民论坛》2014年10月。

[③] 参见俞可平《政府创新的中国经验：基于中国地方政府创新奖的研究》，中央编译出版社2011年版，第3页。

一、既有地方政府创新的主要内容

1. 政治改革

从近20年地方政府的创新实践来看，政治改革主要体现为基层选举创新。20世纪90年代至21世纪之初发生在中西部地区的基层选举创新多属于"危机驱动型创新"，即主要是为了缓解地方治理实践中面临的种种危机。例如，20世纪80年代末，吉林省梨树县为了缓解因"干群关系紧张及农民天天上访"所形成的治理困境，地方政府顺应了采取"由村民直接提名确定候选人"的方式选举村委会的要求，其创造性的"海选"为后来国家制定并完善《中华人民共和国村民委员会组织法》（以下简称《村民委员会组织法》）提供了基层经验。20世纪90年代初，山西省河曲县城关镇岱狱殿村为了化解持续出现领导班子涣散、党群关系紧张、村民上访等治理危机，在上级党委的支持下，开始创新村党支部选举方式，在村民评议党员的基础上得票过半数的党支部候选人被推荐参与第二轮党内选举，再由本村党员对候选人投票产生当选人。1998年4月，新上任的四川省遂宁市市中区委书记张锦明，上任伊始便遭遇因基层干部素质欠佳而引发公众不信任的治理难题，为了挽回基层政府的信誉，她主导了遂宁市市中区四个镇的乡镇长、乡镇党委书记的公推公选，首开全国先河。类似的基层选举创新也发生在其他地方。例如，1998年9—11月，四川省遂宁市莲花乡和东禅镇在全国率先进行"公选"乡镇党委书记；1998年11—12月，四川省眉山市青神县南城乡进行乡镇党委、纪委、政府三套班子公推直选创新；1999年4—5月，山西省临猗县卓里镇推出了"海推直选"产生党委书记、镇长的创新制度；2002年8月，湖北省选取宜城市孔湾镇、襄阳市谷城县南河镇、襄阳市保康县马桥镇、宜都市姚家店乡与湾潭镇、大冶市茗山乡等11个乡镇进行乡镇党委书记和党委委员的"两推一选"大面积试点创新。① 后来，乡镇级党委直选创新扩散到江苏、云南、吉林、江西、河南、重庆等省和直辖市。到2000年年底，全国已有20多个省市试点"两推一选"（党员推荐、群众推荐，党内选举）和"公示制"。② 进入21世纪以来，随着中央对发展基层民主和党内民主的加强，各地方出现了较多"公推直选""公推公选"及类似的创新试验，如云南红河州大规模公推直选乡镇长、党委书记，江苏宿迁"公推公选"乡镇领导干部，江苏仪征"公推公选"乡镇领导等。2007年，时任中国共产党中央委员会组织部副部长欧阳淞提及全国已有300多个乡镇实行了乡镇领导班子的直选试点。③ 到2010年，四川全省已先后有900多个乡镇开展公推直选试点，试点面在20%以上。④ 近20年基层选举创新将竞争与参与引入地方治理实践中，既缓解了基层治理危机，又改善了地方治理绩效。

---

① 参见中共湖北省委组织部《"两推一选"：发展基层民主的有益尝试》，载《求是》2004年第5期。

② 参见项继权《世纪之初的乡村民主：2000—2001年度中国村民自治的发展》，见李凡《中国城乡基层民主发展报告2000—2001》，东方出版社2002年版，第227～237页。

③ 参见《欧阳淞：全国300个乡镇开展了领导班子直选试点》，人民网，http://www.people.com.cn，2007年10月17日。

④ 参见周前进《四川：乡镇公推直选开展"五大类型"试点》，载《四川日报》2010年9月28日。

2. 行政改革

在地方政府创新实践中，行政改革涵盖面极为广泛，总体上可以划分为地方政府组织系统创新和地方政府输出创新。① 从地方政府自身创新来看，包括以下四点。

（1）组织文化创新。如厦门市将服务型政府组织文化作为建设海峡西岸重要中心城市、增强城市软实力的重要环节；南京市江宁区财政局积极实施文化创新战略，初步形成了由"理念识别、行为识别、视觉识别"组成的财政文化体系；河北省邯郸市强调建立责任型政府文化和服务型政府文化，明确规定拒绝、推诿、效力低下、不按服务承诺规定程序和规定时限权限履行职责等行为都将被追究行政过错责任，并设立举报投诉电话，逐步建立办事公开制、公开承诺制、集中审批制、过错追究制和奖惩机制等整肃机制。

（2）流程再造。政府流程再造关注公共产品和准公共产品提供途径的多样化，侧重于将原有专业化分工形成的金字塔型组织形态转变为由若干工作团队或业务节点组成的以流程为链接通路的扁平式网络化组织形态，本质上属于政府治理结构优化和大规模制度创新。② 例如，从20世纪90年代末延续至今的地方政府行政审批制度改革、不断扩展的地方政府行政信息公开、向企业与公众提供"一站式服务"的行政服务中心建设等。2010年4月，江苏省昆山市张浦镇开始试点探索决策权、执行权、监督权既相互制约又相互协调的"前台" + "后台"运行机制。"前台"是镇便民服务中心和综合执法局，直接面对基层群众、企业和其他社会组织，开展公共服务和综合行政执法；"后台"是其他职能机构，履行政策指导、

---

① 参见刘景江《地方政府创新：概念框架与两个向度》，载《浙江大学学报》2009年第1期。
② 参见丁云龙等《面向多元目标指向的地方政府流程再造》，载《中国行政管理》2011年第1期。

政令传递、监督问责等功能。通过改革，做到了"后台"为"前台"服务、"前台"为老百姓服务，使镇级公共服务更加普惠、企业办事更加方便、队伍素质更加提升、品牌效应更加凸显。

（3）组织结构创新。随着市场化改革不断深入，既有地方政府组织结构的不适应性日益明显。因此，通过调适组织结构以适应外部环境的变化就成为地方政府创新常态。具体而言，地方政府组织结构创新是以组织结构的扁平化和网络化为目标，改进现有地方政府部门内部、部门间及政府间协调、沟通和联系方式，以及责任和义务分布形式，或者创建新的地方政府组织结构的过程。[①] 如2009年，广东省佛山市顺德区通过大部制改革，将党政机构由41个压缩为16个。

（4）治理技术创新。在地方政府创新实践中，利用网络技术改进和创新政府管理方式，既有利于降低行政成本，又有利于提高行政管理效能。如深圳市监察局行政审批电子监察、江苏省苏州市监察局行政审批网上监察、陕西省监察警示训诫防线网络、福建省监察厅的依法监察程序网络应用、山东省监察厅纪检监察文书电子应用等5个系统通过事前审批事项公开、事中实时监控、事后预警纠错以及对行政审批全过程分析评估，建立起了比较完善的行政审批监控体系，有助于形成用制度规范审批、按制度办事、靠制度管人的有效机制。

3. 公共服务创新

在地方政府创新框架下，公共服务创新主要是指地方政府输出创新。公共服务创新既是加强地方政府自身建设和建设公共服务型政府的必然要求，也是解决当前地方政府公共服务中存在的突出问

---

① 参见刘景江《地方政府创新：概念框架与两个向度》，载《浙江大学学报》2009年第1期。

题的有效手段和重要途径。所谓地方政府公共服务创新是指地方政府以满足公众公共服务需求为起点，以公共权力和公共资源的使用为强大后盾，以公共服务要素（制度、机制、模式、流程、方法、工具等）的重新组合为手段，更大程度地实现公共利益的创造性活动。例如，2005年，北京市西城区通过综合受理、联网受理、全程代办等方式，打造新型街道公共服务大厅。2004年2月，四川省成都市建成了全国首家省、市同址办公的政务服务中心；此后，成都市又于2007年启动了"一窗式"并联审批受理平台，各职能部门在这个平台上内部运转、并行审批、限时办结，综合管理部门实时监控、测评，申请人可与审批部门双向互动，进行在线查询。2007年，杭州市委办公厅提出建设"市民邮箱"的创新目标，通过向市民免费赠送市民邮箱，拓展市民邮箱综合服务功能，增加杭州住房公积金对账、医保对账、交通违法通知等13项公共信息服务。2008年6月，陕西省子长县人民政府启动的公立医院改革强调"以确保公立医院的公益性质为核心，以建立平价医疗服务体系为重点，切实缓解群众看病难、看病贵的状况"，从而改革医药卫生体制，这一举措得到了广大民众的认可和各级领导的肯定。

4. 社会治理创新

进入21世纪以来，社会治理创新持续升温，日益成为地方政府创新的重要内容。地方政府社会治理创新是指地方政府通过社会治理理念、社会治理主体、社会治理体制与机制创新来提高社会治理能力，实现社会治理体系现代化。作为直面社会问题和处于社会治理第一线的地方政府，社会治理创新往往是地方政府回应社会需求的一种必然反映。在实践中，社会治理创新主要体现为还权于社会、培育和发展社会组织、建立社会协商对话制度、推进社会治理法治化等。如近年来厦门市海沧区构建"纵向到底、横向到边、纵横交错、互动共治"的社区治理体系新格局，在群众广泛参与的基础上，让社会管理和服务触角真正延伸到社区"最后一公里"。成都市从2010年底启动了"完善城乡社区治理机制"的基层社会治理创新，各市县根据本地实际，围绕"还权、赋能、归位"的总体要求，进行了各具特色的改革创新，取得了较好成效。

二、地方政府创新的成效与面临的挑战

从地方政府政治改革来看，民主选举创新增强了地方民众对党和政府的认同感、信任感和支持程度，增强了党、团、妇联组织的凝聚力，改善了干群关系，有利于提高政治合法性。这是因为民主选举创新不仅通过解决授权来源问题而直接增强了政治合法性，还有利于选举出高素质、有能力的地方领导干部，并且强化了他们向当地民众负责的责任意识，从而促进当地经济社会发展。类似浙江温岭"民主恳谈会"一类的公民参与地方政府公共政策过程创新则有助于地方政府回应公民诉求、促进地方政府决策民主化、化解社会矛盾、融洽干群关系。

从地方政府行政改革来看，持续推进的地方行政体制创新使地方政府基本上建立了适应社会主义市场经济发展的政府管理模式，明确了建设公共服务型政府的目标，在推进政府职能转变、优化行政流程、提高行政运作效率等方面都有明显进步。从行政审批制度改革到公共部门绩效评估、行政许可"超时默许"，再到"效能革命"以及政府流程再造等都大大改善了地方政府运作效率。尤其是当前正在推进的地方政府行政审批制度改革，通过压缩行政审批事

项、编制权责清单、优化行政审批流程、强化监管等措施,极大地释放了市场和社会活力,推动了稳增长、促改革、调结构、惠民生政策措施的落实,从而推动了地方政府职能转变和服务型政府建设。

从地方政府的公共服务创新来看,创新不仅有助于增加公共服务的数量与质量,还改善了公共服务的供给效益,最终提高了地方政府的公共服务能力。具体而言,一方面,地方政府通过增加财政投入,向底线民生如教育、医疗等倾斜,回应公众日益增长的基本公共服务需求。例如,2008年6月,陕西省子长县启动的"公立医院改革",以强化政府财政投入为抓手,有效缓解了民众看病难、看病贵的状况,实现了患者、医护人员、医院和政府"四满意"目标。另一方面,地方政府通过创新公共服务供给方式,不仅减轻了政府负担,还改善了公共服务供给效益。如地方政府通过向社会力量购买公共服务,把一些不该管、管不好、管不了的公共服务向社会组织转移,由社会组织承担,不仅有助于使政府职能重心由公共服务的"供应者"转为"监督者",还有助于提升社会资源的整合利用效益,吸引社会力量参与进来,形成公共服务供给主体多元化的新格局。

从地方政府的社会治理创新来看,创新不仅有助于改善民生和推进地方公共服务型政府建设,还有助于通过激发社会活力来改善政府效能并促进和谐社会建设。如江苏省徐州市铜山区以实现社区治理法治化、民主化、社会化、科学化为目标,全面推进社区治理法治、自治、共治和善治,逐步弱化社区行政色彩,增强社区工作者的为民服务意识,最终使村(居)民的幸福指数和满意度显著提升,形成了社区治理优化、社区服务细化、社区自治民主的和谐善治局面。[①] 近年来,深圳通过创新社会组织管理体制,激发了社会

---

① 参见张燕《四治联动开启社区治理创新的"铜山模式"》,载《徐州日报》2015年2月13日。

活力，社会组织不仅呈现井喷式发展，还在促进产业升级、提供公共服务、规范市场秩序、推动社会管理创新、参政议政、参与精神文明建设、倡导生态环保、开展对外交流合作等方面成为弥补政府失灵和市场失灵的重要部门，在社会治理中的地位凸显。①

尽管持续的地方政府创新驱动了中国经济社会的跨越式发展，但未从根本上改变地方政府主导型治理体系的基本结构，而且许多地方政府创新缺乏可持续性和可扩散性。

1. 地方政府主导型治理体系的基本结构依旧

（1）职能转变不到位。尽管持续的地方政府创新在相当程度上推动了政府职能转变，但是以追求 GDP（国内生产总值）和财政收入增长为核心目标、以固定资产投资和刺激出口为主要动力、以政府配置资源和行政干预经济运行为主要手段的传统发展模式不但得以持续，而且在面对经济社会发展中的诸多挑战时还不断得到强化，这不仅弱化了地方政府的市场监管、公共服务和环境保护职能，还导致强政府、弱市场和弱社会的基本治理结构依然如旧。于是，持续的地方政府创新虽然在裁减机构、削减人员、流程再造等方面动作频频，但始终难以从根本上解决地方政府行政运行成本居高不下与超载运行等难题，行政审批事项依然过多、行政审批效率依然低下、民众满意度依然不高。

（2）市场在资源配置中的决定性作用没有确立。尽管持续的地方政府创新在相当程度上促进了政府与市场关系的变化，市场主体日益富有活力，市场体系也不断健全，市场在资源配置中的作用也越来越明显，但地方政府主导导致市场在资源配置中的决定性作用始终无法发挥。在地方政府主导方面，由于地方政府既掌控着土

---

① 参见盛家婉等《深圳社会组织管理体制改革再起航》，载《深圳特区报》2015年1月13日。

地、信贷等稀缺资源，又行使着缺乏法治约束的权力，因此，市场只是可供地方政府随意拿捏的制度安排或随意取舍的政策工具。① 更为严重的是，权力宰制的市场经济导致市场领域完全由行政权力主导，"闲不住的手"管住了"看不见的手"，缺乏法治约束的权力滥用与贪婪资本的结合成为当代中国社会最严重的弊端根源。

（3）依然维持着建设社会的格局。尽管近年来许多地方政府启动了声势浩大的以培育和发展社会组织为核心的社会治理创新运动，社会组织的数量与影响力都有了明显增加，但地方政府并未意识到社会自主治理对缓解公共事务治理压力、构建和谐社会的重要功能，因此始终缺乏让社会自主治理的动力。在建设社会的格局中，地方政府能够在一定程度上让渡空间给社会组织以发挥其"拾遗补阙"的重要功能，但对公民通过社会组织维护自身权益和参与公共事务治理的基本权利始终充满戒心。最终，在地方政府社会治理创新的宏大叙事中，主体依然是各级政府，其建设目标依然是一个"泛政治化的社会"，其运作方式依然是通过国家权力无所不及的触角去培育和发展社会组织。② 社会建设更多的是政府达成自身目标的一种政策工具，而不是培育形成一个自主社会的途径。于是，一个缺乏能动性和自主性的社会在面对缺乏法治约束的横暴权力与贪婪资本的时候，显得更为弱势。

2. 地方政府创新难以持续和扩散

（1）地方政府创新难以持续。人们对地方政府创新在发挥国家治理的示范功能、试验功能与减震功能方面的重要性日益达成普遍共识，因此各级地方政府创新的实践层出不穷。中国政府创新奖自

---

① 参见何显明《政府转型与现代国家治理体系的建构》，载《浙江社会科学》2013 年第 4 期。

② 参见刘京希《从政治发展看社会建设》，载《天津社会科学》2012 年第 2 期。

2000年设立至今，先后有2000多个地方政府创新项目参与评选。但是，多数地方政府创新难以为继，缺乏可持续性，地方政府创新的"消亡"和"人走政息"是常态。① 王正绪的研究发现，中国的乡镇基层民主发展中的多数试点已经回归到了原点，不少制度创新沦为"民主秀"，在吸引了媒体、学界和上级政府的关注之后便偃旗息鼓了。② 包国宪的回访研究发现，已经获得入围奖的112个项目中真正持续发展的仅有34个，仍需后续跟踪的有4个。③ 陈家喜等发现由于基于创新的政绩具有个体性和不可继承性，后任官员无法通过延续前任官员的创新项目获得政绩，也因此导致无论前任官员主导的地方政府创新多么出色，往往都会被继任者束之高阁。④ 缺乏可持续性的地方政府创新，不仅浪费了大量创新成本，还在相当程度上沦为地方政府官员的"政治秀"，最终会严重损害地方政府的公信力。

（2）地方政府创新难以扩散。在规范层面上，一些成功的地方政府创新既可以为中央政府决策提供依据，也可以为其他地方政府提供参考和学习的榜样，从而促进地方政府创新的扩散。但在实践中，中国地方政府创新的区际学习与扩散能力较弱。研究者发现，在众多地方政府创新中，仅有少数幸运儿最终成为全国优胜者，而多数地方政府则仅仅获得阶段性胜利，得到了局域性扩散。⑤ 吴建南等发现在中国情境下，只有那些概念较为简单、操作较为简便、

---

① 参见韩福国《地方政府创新：困境与抉择》，载《人民论坛》2013年1月。
② 参见马得勇、王正绪《民主发展、合法性与治理绩效——对五类乡镇制度创新模式的比较分析》，载《中国人民大学学报》2012年第6期。
③ 参见包国宪、孙斐《演化范式下中国地方政府创新可持续性研究》，载《公共管理学报》2011年第1期。
④ 参见陈家喜、汪永成《政绩驱动：地方政府创新的动力分析》，载《政治学研究》2013年第4期。
⑤ 参见于晓虹《地方创新的局域性扩散——基于山东新泰"平安协会"实践的考察》，载《国家行政学院学报》2013年第6期。

短期效果较为明显、采纳成本较为低廉、获益群体广泛、相关阻力较少的地方政府创新相对容易扩散。① 此外,一些地方政府创新项目要么带有非常明显的地方特色以及地方主政官员的个性,要么在一定程度上突破了现行的制度框架,因此增加了其可复制的难度。

三、走向地方治理体系现代化

改革开放以来,持续的地方政府创新在相当程度上发挥了为回应大转型中的治理挑战而进行的国家适应性自主调适的功能,最终提高了政府整体的适应能力。这种地方政府创新虽然成功地应对了市场化和社会转型的挑战,但由于始终居于地方政府的主导之下,因此更多地是反应性创新而非进取性创新,也不可能从根本上改变政府主导的基本治理结构。最终,地方政府依然普遍面临着"强发展、弱治理"的困局,如经济发展方式难以转型到位、规划的公共服务型政府建设难以摆脱"墙上挂挂"的尴尬处境、环境污染积重难返、维稳压力居高不下等,改革攻坚的难度越来越大。这表明,由于地方政府创新始终未能改变地方政府主导下的"强权力、弱市场和弱社会"的基本治理结构,因此无法与日新月异的经济、社会发展相匹配。20世纪80年代以来,为缓解国家应对巨量公共事务乏力的窘境,以重新配置公共权力、吸引市场和社会参与公共管理

---

① 参见吴建南、张攀《创新特征与扩散:一个多案例的比较研究》,载《行政论坛》2014年第1期。

为内容的国家治理转型浪潮席卷全球。而回顾当代中国改革开放以来的发展历程，地方政府创新驱动的反应性国家治理调适虽然成就了当代中国持续的经济高速增长和和谐稳定的大局，但随着改革进入深水区，社会价值与利益日益分化，各种社会矛盾也日益凸显，经济社会发展已然进入"高风险窗口期"，① 加速推进地方治理体系现代化的必要性与日俱增。由于地方政府主导的创新始终囿于传统思维，甚至在应对经济社会发展的挑战时力图以强化权力来驯服市场和社会，导致专断性权力日益强盛而基础性权力日益衰弱，地方政府创新始终难以走出"地方政府创新内卷化"的困境。因此，为了走出"强发展、弱治理"的困局，地方政府创新必须重构，走向治理体系现代化。

世界银行发布的《政府治理指标：1996—2004》专项研究报告提出，政府治理体系现代化的六个评估指标要素包括表达与问责、政治稳定与暴力程度、政府效率、规制水平、法治和腐败控制。②弗朗西斯·福山认为，一个秩序良好的社会需要强政府、法治和民主问责。③俞可平提出了衡量国家治理体系现代化的五个标准，即公共权力运行的制度化和规范化、民主、法治、效率和协调。④林尚立则认为，现代国家治理体系是在现代国家建构过程中，随着国家治理主体由单一的政府主体发展为政府、市场、社会等多元主体，在建构国家秩序时各种制度有机联系和相互作用所形成的系

---

① 参见"十三五"经济社会发展主要风险和应对机制课题组、马晓河《我国经济社会发展进入高风险窗口期》，载《宏观经济管理》2014年第8期。
② 参见 Kaufmann D, Kraay A. Governance indicators. The World Bank Research Observer, 2008, 23（1）：1-30.
③ 参见[英]戴维·朗西曼《福山的良治社会三要素》，载《金融时报》2014年10月14日。
④ 参见俞可平《衡量国家治理体系现代化的基本标准》，载《光明日报》2013年12月9日。

统。① 现代化的国家治理体系是一个由政府、市场与社会合作共治的治理体系，在这个治理体系中，政府、市场和社会均有其特定的角色，行使特定的职能。② 基于这些论断，可以将现代化的国家治理体系基本要素概括为：①政府治理制度现代化。在现代国家治理中，政府是最重要的治理主体，因此，政府治理制度现代化是国家治理体系现代化的核心内容，包括转变政府职能、优化政府结构。②政府与市场和社会的协同共治。在现代化社会结构中，政府、市场与社会构成成熟社会体系的三大板块。一方面，国家治理不是政府的独角戏，而是政府、市场与社会的协同共治；另一方面，国家治理也不是政府自上而下的命令，而是政府、社会与市场在平等基础上的协作共治。③民主与法治。民主与法治如鸟之双翼，构成现代国家治理的基本原则。一方面，建立一个对人民负责的政府是国家治理体系现代化的基石，而公众参与与问责是实现这一目标的基本要求；另一方面，法治作为现代国家治理的基本方式，既是推进国家治理体系现代化必须遵循的基本原则，也是提升国家治理能力现代化的必然路径。

地方政府创新作为改革年代中国国家治理体系现代化进程中最为亮丽的风景线，在不断推进地方治理创新的同时也面临着诸多挑战。习近平总书记在党的十八届三中全会第二次全体会议上强调指出，推进国家治理体系和治理能力现代化，就是要适应时代变化，即对不能适应实践发展需要的体制机制进行改革，还要不断构建新的体制机制，以实现党、国家和社会各项事务治理的制度化、规范化和程序化。因此，未来中国地方政府创新要继续发挥好国家治理体系创新的试验、示范和减震功能，使顶层设计中的全面深化改革

---

① 参见林尚立《以制度的现代化推进国家治理现代化》，载《中国社会科学报》2014年1月15日。
② 参见中国行政管理学会课题组《政府职能现代化视角下当前政策创新的重点及建议》，载《中国行政管理》2014年第3期。

落到实处,应该在适应经济社会发展变迁中,深入推进地方治理体系现代化。具体而言,包括以下两方面。

1. 创新地方政府治理制度

(1) 以公共服务型政府建设推进地方政府职能转变。建设公共服务型政府,是当代中国行政体制改革的目标模式。因此,党的十八届三中全会明确提出要加强地方政府公共服务、市场监管、社会管理、环境保护等职责。按照公共服务型政府建设的要求,地方政府的职能转变主要应该围绕"两个服务"来转变:一方面是为市场主体创造平等竞争的环境和提供服务,另一方面是为人的生存和发展创造良好、和谐、可持续的环境和提供服务。[①]

(2) 优化政府组织结构。为适应地方治理体系现代化,地方政府组织结构的优化包括四个方面:一是优化地方党政结构。改革开放以来,随着中国共产党从革命党向执政党的逐步转型以及中国经济社会的深刻变化,传统的地方党政结构日益面临挑战。因此,基于科学执政、民主执政和依法执政的要求,逐步推进地方党政结构合宪化和法治化,既要保证地方党委的领导核心作用,又要支持地方人民代表大会(以下简称"人大")、政府、政治协商会议(以下简称"政协")以及人民团体依法履行职能。二是以地方人大制度创新优化地方横向权力配置。重塑地方人大在辖区公共选择的主体地位,以预算约束为切入点,强化地方人大对地方政府的硬约束,从而在一定程度上降低行政主导的地方政府治理结构可能蕴含的治理风险。三是优化地方纵向政府间治理结构。一方面,在政府职能回归公共财政意义上的事权定位后,应该合理划分各级地方政府的事权范围与财政关系,优化纵向地方政府间治理结构,以改善地方政府整体治理绩效;另一方面,要逐步破解地方政府间纵向职

---

① 参见高尚全《如何建设公共服务型政府》,载《新华日报》2013年12月11日。

责同构迷局，合理配置权责关系。四是整合地方政府内部的碎片化结构。随着行政体系的变革和发展，行政专业化程度日益加深，行政碎片化现象也日趋严重。重点是要优化政府职能配置、机构设置、工作流程，完善决策权、执行权、监督权既相互制约又相互协调的行政运行机制。

2. 健全地方政府与市场和社会的协同治理机制

在成熟的现代国家治理体系中，政府、市场与社会应该在平等与互惠的基础上协作共治。政府作为唯一具有合法性的强制主体，能够为整个社会创建一个基本制度环境，保证各项经济和社会政策的有效执行。市场作为一种有着自身运行逻辑和自我调节机制的经济秩序，是迄今为止最有效率的资源配置方式。社会作为缓解市场失灵和政府失灵的第三种治理机制，有助于制约"横暴国家"和"贪婪市场"。因此，国家治理体系现代化的基本要义就是要理顺政府、市场、社会的关系，实现政府、市场和社会的协同治理以实现善治。但在地方政府主导型发展模式下，"效率优先"与"稳定至上"的目标追求在相当程度上阻碍和延滞了市场发育和社会成长，从而在创造"发展奇迹"的同时也遭遇种种"治理危机"。因此，要在日益复杂的利益分化时代走出地方政府独大的单一治理困局，应该健全地方政府与市场和社会的协同治理机制。首先是健全地方多中心治理体系。地方政府在回归维护公共利益和公共秩序基本角色的基础上，放权于市场并充分发挥市场在资源配置中的决定作用，还权于社会并激发社会治理的功能，建构各归其位、既相互制约又相互支撑的多中心治理体系，充分发挥市场、社会的作用以缓解地方政府治理的压力。其次是健全地方网络化治理结构。在网络化治理结构中，治理"是或公或私的个人和机构管理共同事务的诸多方式的总和，是使相互冲突或不同利益得以调和并采取联合行动的过程"①。因此，地方政府与其他治理主体应该在平等、信任和互惠的基础上，通过协商和协作建立伙伴关系与网络关系，就共同关心的问题采取集体行动。最后是促进协同治理制度化。作为协同治理，是指"通过建立指导、促进、运行和监督跨部门的组织安排来解决单一组织或公共部门难以解决的公共政策问题的整个过程"②。为此，一方面，应该促进有利于建立协同治理的各项制度、法律法规的不断健全完善和自觉落实；另一方面，应该把协同治理过程中产生的合理机制转化为制度成果，乃至进一步上升为地方法规甚至法律制度。

3. 发展有效民主和践行法治

（1）发展有效民主。民主作为现代国家治理体系合法性的来源，也是促进地方治理体系现代化的基本使命。参与、回应与责任是现代民主政治的核心价值所在，也是发展有效民主的基本要义所在。③ 基于既有地方政府创新实践，发展有效民主应该在既有基层选举民主创新的基础上发展治理民主：一方面要扩展公民的参与式地方治理，另一方面要实现有效问责。传统地方治理单向强调政府角色而排斥公民参与，虽然有可能获得好的发展绩效，但由于民众游离于发展议程之外，所以既因为无法有效遏制公共权力滥用和低效率而影响高治理绩效的可持续性，又因为民众无法公平分享发展成果而危及社会稳定。基于发展大规模选举民主面临着不可预知的风险的现实，发展有序的地方参与式治理是扩展有效民主进而改善地方治理的必然选择。从浙江温岭、广东广州与顺德等地的参与式

---

① Commission on Global Governance. Our global neighbourhood. Oxford University Press, 1995: 2.
② 敬乂嘉：《网络时代的公共管理》，上海人民出版社2011年版，第7页。
③ 参见杨光斌《政体理论的回归与超越——建构一种超越"左"右的民主观》，载《中国人民大学学报》2011年第4期。

地方治理实践探索来看，一方面，公民参与被充分吸纳，促进了地方政府决策民主化和科学化，培养了公民民主意识与参政能力；另一方面，重塑了地方政府与公众关系，增进了彼此间的理解与信任，最终也改善了公共事务治理绩效并促进了和谐社会建设。① 当务之急是地方政府、公民、公民社会组织找出改进参与的方法，并在参与式治理框架下通力合作，以提高地方民主的质量和治理绩效。在现代国家治理体系中，参与式治理有助于使民意诉求进入公共政策过程，而有效问责才能确保地方政府回应民众诉求。因此，在发展有序参与的基础上，实现有效问责也是发展有效民主的必然要求。应该在构建全流程、立体式的问责机制基础上，以强化地方人大对地方政府的监督制约来完善横向问责为创新突破口，逐步扩展地方政协、社会舆论、社会组织以及公众的纵向问责。

（2）践行法治。法治作为现代国家治理的基石，是实现国家治理体系现代化的基本途径。在法治中国顶层设计基本明确的背景下，通过地方政府创新践行法治就是全面落实法治国家建设的必由之路。为此，应该在试点创新科学和民主立法以完善地方法律体系的基础上，重点加强宪法与法律实施，建设法治政府，保障司法公正，用法治思维和法治方式"反腐维权"。

---

① 参见张紧跟《从抗争性冲突到参与式治理：广州垃圾处理的新趋向》，载《中山大学学报》2014年第5期。

第一章

广东地方政府治理体系创新的背景

改革开放以来，工业化、市场化、城镇化与区域经济一体化加速推进了广东的经济社会发展与变革，这势必对传统地方政府治理体系提出诸多挑战。为此，广东地方政府通过渐进的调适性改革去回应这一巨大变革，如持续的纵向简政放权改革、大部制改革、行政区划调整、区域整合等。毋庸置疑，这些调适性变革在一定程度上缓解了广东经济社会发展不断出现的状况。但是，在经济发展和社会治理新常态下，层出不穷的新问题依然要求创新广东地方政府治理体系。为此，如何继续回应广东经济社会发展新常态下的挑战，应该成为创新地方政府治理体系必须回答的问题。

一、工业化、市场化、城镇化和区域一体化加速发展

1. 工业化

改革开放以来,广东工业化加速推进,取得了举世瞩目的发展成就。改革伊始,广东就率先在国内开展了经济转型,开始走上区域工业化的快车道。1979—1990年,广东完成了轻型工业化进程,轻工业保持年均20%的快速增长发展势头,轻工业总产值在工业总产值中的比重由59%上升至67%。1991—2002年,广东的工业化发展进程逐步转向重工业化发展的新阶段。到2002年,广东规模以上重工业化总产值首次超过轻工业。2003年以来,广东进入新型工业化发展新阶段。在快速工业化进程中,广东的产业结构发生了深刻变化。第一产业的比重在1982年之前呈现温和上升的趋势,从1978年的29.8%上升到1982年的34.8%,此后持续下降,到2014年降至4.7%。第二产业在1978年的比重为46.6%,1978—1994年呈现先降后升的发展态势。总体上,广东三次产业结构的变动趋势是:第一产业比重不断下降;第二产业比重总体呈上升趋势,近年有所下调;第三产业比重总体呈现不断提升的态势。2016

年三次产业结构比为4.7∶43.2∶52.1①（见表1-1）。

实证研究显示：在贫困阶段，广东国民经济的增长主要依靠农业推动；在温饱阶段，主要依靠农业和工业推动；在小康阶段，主要依靠第二产业和第三产业推动。经过40余年持续的工业化进程，广东经济已经基本非农化，第二和第三产业支撑起了广东经济。服务业与制造业一起形成的"双轮驱动"，正在成为广东经济增长的两个重要支撑。进入21世纪以来，广东坚持走新型工业化道路，确立了产业高级化、适度重型化的发展方针，使广东工业重型化特征更加明显。目前，广东已处于工业化阶段的中后期，正在加快实施"双转移"工作和大力推进战略性新兴产业发展，产业升级转型的效果正在逐步显现。2016年，广东全省高技术制造业和先进制造业完成投资1647.71亿元和4329.19亿元，增长20.6%和11.0%，增幅分别比整体投资高10.6个和1.0个百分点，其中技术含量较高的航空航天及设备制造业增长217.3%。广东加大技术升级改造力度，推动制造业功能和链条升级，工业技术改造投资增长32.8%，对工业投资增长的贡献率高达106.7%，其中电气机械及专用设备、森工造纸技术改造投资增速均在60%以上，医药、汽车技术改造投资增速超过30%。2016年，研究与试验发展经费支出占GDP的比重达2.52%，有效发明专利量连续7年、PCT（专利合作协定）国际专利申请量连续15年保持全国第一，高新技术产品产值增长12%。② 除了在总量上取得巨大发展外，第三产业内部结构也呈现出良好的升级态势。广东省统计局统计显示，2009年以来，广东第三产业对GDP增长的贡献率一直保持在50%以上，是拉动经济增长的主要动力。2016年，广东第三产业增加值对经

---

① 参见《2016年广东经济运行情况分析》，广东统计信息网，http://www.gdstats.gov.cn/tjzl/tjfx/201702/t20170216_355474.html，2017年2月7日。

② 参见《2016年广东经济运行情况分析》，广东统计信息网，http://www.gdstats.gov.cn/tjzl/tjfx/201702/t20170216_355474.html，2017年2月7日。

济增长的贡献率为61.3%,拉动GDP增长4.6个百分点。广东三次产业结构由原来的"二三一"结构变化为"三二一"结构。2016年,广东第三产业内部结构明显改善,整体水平提升明显,服务领域不断拓展。现代服务业增加值增长10.4%,占服务业比重为61.7%,占比同比提高1.3个百分点。以新经济为代表的营利性服务业发展不断加快。营利性服务业在互联网经济、新商业模式的拉动下较快发展,增长16.8%,对经济增长的贡献率为19.4%,拉动经济增长1.5个百分点。其中,部分规模以上服务业中的高技术服务业营业收入增长16.1%,生产性服务业营业收入增长13.7%。

表1-1 1978—2017年广东三次产业结构变动①

年份	GDP结构(%)		
	第一产业	第二产业	第三产业
1978	29.8	46.6	23.6
1979	31.8	43.8	24.4
1980	33.2	41.1	25.7
1981	32.5	41.4	26.1
1982	34.8	39.8	25.4
1983	32.9	41.3	25.8
1984	31.7	40.9	27.4
1985	29.8	39.8	30.4
1986	28.3	38.3	33.5
1987	27.4	39.0	33.6
1988	26.5	39.8	33.7
1989	25.5	40.1	34.4
1990	24.7	39.5	35.8

① 数据来源:历年广东统计年鉴。

续表 1-1

年　份	GDP 结构 （%）		
	第一产业	第二产业	第三产业
1991	22.0	41.3	36.7
1992	19.0	45.0	36.0
1993	16.1	49.1	34.8
1994	15.0	48.8	36.2
1995	14.6	48.9	36.5
1996	13.7	48.4	37.9
1997	12.6	47.6	39.8
1998	11.7	47.7	40.6
1999	10.9	47.1	42.0
2000	9.2	46.5	44.3
2001	8.2	45.7	46.1
2002	7.5	45.5	47.0
2003	6.8	47.9	45.3
2004	6.5	49.2	44.3
2005	6.3	50.4	43.3
2006	5.8	50.6	43.6
2007	5.3	50.4	44.3
2008	5.4	50.3	44.3
2009	5.1	49.2	45.7
2010	5.0	50.0	45.0
2011	5.0	49.7	45.3
2012	5.0	48.5	46.5
2013	4.8	47.4	47.8
2014	4.7	46.2	49.1
2015	4.6	44.6	50.8
2016	4.7	43.2	52.1
2017	4.2	43.0	52.8

2. 市场化

"先行一步""特殊政策""外向型经济"及"地域优势"等，固然是广东高速发展的重要因素，但事实上，广东的发展主要得益于市场化改革先行一步。正如时任广东省省长卢瑞华所说，广东发展主要靠市场机制，靠率先向市场经济体制转轨，形成"市场化"的先发优势。[①]

20世纪70年代末到80年代初，广东的市场化改革以价格改革和搞活城乡流通为突破口，因为价格改革是市场流通和经济体制改革的关键。广东价格改革开始是"放调结合、以调为主"，然后是"放调结合、以放为主、放中有管、分步推进"。至1985年，广东成功地实现了由计划经济走向市场经济的价格闯关。为了发挥企业作为市场主体的作用，广东的企业改革首先从扩权让利开始。1979年，广东推广"清远经验"，扩大企业自主权。1981年起，推行以"包"字为主要内容的各种盈亏包干责任制。1985年，根据国务院有关规定，广东做出补充规定，从生产经营计划、产品销售、价格、工资奖金等10个方面，进一步扩大国有工业企业自主权，给企业"松绑"，更好地调动了职工积极性，提高了企业的适应能力和竞争能力。多年来，按照先调（调整价格、调减计划品种）后放（放开价格控制、取消计划任务）、先易后难、先突破后扩展、先单一后整体（即体制转换）的路径进行改革，广东通过一系列改革改变了国家统一下达生产任务、统一收购产品、统一定价、国家出钱投资和单一公有制的旧体制，逐步形成了企业自主、市场配置资源、公平竞争、富有活力的新体制。与此同时，广东还采取多种优惠政策和措施，鼓励发展各种合作经济、私营经济以及中外合资、

---

① 参见《广东省长卢瑞华强调广东率先现代化肯定成功》，载《广州日报》2001年3月6日。

合作企业、外商独资企业，逐步形成以公有制为主体，多种经济成分和经营方式共同发展的多层次所有制结构，为社会经济发展注入了蓬勃的活力。

以1992年10月召开的党的十四大为标志，广东进入了建立市场经济体制框架的改革时期。作为"先行一步"的试验区，广东在市场化改革诸多领域的探索中为其他地方提供了改革经验。市场经济体制改革的主要措施是建立现代企业制度、实施分税制、改革金融体制、改革科技体制、改革投融资体制，主要成效是基本建立社会主义市场经济体制框架，改变单一的企业组织模式，促进非国有企业发展，使经济运行遵循经济规律、符合国际惯例，经济增长的内生动力不断增强，抵抗市场风险的能力不断提高。广东明确了改革的市场取向，通过一系列以市场化为取向的改革，使市场在资源配置中起基础性作用，促进政府职能转变，为多种所有制经济共同发展创造条件；积极推动各项改革事业发展，逐步建立起社会主义市场经济体制的基本框架。

早在2002年，在中国经济改革基金会国民经济研究所完成的《中国市场化指数——各地区市场化相对进程报告》中，"中国市场化指数"的五大项一级指标广东均居全国前列。"要素市场发育程度"指标排全国第一，"非国有经济的发展"指标排全国第二，"市场中介组织发育程度和法律制度环境""政府与市场关系"及"产品市场发育程度"等指标均居全国前五位。《中国市场化八年进程报告》的研究显示：2014年广东省在分省市场化程度排名中位居全国第四位、在市场分配资源的比重中位居全国第一位、在减少政府对企业的干预方面位居全国第三位、在缩小政府规模方面位居全国第四位、在国有经济发展方面位居全国第二位、在产品市场的发育程度方面位居全国第三位、金融业市场化指数位居全国第三位、市场中介组织的发育和法律制度环境位居全国第五位。①

经历了40余年的跨越发展，率先改革开放的广东已经成为我国经济实力最强、市场化程度最高、开放水平最好的省份之一。然而，近年来，特别是国际金融危机以来，国际经济形势发生了复杂变化，一方面，世界人才、资源、资金、技术、市场竞争日益激烈，营商环境的优劣成为能否在全球经济技术竞争中获胜的关键因素；另一方面，随着我国全方位改革开放不断深入拓展，广东原有的许多先发优势正逐步丧失，转型升级到了爬坡越坎的关键阶段。为此，中国共产党广东省第十一次代表大会提出，"力争通过五年努力，基本形成法治化、国际化营商环境的制度框架"。为贯彻落实中共广东省第十一次党代会精神，省委、省政府决定制定《建设法治化国际化营商环境五年行动计划》（以下简称《行动计划》）。其中，《行动计划》明确提出建设竞争有序的市场环境。其行动目标包括：社会信用体系、市场监管体系、市场服务体系建设达到国际先进水平，率先建立与经济国际化相适应的管理体制和运行机制，推动生产要素高效公平配置。工作路径包括：有效降低市场准入门槛和企业运营成本，推进"三打两建"（打击欺行霸市、打击制假售假、打击商业贿赂，建设社会信用体系、建设市场监管体系），加强市场服务和监管，激发市场主体活力，促进市场主体诚实守信经营。重要举措包括：放宽市场准入，建设统一规范的公共资源交易平台，推进公共资源高效公平配置，规范涉企税费管理，培育专业化服务，发展电子商务平台，建立和完善中小微企业综合服务体系，方便企业获得资金，提高营商基础设施保障能力，整顿和规范市场秩序，建设社会信用体系，建设市场监管体系。

改革开放40余年的实践充分证明，从经济体制改革到以明晰

---

① 参见王小鲁、余静文、樊纲《中国市场化八年进程报告》，载《财经》2016年4月11日。

政府权责为焦点的行政体制改革，广东省始终引领"市场化改革"潮流。广东外经贸体制改革、国有企业改革、投资体制改革、营商环境改革、行政审批制度改革、社会保障制度改革以及社会治理改革均走在全国前列，这是通过开放促进不可逆转的市场化改革，改革反过来又助推扩大开放的过程。广东正是因为坚持市场化改革方向，"舍得改"，"敢于放"，率先实现计划经济体制向市场经济体制的转变，经济社会才得以快速发展。在最新一轮的全面深化改革中，广东再次率先激发市场创造活力和发展内生动力，这无疑为广东未来的发展开拓了更多空间。

3. 城镇化

城镇化是伴随工业化发展，非农产业在城镇聚居，乡村人口向城镇转移的自然历史进程，是现代化的必由之路，也是推动经济社会发展的动力所在。人口城镇化是城镇化的核心，人口城镇化率是人口城镇化的具体标识。改革开放初期，广东的城市面积很小，随着经济的发展、城市化步伐的加快，城市建成区面积不断扩大。改革开放以来，广东经济持续高速增长，产业不断转型升级，工业化速度迅速加快；同时，全省人口城镇化水平相应快速发展，呈现城镇数量大幅增加、城镇区域迅速扩张、省内外大量农村人口向城镇迁移的局面，广东城镇化率不断提高。

1985—2010年的25年间，广东迎来了改革开放的辉煌时期，各行各业取得了举世瞩目的成就，城镇化率迅速提高。广东人口城镇化率在1984年初步超过全国平均水平，1985年达30.15%，之后保持快速发展的态势，到2010年，全省城镇化率高达66.17%，25年间上升了36.02个百分点，比原来翻了一番，这一时期是广东人口城镇化发展的加速期，城镇人口和城镇化率增长速度均居全国前列，广东城镇化发展跨入了中期阶段。2013年年末，全省城镇人口7212万人，城镇化水平为67.76%，比全国高14.03百分点，分别高于江苏、浙江、山东的3.65、3.76、14.01个百分点,仅低于京、津、沪三个直辖市。参照美国城市地理学家诺瑟姆城市化发展进程三个阶段的研究理论,目前广东城镇化已进入中后期的发展阶段,珠江三角洲地区的城镇化率达84%,已进入城镇化发展的成熟阶段。① 2011—2015年,广东城镇人口每年增加90多万人,城镇化率从2010年的66.2%提高到2015年的68.7%。② 增速有所放缓,但仍继续保持上升趋势,按城镇化发展进程划分,属于中期阶段的后期,表明广东城镇化进程已逐渐由中期阶段向成熟发展的后期阶段迈进。③

在城镇体系建设方面,广东省已逐步形成珠江三角洲地区率先发展、东西两翼稳步发展、粤北地区加快发展的区域格局,以及大中小城市与小城镇协调发展的城镇体系。目前,广东有400万人口以上的特大城市2个,200万~400万人的城市2个,100万~200万人的城市7个,50万~100万人的城市6个,20万~50万人的城市4个,小城镇1132个。在城市基础设施方面,各地加大了城镇建设投入力度,城市市政公用设施日益完善,全省建制镇建成区面积为3000多平方千米,城市燃气普及率为94.93%,城市自来水普及率为97.62%,城市污水集中处理率为88.09%,人均城市道路面积为13.42平方米,人均公园绿地面积为15.82平方米,建成区绿化覆盖率为37.17%。④ 统计表明,广东城市污水集中处理率、建成区绿化覆盖率等指标均高于全国水平。

近年来,广东省认真贯彻国家部署,坚持走以人为核心的新型

---

① 参见《广东新型城镇化现状问题与对策》,广东统计信息网,http://www.gdstats.gov.cn/tjzl/tjfx/201702/t20170216_355474.html,2014年12月9日。
② 参见广东省人民政府2016年《政府工作报告》。
③ 参见《广东人口城镇化发展状况浅析》,广东统计信息网,http://www.gdstats.gov.cn/tjzl/tjfx/201702/t20170216_355474.html,2014年10月30日。
④ 参见《广东新型城镇化现状问题与对策》,广东统计信息网,http://www.gdstats.gov.cn/tjzl/tjfx/201702/t20170216_355474.html,2014年12月9日。

城镇化道路，大力打造珠三角世界级城市群，推动粤东西北地区地级市中心城区扩容提质，有力地推动了全省城镇化进程从规模扩张阶段向质量提升阶段的转变，初步形成了国家中心城市——广州、深圳、省域中心城市、地方性中心城市、县城、中心镇协调发展的城镇体系格局。城镇化快速发展为全省经济社会持续健康发展注入了强大动力，也提供了可靠保障。

与此同时，城镇化也给广东发展提出了诸多挑战。

首先，广东城镇化面临县域经济发展的短板。合理的城镇体系结构应该是层次清晰、等级分明，呈现"金字塔型"的稳定结构。由于县域经济薄弱，广东省城镇体系结构呈现"两头大、中间小"的"哑铃结构"。县域是带动广大镇乡发展最直接的空间单元，但广东68个县（包括县级市），人口占60%以上，GDP仅占全省的28%，80%的县在财政上都依赖于转移支付。县域经济落后这块"短板"已经直接影响到广东率先实现现代化战略的实施。

其次，广东城镇化受制于碎片化的小城镇发展模式。受过去"小而全"城镇建设指向的影响，广东省现有建制镇分布过密且规模普遍偏小，甚至无法达到基础设施和公共服务设施建设的"门槛"，难以形成城镇集聚效应。改革开放以来，这些小城镇为改善自身投资环境、发展地方经济，在各辖区范围内积极建设，分散了发展力量，造成许多同构性浪费或恶性竞争，无法形成先进的现代产业和较强的区域经济整体竞争能力。囿于自身财力的不足，其公共物品供给远远滞后于社会经济发展需要，常常成为基础设施供给最为短缺的地区，更遑论辐射带动周边区域的发展。

再次，广东城镇化受制于日益拉大的城乡发展差距。据国家统计局广东调查总队抽样调查显示：按常住地划分，2016年，广东城镇居民人均可支配收入37684.3元，比上年增长8.4%，扣除价格因素影响，实际增长5.9%；农村居民人均可支配收入14512.2

元，比上年增长8.6%，扣除价格因素影响，实际增长6.5%。① 同为沿海发达省份，第一经济大省广东的城乡差距不仅远大于浙江、江苏，也大于山东和福建。由于经济发展落后，广东省欠发达地区城镇基础设施薄弱，公共交通建设滞后，城市管理水平不高，综合承载能力不足，中心城区辐射力弱，集聚产业和人口的能力十分有限；同时，城镇公共服务配套明显不足，服务体系建设未能与城市拓展同步，城市服务功能不强，布局不均，城乡差异较大，中心城镇扩容提质面临诸多问题，极大地阻碍了城镇化的发展。②

最后，广东城镇化也面临着基本公共服务均等化的巨大压力。按照中央提出的要求，新型城镇化要更加注重以人为本，推进以人为核心的城镇化，不断提高人口素质和居民生活质量，使全体居民共享城镇化发展成果。广东省常住外来人口近3000万，如何增进外来人口对所在城镇的认同和融入，促进外来人口与本地人口和谐相处？根据广东省城镇化工作会议的规划，到2020年，广东全省常住人口城镇化率要提高到73%，户籍人口城镇化率要达到56%，即实现不少于600万本省和700万外省农业转移人口及其他常住人口落户城镇。而这不仅仅需要推进户籍制度改革，更关系到城市综合承载力——基础设施和公共服务能否满足进城人口的需要，这些都成为广东新型城镇化建设中的重要命题。

4. 珠三角的区域一体化

珠江三角洲位于广东省中南部，地处珠江出海口，濒临南海，毗邻港澳，历来是华南、中南、西南地区对外联系的主要通道和我国的南大门，也是我国著名的侨乡。其地理范围大致包括现在的广

---

① 参见叶卡斯《2016广东居民人均可支配收入破3万 城乡差距缩小》，载《广州日报》2017年2月17日。
② 参见《关于加快我省欠发达地区城镇化发展的建议》，广东政协网，http://www.gdzxb.gov.cn，2016年12月7日。

州、深圳、佛山、惠州（不含龙门）和肇庆（市区和四会市），陆地总面积4.22万平方千米，人口为5720万（2016年常住），GDP总量为92000亿元（2016年）。

20世纪90年代以来，在快速工业化和城镇化的驱动下，珠江三角洲区域的一体化进程初露端倪。

第一，区域基础设施一体化加速推进。从国外发展经验来看，区域基础设施的一体化主要是指通畅的区域交通体系和完整的城市信息系统。交通一体化是实现区域经济一体化的前提和基础，信息一体化则是经济一体化的重要支撑。20世纪90年代以来，珠三角区域交通一体化正在向深度和广度两个维度持续进行。在高速公路一体化发展的珠三角地区，轨道交通规划方案已经出台，在珠三角地区形成"三环八射"的轨道交通网络架构，基本覆盖了珠三角区域县级以上的城市。珠三角地区相继提出"无线宽带城市群"及"无线城市群"的信息一体化理念，正在成为打造珠三角一体化的新起点。根据《珠江三角洲基础设施建设一体化规划（2009—2020年）》，珠三角地区交通、能源、水资源和信息等方面的基础设施，需要按照统一规划、统一建设、统一经营和统一管理的要求，从区域整体上进行规划，努力实现互联互通、共建共享，逐步建立和完善重大基础设施一体化体系，最大限度地发挥基础设施对经济社会发展的支撑和带动作用。

第二，区域市场一体化深入发展。市场一体化是推动区域经济一体化发展的另一个动因，它是区域生产要素顺畅流通和经济一体化的重要保障。应建立区域内一体化的消费品市场、资本市场、技术市场及人才市场，以消除各种阻碍要素合理流动的非市场干预，为区域一体化营造合理的经济基础。通过建立共同的生产要素市场，消除不同区域间生产要素、技术水平的过高差异，减少行政障碍，使劳动力、资本及其他生产要素在区域间自由流动，达到优化配置的目的。建立合理的利益分配机制，让各城市都能体会到"集体租金"增加所带来的利益分享。2009年4月2日,珠三角九市旅游局长聚首罗浮山,共同签署了珠三角旅游合作《罗浮山宣言》,作为响应,各地9家相关旅游企业也当场签署了《珠三角地区旅游合作旅行社行动纲要》。根据《罗浮山宣言》,珠三角将开通区域旅游绿色通道,九地市将加快交通的对接,形成两小时旅游经济圈,珠三角范围内城市间两小时可到达。《罗浮山宣言》的签署,无论在时间上还是意义上,都是名副其实的珠三角旅游合作"第一宣言",标志着珠三角九市旅游合作一体化行动正式启动,对于打造珠三角旅游产业航母、带动环珠三角旅游、辐射泛珠三角旅游以及建设广东旅游强省都将发挥核心推动作用。

第三,区域产业一体化形态初现。产业一体化是区域经济一体化的重要表现形式和关键点。《珠江三角洲产业布局一体化规划(2009—2020年)》勾勒了珠三角产业空间总体布局:在珠江东岸的知识密集型产业带、珠江西岸的技术密集型产业带、珠三角沿海的生态环保型重化工业产业带的基础上,形成"A"字形产业空间总体布局,并提出了广佛肇、深莞惠、珠中江三大经济圈以及珠三角各市产业发展的定位和布局。近年来,珠三角产业一体化不断得到提升。从测算结果来看,珠三角9市平均产业同构系数已经从2008年的0.6176下降为2014年的0.5834,6年间下降了0.0342,平均每年下降约0.006,区域内产业同构程度明显改善。① 具体而言,广州与周边城市的产业同构系数最低,平均产业同构系数仅为0.4736,而中山与周边城市的产业同构系数最高,平均产业同构系数为0.6875。从三大经济圈来看,广佛肇一体化最为成功,三市平均产业同构系数仅0.5039,深莞惠经济圈平均产业同构系数高达

---

① 参见彭惜君《广东构建区域经济发展新格局》,载《广东经济》2015年第8期。

0.8945，珠中江产业同构系数为 0.7322。①

第四，区域环保一体化深入发展。所谓区域环保一体化，就是在一定区域内，为实现区域内各城市的共同环境质量目标，通过创新相关的机制与制度，以保障各项措施与手段的有效实施，实现区域内各城市在环境管理上的分工与合作，最终实现区域的整体效益最大化。珠江三角洲地区作为中国综合实力最强的区域，其表现出来的经济增长能力和社会发展活力为世界所瞩目。但是近几年来，该地区粗放式的增长方式让珠三角地区的环境不堪重负。土地资源紧缺、土壤污染危害凸现、水质性缺水严重、资源消耗剧增等环境问题逐渐显现，并可能成为制约珠三角发展的瓶颈。珠三角地区的各个城市虽然分属不同的行政区，但从生态环境方面看，珠三角是一个不可分割的整体，在水、大气、土壤等各个方面都相互影响。各地政府在长期的环境治理中逐渐意识到，单靠本地自身的努力已无法达到环境保护的最佳效益。加强区域合作，通过优势集中与互补，推进环境保护进程，是全面落实科学发展观、实现生态文明的必然要求。继 2002 年建立以分管副省长为第一召集人的珠江综合整治联席会议制度后，2010 年广东又设立了以副省长为第一召集人的珠江三角洲区域大气污染防治联席会议制度，成为国内首个建立区域大气污染防治联席会议的省份。广佛肇、深莞惠、珠中江三个经济圈都把环境保护作为区域合作的重要内容，深入推进区域环保合作。按照珠江三角洲环境保护一体化规划专责工作组第一次会议审议通过的《〈珠江三角洲环境保护一体化规划〉2011—2012 年实施计划》，到 2012 年，区域环境保护一体化体制机制初步建立；跨界水污染综合整治取得突破性进展，跨市交界断面水质达标率超过 80%，城镇污水处理率超过 80%；理顺供排水格局，集中式饮

---

① 参见高扬《深莞惠经济圈升级，真正的受益者是谁》，载《时代周报》2016 年 6 月 14 日。

用水源水质达标率超过95%①;多种大气污染物联合减排初见成效,空气质量有所改善;区域生态安全格局基本形成,环境安全得到了基本保障。

二、工业化、市场化、城镇化和区域一体化驱动广东发展

1. 驱动了广东经济社会快速发展

改革开放以来,工业化、市场化、城镇化和区域一体化不断驱动广东发展,创造了区域发展史上的奇迹。

40年来,广东经济以年均10%以上的速度增长,2017年广东地区生产总值达89879.23亿元,自1989年起连续29年位居全国第一,人均GDP突破万美元大关,由经济大省逐步向经济强省迈进,相继赶超了亚洲"四小龙"中的新加坡、中国香港、中国台湾,成为中国第一经济大省。2017年广东地区生产总值达8.99万亿元,同比增长7.5%,比全国GDP增速高0.6个百分点,广东GDP占比约为10.5%。② 短短40年,广东成功实现了从落后农业省份到经

---

① 参见牟晓翼《珠三角环保一体化 污水处理设施将普及到镇》,载《新快报》2011年6月10日。
② 参见马汉青《广东统计局:2017年广东GDP达8.99万亿元 同比增长7.5%》,载《羊城晚报》2018年1月25日。

济强省的跨越，顺利完成了先行工业化国家和地区上百年才能走完的历程，创造了世界经济史上的奇迹。

受经济较快增长带动，广东财政收入也实现了快速增长。1978年广东地方公共财政预算收入仅41.82亿元，1988年首次突破100亿元，2001年实现1000亿元，并于2011年和2012年分别突破5000亿元和6000亿元大关；2017年广东全省一般公共预算收入达1.13万亿元，成为全国首个超万亿元的省份。[①] 在财政收入不断增长的基础上，各级政府也不断加大民生财政支出力度，助推经济社会和谐发展。1978年，广东地方公共财政预算支出仅28.70亿元，1999年首超1000亿元，2010—2012年逐年突破5000亿元、6000亿元和7000亿元大关。随着财政实力增强，财政对经济社会发展的支持不断加大。2015年，广东全省地方一般公共预算支出为12801.64亿元，比2010年增长136.5%，年均增长18.8%。重点领域民生支出得到了较好保障，其中教育、社会保障和就业、医疗卫生等11类民生支出完成8912.66亿元，同比增长44.3%，占财政支出的比重为69.6%，比2010年提高8.7个百分点。[②] 2016年，全省实现地方一般公共预算收入10390.33亿元，增长10.3%。2016年，广东完成一般公共预算支出13447.42亿元，增长5.0%，其中民生支出9061.53亿元，占整体支出的比重达67.4%。[③]

近年来，广东区域发展也取得了显著成就。一方面，广东认真贯彻实施《珠三角规划纲要》，推进珠三角三大经济圈协同发展和基础设施建设、产业布局、基本公共服务、城乡规划、环境保护五个一体化战略，提升珠三角地区的整体发展水平和竞争力；另一方

---

① 参见《2017年广东GDP出炉！8.99万亿 连续29年居全国首位》，载《南方日报》2018年1月25日。

② 参见《广东经济总量稳居全国第一》，载《南方日报》2016年1月23日。

③ 参见《2016年全年广东经济运行情况新闻稿》，广东统计信息网，http://www.gdstats.gov.cn/tjzl/tjfx/201702/t20170216_355474.html，2017年1月23日。

面,广东实施粤东西北地区振兴发展战略,紧紧把握交通基础设施建设、产业园区扩能增效、中心城区扩容提质三大抓手推动粤东西北发展。与此同时,广东加大了对粤东西北的财政转移支付力度,珠三角加大了对粤东西北的帮扶力度。这些战略的实施,既促进了珠三角内部的优化提升和粤东西北的加快发展,也缩小了两大经济区域间的发展差距,成效明显。从2009年起,粤东西北地区发展速度开始超越珠三角,广东区域经济发展差距缩小。2011—2015年,珠三角地区GDP年均增长8.7%,粤东西北地区GDP年均增长9.7%,比珠三角地区高1.0个百分点,区域经济发展差异系数从2010年的0.680降至2015年的0.660。①

经济的迅速增长和发展必定带来社会整体的变迁与转变,改革开放以来的广东社会也发生了前所未有的巨大深刻的变迁与发展。改革开放以后,广东城镇化取得了突飞猛进的发展。随着经济高速增长,城乡壁垒逐步松动,特别是乡镇企业的发展和工业化的推进,广东城镇化得到了迅速发展。2016年,广东省常住人口中居住在城镇的有7611.30万人、居住在乡村的有3387.70万人,分别占人口总量的69.20%和30.80%。分区域看,珠三角、东翼、西翼和山区的人口城镇化率分别为84.85%、60.02%、42.68%和47.85%,分别比2015年提高0.26个、0.09个、0.67个和0.68个百分点。截至2016年年底,全省居住在城镇的人数比2015年净增156.95万人,增长2.11%,比同期常住人口增幅高出0.73个百分点。②

在经济持续高速增长的基础上,人民群众也分享到了更多的改革"红利",居民收入持续提升,居民生活水平稳步提高。2011—

---

① 参见《广东经济总量稳居全国第一》,载《南方日报》2016年1月23日。
② 参见《2016年广东常住人口10999万人,常住人口向珠三角超大城市集聚势头未减》,载《羊城晚报》2017年3月23日。

2015年，广东人均GDP年均增长7.5%，超过"十二五"规划目标7%的速度。2011年广东人均GDP突破7000美元大关；2012年迈上8000美元大关；2013年再上9000美元台阶；2014年达到63469元人民币，增长7.1%，按平均汇率折算为10332美元，突破1万美元大关；2015年达到1.08万美元。① 2016年，广东人均GDP达到72787元，按平均汇率折算为10958美元。② 2016年，广东居民人均可支配收入突破3万元，达到30295.8元，较上年增加2436.9元，同比增长8.7%。其中，城镇常住居民人均可支配收入37684.3元，增长8.4%；农村常住居民人均可支配收入14512.2元，增长8.6%。③ 按照世界银行制定的国家与地区收入水平划分标准，广东已达到中等偏上、接近高收入国家或地区的水平。

2. 驱动了广东经济社会深刻转型

（1）从农业社会转型为工业社会和后工业社会。经过40年的改革开放，广东初步形成了有自身特色的区域工业体系，无论产业结构还是产品质量，都达到了一定的水准。20世纪80年代末至90年代初，广东已经基本完成了初期工业化阶段，开始进入向中期工业化转变的过程。进入21世纪，广东工业化发展的中期阶段已经结束，开始向工业化的后期阶段迈进。2014年，广东第三产业比重超过第二产业、人均GDP超过1万美元、城镇化率达到68%、人均预期寿命接近77岁。综合这些因素，按照相关工业化阶段标准判断，广东正处于"工业化中期"向"工业化后期"转变的阶段。按照国际经验，人均GDP迈入1万美元是一个重要的门槛，跨过这个门槛，便意味着经济社会发展迈上了一个新的台阶，也意

---

① 参见《广东经济总量稳居全国第一》，载《南方日报》2016年1月23日。
② 参见《2016年广东国民经济和社会发展统计公报》，2017年3月10日。
③ 参见《2016年全年广东经济运行情况新闻稿》，广东统计信息网，http://www.gdstats.gov.cn/tjzl/tjfx/201702/t20170216_355474.html，2017年1月23日。

味着转型升级的压力更大。这对政府管理提出了更高的要求。按照钱纳里的工业化划分标准，2015年广东人均GDP超过7万元，理论上已经迈入后工业化发展阶段。总之，经历近40年的快速发展，广东总体上完成了从小康型社会到宽裕型社会（中等收入）的过渡，实现了从农业社会向工业社会、计划经济社会向市场经济社会的转变，来到了经济转型、社会转轨的重要转折阶段，站在一个新的更高的历史起点上。

（2）进入城镇化中后期发展阶段。广东城镇化经过20世纪末的高速发展后，在进入21世纪时达到了较高水平。2000—2010年，广东城镇人口比重上升了10.52个百分点，平均每年提高1.05个百分点。2013年年末，全省城镇人口7212万人，城镇化水平为67.76%，比全国高14.03百分点，分别高于江苏省、浙江省、山东省3.65、3.76、14.01个百分点，仅低于京、津、沪三个直辖市。参照美国城市地理学家诺瑟姆城市化发展进程三个阶段的研究理论，目前广东城镇化已进入中后期发展阶段，珠江三角洲地区的城镇化率达到84%，已进入城镇化发展的成熟阶段。城镇化发展拉动了广东经济持续稳定增长和城乡居民收入的不断提高。统计调查数据显示，2013年广东人均GDP达到58540元，比2010年增加13804元，增长23.58%。城乡居民收入稳定较快增长，城乡居民的消费水平不断提高，2013年城镇居民人均可支配收入33090元，农村居民人均纯收入11669元，分别比全国高22.76%和31.17%；城镇居民人均消费性支出24133元，农村居民人均生活消费性支出8343元，分别比全国高33.91%和25.91%。城市居民人均居住面积由2010年的34.13平方米提高到2013年的34.57平方米，农村居民人均居住面积由2010年的29.23平方米增加到2013年的33平方米。城镇居民家庭恩格尔系数为36.7%，农村居民家庭为49.0%，广东城镇家庭达到了相对富裕水平，农村家庭达到了小康水平。

(3) 进入信息化社会。改革开放以来，广东省信息化持续快速发展，信息基础设施不断完善，信息技术在国民经济和社会各领域的应用日益广泛，在推动经济发展方式转变和创新社会管理方面发挥了重要作用，信息产业已发展成为国民经济的重要支柱产业。这具体体现在以下四个方面：①广东是互联网建设和应用大省。全省有备案网站60.2万多家，约占全国网站总数的1/6，全省网民规模7286多万，约占全国网民总数的11.23%，均居全国首位。全省互联网普及率68.5%，互联网经济发达。[①] ②广东省信息经济发达。广东省近年来大力推进智能制造、云计算、大数据等新兴产业发展，在加快新一代信息技术应用、推动信息消费等方面取得了显著成效。2014年，广东信息经济总量24293亿元，排名全国第一；信息经济占GDP比重35.83%，显著高于全国平均水平。[②] ③电子商务发展迅速。2015年，全省电子商务交易额达3.2万亿元，其中网上购物额占社会消费品零售总额比例超过10%，传统产业企业信息网络应用率达到80%，规模以上工业企业数控技术应用率达到60%。物流与供应链领域重点企业RFID（射频识别技术）应用普及率达到40%。[③] ④全省网上办事大厅全面建成，全省县级政府至2013年年底、珠三角地区镇级政府至2015年年底开通网上办事大厅并与省市连接，行政许可事项网上办理率达80%，社会事务网上办理率达70%，珠三角地区试行公民个人专属网页。到2016年，全省推行"一门式一网式"政务服务模式改革，全省行政审批事项

[①] 参见《工业互联网将成为广东制造强省建设新引擎》，载《光明日报》2017年11月21日。

[②] 参见《中国信息经济占GDP比重首超1/4　广东排名居首》，载《21世纪经济报道》2016年1月26日。

[③] 参见曾卫康《2015年广东电子商务交易额将达到3.2万亿元》，载《广州日报》2015年12月10日。

网上全流程办理率76.7%、上网办理率96.1%、网上办结率94.8%。①

（4）促进了公民社会成长。改革开放以来，广东社会发展更引人注目的变化是公民社会的生长。近年来，时有发生的公民维权事件如环保、社区自治、粤语保护等，犀利的媒体言论，层出不穷的公众论坛、学术研讨等，都清晰地记录了广东公民社会的茁壮成长。这主要体现在三个方面：一是公民行动的蓬勃开展。在广东这样一个公民社会日益成长的城市，越来越多的政府行为得到公民的监督。如2010年1月，广州市为迎接即将举办的亚洲运动会而大规模进行的城市环境整治工作受到市民质疑，被市民质疑为"浪费"与"扰民"，广州市政府随即紧急叫停相关改造项目。二是公共舆论空间的扩展。改革开放以来，广东经济的高速成长在全面提升市民物质生活水平的同时，也从客观上推进了广东公共舆论空间的发展。作为改革开放的前沿地，广东官方对公共舆论的相对包容为公共舆论空间的不断扩展提供了较为宽松的政治环境，而相对成熟的公民意识则使广东的公共舆论的发展也走在全国前列。公共舆论空间的扩展让广东的公民意识有了生根发芽的可能，让民意能找到向上释放的途径。如《南方周末》被视为敢于针砭时弊、关注民生的评论媒体，而《南方都市报》也因"孙志刚事件"和"非典"等一系列报道而闻名全中国。公共舆论空间的扩展使广东地方政府相对节制与内敛，在遭到公共舆论强有力的反对时，往往会放下身段、倾听民意。三是社会组织的成长。改革社会组织登记体制后，广东社会组织数量显著增加。据广东民政部门的统计数据，截至2016年年底，全省共登记社会组织59520个，比2012年增加近70%。其中，社会团体、民办非企业单位、基金会年均增长率分别

---

① 参见广东省经济和信息化委员会《2016年全省经济和信息发展情况及2017年主要工作计划》，2017年2月21日。

为 14%、13%、24%。① 广东社会组织涵盖经济社会各个领域，在引领民众有序参与地方政府管理、推动地方民主政治发展进程、规范市场秩序、加快经济转型升级、缓和社会矛盾、促进社会融合、繁荣慈善事业、建设幸福广东等方面正发挥着日益重要的作用。

三、广东地方政府持续的自我调适性创新

基于广东改革开放以来工业化、市场化、城镇化与区域一体化联动发展不断提出的新命题和新挑战，地方政府治理也必然做出回应性调整，以适应不断变化的经济社会发展环境。在交易费用理论看来，"交易属性不同，相应的治理结构即组织成本与权能就不同，因此就形成了交易与治理结构的不同配比"②。基于此，交易费用理论的一个基本逻辑就是所谓的"区别性组合"：经济组织就是将特征不同的交易与成本和能力不同的治理结构以一种能够将交易费用最小化的方式区别地组合起来。③ 为此，广东的地方政府改革持续推进。

---

① 参见《广东省社会组织 4 年来年均增长 14%》，载《南方日报》2017 年 2 月 21 日。
② [美] 奥利弗·E. 威廉姆森：《资本主义经济制度》，段毅才、王伟译，商务印书馆 2002 年版，第 538 页。
③ 参见马骏《官僚组织、交易费用和区别性组合》，载《中山大学学报》2004 年第 2 期。

1. 持续推进简政放权改革

改革开放以来，伴随着中央政府放权让利改革战略的实施，广东省向地方市县下放权力的改革也在稳步推进。中共广东原省委书记任仲夷对广东的改革开放提出自己的见解，"对外开放，对内放宽，对下放权，全国各省都适用，都在试验，广东应该加一个'更'字，对外更加开放，对内更加放宽，对下更加放权。不加'更'字，和全国一样，就没有特殊了"。中共东莞原市委书记李近维认为，"过分集中权力，结果是高度集中矛盾；过分集中财力，结果是高度集中困难"，大胆放权，赢得了长期繁荣和持续高速发展，真可谓"一放解千愁，一放得万福"。1981年4月20日—5月4日，中共广东省委召开学习讨论会，省委、省人民政府认真分析了传统经济体制集中过多、统得过死的弊端，强调要大胆进行经济体制改革、实行层层松绑放权，将不该集中的办事权力逐级下放，即省对地市放权、地市对县放权、县对乡镇放权，扩大地方和基层管理权限，给地方和基层更大更多的权力，从而充分调动地方和基层干部的办事积极性，使基层充满生机和活力。具体而言，就是给地方各级政府和部门下放经济管理权力。一是缩小指令性计划管理范围，扩大指导性计划和市场调节范围，放松对微观经济管理的严格控制，扩大生产经营者的自主权；二是加强宏观管理和指导，以促进整个经济体制的改革；三是下放地方自筹基建、利用外资和技术改造投资审批权；四是扩大地方大部分商品的定价权和管理权等。

2009年，广东省《关于富县强镇事权改革的指导意见（征求意见稿）》提出，要大力实行简政放权，扩大县级政府管理权限。省行使的行政审批权；省已经下放给地级以上市的行政审批权；县级能够办理的，原则上直接放权或委托给县级；原需经地级以上的市审核后报省审批的，除需市级综合统筹外，原则上改由县级直接审核、报省审批，报地级以上市备案；对已下放给县级的管理权限，省政府部门和地级以上市政府以及部门不得自行收回。

2012年以来，在最新一轮"简政放权"改革中，广东省不断下放行政审批权。2012年10月，国务院批准了"广东十二五时期深化行政审批制度改革先行先试方案"，明确指出要全面清理各领域、各部门行政审批事项及其他具有行政审批性质的管理事项，切实减少政府对市场主体及社会事务的过度管制和限制，最大限度激发市场和社会的活力。其中的核心思想可用"三个凡是"来概括：凡是市场主体能够自主决定、自担风险、自行调节的事项，坚决取消审批；凡是社会组织能够自律管理的事项，坚决转移给社会组织；凡是下级政府能够承担的审批事项，原则上全部下放。

2. 深化简政强镇改革

改革开放以来，广东省尤其是珠三角许多经济强镇虽然拥有了超过内地许多县市的经济容量，但受限于镇级权能配置，造成经济发达镇长期处于责任大、权力小、功能弱、效率低的困境之中，不仅严重制约了自身的建设、发展，影响了基层公共服务供给能力的提升，而且对转变经济发展方式产生了较大阻力。2010年6月18日，广东省正式印发《关于"简政强镇"事权改革的指导意见》（以下简称《意见》），启动了"简政强镇"改革的大幕。这次的改革突破了传统行政改革的局限，具有开拓性的创新，集中表现为以下五点。

（1）"简政强镇"的中心思想就是简政放权。根据相关政策文件，"简政强镇"改革的总体目标是建立和完善权责统一、分工合理、决策科学、执行通畅、监督有力、服务到位的行政管理体制和运行机制。此次改革最大的进步是赋予许多经济强镇部分县一级的管理权限，使责、权、利实现了制度设计上的统一。

（2）分类改革。虽然广东省各地的经济强镇面临同样的发展难题，但强镇的发展本身存在着差异。在本次"简政强镇"改革中，广东省充分认识到这一点，没有进行"一刀切"式的统一改革，采取了务实的态度和针对性的措施分类推进。根据辖区面积、常住人口、财政一般预算收入等指标对"强镇"进行分类处理。农业比重较大、经济欠发达的镇要着重加强为"三农"服务的职能，加强农村服务体系建设。工商业和城镇化发展到一定水平、经济规模中等的镇要加强社会管理和公共服务职能，着力解决工业化和城镇化发展进程中的各种问题，维护社会和谐稳定。常住人口多、经济规模大的镇要适应现代城镇的特点和发展规律，强化市场监管、公共服务、市政管理、生态保护等职能，加强市政公共设施建设，加快推进城乡一体化、公共服务均等化。

（3）深入推进政府职能转变。广东省《关于"简政强镇"事权改革的指导意见》对镇级政府的职能予以了明确，指出镇的四个主要职能是"促进经济社会发展、加强社会管理、强化公共服务、推进基层民主"。按照建设服务型政府的要求，这次改革把社会管理和公共服务职能放在了特别的位置，弱化了乡镇政府的经济职能，为推动基层政府回归服务本位、增强服务能力、还权于社会、实现群众民主自治做了有效尝试。顺德通过简政强镇改革将政府的管理服务和村居社区的自治相对分离，不仅通过厘清政社关系，解决政府职能在基层的缺位、越位和错位问题，更重要的是建立了政府行政管理和村居社区自治在良性互动基础上的协同治理。

（4）增强公众获得感。在简政强镇改革中，南海区已经逐步将发改、经贸、科技、环保、建设、安监、交通、水利、劳动、规划、国土等11个部门共100多项行政审批和行政执法事权，通过授权或委托等方式下放到镇街。改革后，企业和民众均感受到高效政务带来的方便。过去，民众办事要跑到城区，现在在家门口就可以一站办妥，公众真正享受到了"简政强镇"改革的红利。

（5）大部制改革的基层延伸。目前的大部制改革已经在广东省、市级政府展开，已经涌现出"广州模式""顺德模式""深圳模式"，但是无论哪一种模式都面临着和基层政府对接及贯彻执行的问题，"简政强镇"改革正是大部制改革在基层的延伸。首先，对镇级政府的职能进行了重新定位，弱化经济管理职能，强化公共服务职能和社会管理职能，强调推进基层公共服务均等化；其次，强化镇级政府的执行功能，弱化决策功能，下放、强化执行权，上移决策权是这次"简政强镇"改革的普遍做法；最后，为了承接下放的权力，各职能部门进行了厘清权责、理顺关系、整合机构的改革。2009年11月，广东省佛山市顺德区容桂街道将原有的28个党政部门、街属单位和部分双重管理部门整合设置为13个工作机构，实现了党务、政务决策和管理的扁平化。①

3. 深化行政区划改革

改革开放以来，快速推进的城镇化进程成为驱动广东行政区划改革的主要动力。伴随着城镇化的快速推进，广东社会经济发展发生了巨大的变化，对行政区划调整的需求也越来越强烈。

（1）撤地设市。为了充分发挥中心城市的辐射带动作用，珠三角首先通过"撤地设市"来建构"市带县"体制。1983年，佛山撤地设市，南海、高明、三水和顺德4县划归佛山市，开平、台山等5县划归江门市，斗门县划归珠海市，形成"市带县"治理结构。1988年，撤销肇庆和惠阳地区，设立地级肇庆市和惠州市，全面推行"市领导县体制"。

（2）撤市建区。进入21世纪以来，随着珠三角城市化进程加快，为了理顺行政关系、整合区域资源、统筹优化布局、减少重复建设，珠三角开始启动"撤市建区"改革。2000—2014年，广州先后将周边的番禺、花都、从化与增城撤市建区。2002年12月，

---

① 参见刘嘉麟《简政强镇活基层》，载《南方日报》2012年9月28日。

南海、顺德、三水、高明4个县级市撤市设区，佛山一举成为一个内含5区的"组团化城市"。此外，2002年9月，原新会市撤并为江门市新会区；2003年6月，原惠阳市撤并惠州市惠阳区。2015年5月8日，高要市撤并为肇庆市高要区。

（3）打造地级市直管镇体制。地级市直管镇（以下简称"市直管镇"）是指地级市（含地区、自治州、盟等）直接管理和领导镇（含镇一级的乡、民族乡、苏木、民族苏木、街道等）、中间不设县（含县级市、县级区、自治县、旗等）或区一级政府的一种行政架构。1988年，东莞正式升格为地级市，结束此前1000多年县级建制的历史，但跻身地级市的东莞并没有如其他城市般设置县一级政府，而是开创性地实行了地级市直管镇的行政架构（俗称"直筒子市"）。这一在当时周边城市看来特立独行的举措最直接的目的在于——一方面，可以提高行政服务效率；另一方面，可以减少财政供养人员，将省下来的钱用于后续发展所需的基础设施建设。20世纪80年代初，东莞已将招商引资等资源争夺的主力战场下放到乡镇与村（社区），并形成全民招商的氛围。人们在实践中慢慢发现，因能够同时帮助解决包括土地、劳动力、厂房等多种投资要素，基层的镇长、村主任等都积极出去招商，而且效果不错。从1992年开始，东莞就在工商、消防等8个方面简政放权，强化镇级管理职能。此外，东莞还把投资总额1000万美元和500万美元的项目立项审批权下放给各个基层镇。与事权同时下放的还有财权。东莞按照"谁赚钱谁花钱"的原则，建立起市、镇、村多级财政管理体制，让基层镇（街）及村委会在简政放权的激励下，激发发展活力，结合区域特点探索各自的发展路子。在过去近30年的时间里，东莞辖区内32个镇（街）结合各自特点，选准一个产业，实施"一业带一镇、一业兴一村"的发展对策，使全市逐步形成行业相对集中的专业镇、专业村、专业街，也催生出各自领域的产业集群中心。这种产业集群产生的规模效应不但迅速促进了东莞经济腾飞,也形成了形式多样的城市格局。目前,东莞共有 18 个市重点扶持发展产业集群,其中 11 个为广东省产业集群升级示范区。

(4) 探索功能新区。深圳自 2007 年开始正式启动以"新功能区"为方向的行政区划改革。目前,深圳市除了 6 个市辖行政区外,还设置了 4 个新功能区,即光明新区(隶属宝安行政区)、龙华新区(隶属宝安行政区)、坪山新区(隶属龙岗行政区)、大鹏新区(隶属龙岗行政区)。新功能区作为深圳市政府派出机构行使区级政府职责,但不设置人大、政协、人民检察院、人民法院,GDP 仍然计入原来所在大区,力图建立市—功能区—办事处的"一级政府三层管理体制"。

(5) 撤镇设街。在珠三角城镇化大发展之下,为了改善基层公共服务并创新社会治理,撤镇设街的改革也在珠三角不断扩展。2002 年,广州市海珠区、天河区、芳村区、黄埔区和白云区完成了撤镇改设街道办事处改革。2004 年,深圳市宝安、龙岗两区 18 个镇全面撤销镇建制,建立街道办事处。2011 年,顺德区陆续进行撤镇设街道办工作,以实现建立"一级政府、两级管理、三级服务、社会参与"的扁平化行政管理模式和协同共治格局。

4. 探索大部制改革

2009 年 9 月,深圳、顺德率先公布改革方案。深圳市将政府部门分类设置为"委""局""办",初步构建决策、执行、监督相互制约、协调的新机制,政府工作部门由 46 个精简至 31 个。顺德区推行决策民主化和扁平化、执行集中化、监督外部化和独立化,在更大范围内创新决策、执行、监督体制机制。实行"党政联动",将 41 个党政部门压缩为 16 个。顺德的改革力度大、速度快,进展顺利,对全省行政体制改革真正起了带动和示范作用。随后,各市纷纷公布并实施机构改革方案,按大部制要求,学习深圳、顺德的经验,重新设置政府机构。总体而言,广州市的"大城管"模式、深圳市的"行政小三分"模式、珠海市的"大社会"模式、佛山市顺德区的"党政联动"模式和阳江市的"人民团体和事业单位职能整合"模式，分别代表了广东省大部制改革的不同探索途径，并共同形成了广东改革的经验。通过几年实践探索，广东大部门体制改革已初见成效。[①]第一，推动了政府职能转变。改革以简政放权为"抓手"，大力向市场、社会和下级政府放权，大幅度取消行政审批事项，如深圳从2011—2014年历经多次行政审批制度改革，行政审批事项从1800余项调整至347项，[②]通过放权进一步激发了下级政府、市场和社会的活力；同时，不断强化社会管理和公共服务职能，从"缺位"到"补位"。第二，优化了政府组织结构。通过探索实行大部门体制，合并同类项，形成了大规划、大经济、大建设、大文化、大保障、大执法的职能布局，精简了政府机构数量，有效解决了职责交叉、政出多门、权责脱节等问题。各地改革还在决策、执行和监督相对分开，统筹党政机构设置等问题上，进行了积极探索。第三，提高了行政效率和服务质量。效率和服务是大部制改革的重要价值体现，使企业、群众办事成本大幅降低，行政效率得到明显提高。例如，广州的"大城管"改革的确能够减少多个部门的沟通成本，提高执行效率。深圳成立大市场监管局后，一个部门就把所有食品市场对应的职能都涵盖了，实现了管理工作的高效率。

5. 推进城市群治理

伴随着快速的工业化、城镇化进程，一个城市间边界模糊、互相重叠的充满生机的城市群在珠三角已然成型。1994年，广东省

[①] 参见中国行政管理学会课题组《广东省大部门体制改革的实践探索与思考》，载《中国行政管理》2012年第10期。
[②] 参见艾琳、毛大《行政审批制度改革与政府职能转变的深圳选择》，载《深圳特区报》2016年3月8日。

率先出台了国内第一个区域规划政策指引"珠三角城市群规划"。2004年,广东省又开展"珠三角城镇群协调发展规划",出台了国内首个区域规划实施条例。2008年,《珠江三角洲地区改革发展规划纲要(2008—2020)》上升为国家发展战略。为适应城市群发展,珠三角各城市政府间探索多元主体协作的多层次、网络化的区域治理体系持续推进。具体而言,体现在不断完善的区域规划、地方政府的频繁互动与签署合作协定、地方政府部门间的协商与协议、日益完善的组织建设等。尤其是2009年以来,在广佛肇、深莞惠、珠中江三大经济圈内,由市际合作领导小组、市长联席会议、联席会议办公室以及专责小组四位一体的组织协调机制逐步成型。2010年以来,珠三角基础设施建设、产业布局、城乡规划、公共服务和环境保护一体化等五个专项规划也相继出台并实施,区域治理政策体系不断完善。

6. 持续推进政府职能转变

为了实现政府职能向创造良好发展环境、提供优质公共服务、维护社会公平正义的根本转变,广东一直在持续推进地方政府职能转变(见表1-2)。

表1-2 2000年至今广东省人民政府工作报告关于转变政府职能的论述

时间	会议	相关论述
2000年1月	广东省第九届人民代表大会第三次会议	转变政府职能,继续深化政府审批制度改革
2001年1月	广东省第九届人民代表大会第四次会议	进一步深化行政审批制度改革,切实转变政府职能
2002年1月	广东省第九届人民代表大会第五次会议	适应加入世界贸易组织的新形势,进一步提高对外开放水平,加快转变政府职能

续表 1-2

时间	会议	相关论述
2003年1月	广东省第十届人民代表大会第一次会议	加快政府职能转变。继续推进政资分开、政企分开、政事分开和政社分开，强化政府提供公共产品、搞好公共服务、创造公平环境的职能
2004年2月	广东省第十届人民代表大会第二次会议	推进政府管理创新，加快政府职能转变，把政府经济管理职能切实转到主要为市场主体服务和创造良好发展环境上来，加强政府对公共事务的管理
2005年1月	广东省第十届人民代表大会第三次会议	深化行政体制改革，进一步转变政府职能，在搞好经济调节、加强市场监管的同时，更加注重履行政府的社会管理和公共服务职能
2006年2月	广东省第十届人民代表大会第四次会议	加快转变政府职能，继续推进政资分开、政企分开、政事分开、政府与市场中介组织分开和社会领域的管办分离，政府集中精力履行经济调节、市场监管、社会管理和公共服务职能
2007年2月	广东省第十届人民代表大会第五次会议	坚持按照"为民、务实、清廉"的要求，积极推进政府管理创新，加快政府职能转变，切实加强社会管理和公共服务职能
2008年1月	广东省第十一届人民代表大会第一次会议	加快转变职能，建设服务政府。在加强和改善经济调节、市场监管的同时，更加注重社会管理和公共服务，确保政府管理服务到位
2009年2月	广东省第十一届人民代表大会第二次会议	创新行政管理体制。根据大部门制的要求积极推进省级政府机构改革，进一步理顺政府、社会和市场以及政府部门之间的关系，强化政府创造良好社会环境、提供优质公共服务、维护公平正义的职能

续表 1-2

时间	会议	相关论述
2010年1月	广东省第十一届人民代表大会第三次会议	深化行政管理体制改革。进一步理顺省级政府部门职责关系。全面推进市县政府机构改革,切实精简机构、理顺关系、转变职能、提升效能
2011年1月	广东省第十一届人民代表大会第四次会议	建设服务型政府。优化政府组织结构和运行机制,加快政府职能转变
2012年2月	广东省第十一届人民代表大会第五次会议	围绕转变政府职能,加大向社会放权的力度,编制实施政府转移职能目录和政府购买服务目录
2013年1月	广东省第十二届人民代表大会第一次会议	深化行政体制改革。推进行政审批制度改革先行先试,市县行政审批事项压缩减少40%左右。加快推进行政审批标准化建设,实行行政审批事项目录管理制度、新设立行政审批事项公示听证制度。在全面总结试点经验的基础上,积极稳妥推进县级大部门制改革。深化富县强镇和简政强镇事权改革,加快实现县镇权责关系法定化。进一步探索省直管县(市)改革
2014年1月	广东省第十二届人民代表大会第二次会议	加快转变政府职能。促进政府经济调节科学化,增强公共服务、市场监管、社会管理、环境保护等职能,完善绩效考核评价体系
2015年2月	广东省第十二届人民代表大会第三次会议	深化行政审批制度改革。进一步加大简政放权力度,继续取消和调整一批行政审批事项,全面清理非行政许可审批事项
2016年1月	广东省第十二届人民代表大会第四次会议	攻坚深化行政体制改革。推进行政审批制度改革,实施省市县三级政府部门权责清单管理,进一步精简行政许可事项,清理规范行政许可中介服务,加快实施行政许可标准化。深化商事制度改革,健全事中事后监管体系,探索实行多证合一

续表 1-2

时间	会议	相关论述
2017年1月	广东省第十二届人民代表大会第五次会议	加大"放管服"改革力度。深化行政审批制度改革，落实政府部门权责清单制度，重点精简创业创新、公共服务等领域的行政许可事项。加快清理规范行政审批中介服务。全面落实收费目录清单管理制度。推进行政审批标准化，建立覆盖省市县三级的事项和标准管理体系。深化相对集中行政许可权试点、经济发达镇行政管理体制等改革。实施市场准入负面清单制度改革试点，推进企业"多证合一"，全面推行"证照分离"改革。深化重点领域综合行政执法体制改革，实现"双随机一公开"监管全覆盖，推进信用信息共享和守信激励、失信惩戒。大力推进"互联网+政务服务"，推行"一门式一网式"政府服务模式，拓展省网上办事大厅功能，开展简政便民专项行动

进入21世纪以来，广东不断通过行政审批制度改革来推进地方政府职能转变。广东分别于2000年、2002年、2004年、2009年进行了四轮行政审批事项清理，取消和调整了2300余项审批项目。针对公权的越位，广东采取行政职能的"减、放、转"，仅2012年第一批行政审批调整目录中，削减的就有179项，下放的有115项，转移和委托的有60项；针对公权的错位，广东通过社会管理改革建立政府与社会组织合作互补的新格局，培育社会组织的"接力"能力，规范向社会组织的职能转移和实现政府购买社会组织服务的法定化；针对公权的缺位，广东省的领导者强化提供社会福利和社会保障的职能，努力实现居民的学有所教、劳有所得、病有所医、老有所养、住有所居，加快建设"幸福广东"。鉴于广东省在改革方面的重要地位，国务院最近再次对其委以重任，批准广东在

"十二五"期间就行政审批新一轮改革先行先试,通过深入探索积累经验示范全局。2013年3月6日,广东正式印发《广东省企业投资管理体制改革方案》,对省核准权限内的28类项目进行分类改革,其中不涉及公共资源开发利用的项目一律取消核准,改为备案管理。广东省委、省政府明确提出,积极理顺政府与市场、社会的关系,凡是市场机制能够调节的,坚决不设定行政审批;凡是社会组织能够接得住、管得好的事项,坚决转移出去;凡是能下放的事项,坚决下放,加大简政放权力度,目标是打造全国"行政审批项目最少、行政效率最高、行政成本最低、行政过程最透明"的先行区。与此同时,广东正在加快推进以备案制为主的企业设立管理体制,实行最快捷的企业设立程序,降低市场准入成本,优化营商环境。

广东以缔造"小政府""好市场""大社会"为目标的这一系列改革举措,契合了当前政府机构改革与职能的转变方向,为各地进一步转变政府职能、深化行政体制改革提供了借鉴。

四、广东发展依然面临的挑战

1. 发展主义"疲态"尽显

在"发展就是硬道理""跨越式发展"的语境下,广东出现了诸多发展主义危机,表现为环境污染、公平失衡等。

(1) 生态环境形势严峻。领风气之先的珠三角在快速推进工业化与城镇化的进程中,付出了生态环境恶化的代价。空气质量下降、灰霾天数增加、水污染严重等珠三角城市"共同的烦恼"导致多数城镇面临生态用地萎缩、区域生态安全维护体系脆弱、环境对经济社会发展支撑能力不足等问题。改革开放以来的经济快速发展给珠三角地区带来了较严重的环境难题。其中,灰霾天气日数居高不下、以臭氧浓度为表征的光化学污染初露端倪、大气污染的区域性日趋明显。导致大气污染严重并呈区域性的原因包括四大方面:①一是珠三角区域土地开发强度高企、城镇化程度高导致工业和人口高度聚集,大气污染物排放总量远远超出大气环境容量;二是机动车数量急剧增加以及道路拥堵等因素,导致机动车污染物排放成倍增加,加剧了大气污染的程度和范围;三是二次污染物影响程度大、范围广,但各地主管部门缺乏统一的产业规划和准入门槛,使大气污染防控效率低下、效果较差;四是不利的天气情况在秋冬季节频现,城市建筑物高度和密度的大幅提升导致污染物难以扩散。在大气环境质量下降的同时,珠三角的水环境也不容乐观。珠江三角洲地区能源、交通、工矿企业的迅速发展导致"三废"排放量大,但处理量小,环境问题日益显露出来。其表现有水污染严重,"水质性"缺水问题突出;耕地锐减,土壤肥力下降;森林面积减少,水土流失日趋严重。珠三角的1万多条河涌河道中,约有90%为劣五类水质。即使实行严格的雨污分流,截污率预计也难以超过80%。② 在空气和水被污染的同时,珠三角的土壤污染状况也非常严重。据广东省农业厅披露,珠三角地区28%的土壤重金属超标,汞超标最高,佛山的南海区、江门的新会区、广州的白云区比较严重,大概超标50%。番禺、增城、从化没有超标的比较多,九成符

---

① 参见刘竟宇《珠三角容易被"霾"没 建议联防联控治区域污染》,载《广州日报》2013年1月25日。
② 参见《珠三角河涌九成为劣V类水质》,载《信息时报》2014年9月5日。

合要求。国土部与广东省政府历时 6 年的《广东省珠江三角洲经济区农业地址与生态地球化学调查项目》显示，珠三角三级和劣三级土壤占珠江三角洲经济区总面积的 22.8%，重金属元素异常主要分布于广州、佛山及其周边经济较为发达的地区。[1]

在粤东西北地区，生态环境形势也不容乐观。随着珠三角产业向粤东西北地区的转移以及这些地区工业化的加速，地方政府的环境保护压力不断加大。2014 年粤东西北空气中二氧化硫上升了 5.9%、PM_{10} 上升了 15.7%，[2] 这主要是因为粤东西北原材料工业发展较快，高强度开发带来了粉尘、扬尘污染，同时粤东西北机动车增长快、黄标车、农村露天焚烧垃圾等问题仍然存在。2014 年广东省环保厅发布的广东环境质量公告显示，全省上半年空气质量达标天数最少的是揭阳，达标天数比率为 66.5%，1/3 的时间不达标。上半年细颗粒物是各城市的首要污染物，细颗粒物为首要污染物的天数最高者清远有 111 天。此前第二季度空气质量排名中，肇庆、揭阳和佛山垫底。[3] 广东的空气污染格局已发生深刻变化，高污染区域集中在珠三角的广佛肇一带，而粤东西北的韶关、揭阳、清远、潮州市的空气污染问题开始凸显。[4] 粤北山区是全省重要生态屏障、水源涵养地，但清远、韶关上半年空气质量不尽如人意。清远空气综合质量指数最差的 2014 年 4 月份在全省排第 20 位，还有 3 个月排在全省第 17～18 位。韶关环境空气综合质量指数 1 月份在全省垫底，倒数第一，最好名次仅为第 14 名。韶关、汕头、茂名、梅州、清远、揭阳六市 1 月份 $PM_{2.5}$ 达轻度污染水平。2014

---

[1] 参见《28%！珠三角率先公布土壤污染数据》，载《广州日报》2013 年 7 月 11 日。
[2] 参见《大气污染开始向粤东西北转移》，载《南方日报》2015 年 2 月 10 日。
[3] 参见薛冰妮等《广东：大气污染、水污染最严重的地方在粤东西北》，载《南方都市报》2014 年 9 月 26 日。
[4] 参见《广东空气格局已变　高污染集中广佛肇一带》，载《南方都市报》2015 年 3 月 19 日。

年8月,广东省环保厅首度公布第二季度重点河流水质状况。数据显示,全省61个跨地级以上城市的河流交接断面水质第二季度达标率为76.1%,超标率为23.9%。其中,粤东的潮州、汕头达标率分别为50%、40%,茂名为22.2%。揭阳所有断面水质全部不达标。

(2)公平失衡。广东发展中的公平失衡主要体现在两个方面。

第一,珠江三角洲与粤东西北地区存在着明显的基本公共服务供给非均衡。从社会发展水平来看,粤东西北与珠三角地区在公共服务供给能力与人群享受水平方面均存在巨大差异。据统计,粤东西北地区仅用全省14.82%的财政资源为全省46.3%的常住人口提供公共服务,粤东西北地区的社会发展滞后性可见一斑。以2012年广东省珠三角地区和粤东西北地区的地方公共财政预算收入指标来看,粤东西北地区三地的地方公共财政预算收入总和仅为718.42亿元,仅为珠三角地区的17.4%、全省地方公共财政预算收入的14.82%。从高中阶段毛入学率来看,2012年全省高中阶段毛入学率达到95%,粤东最低的汕尾只有87%,粤西最低的茂名是87.46%,粤北最低的云浮是90.25%;从义务教育规范化学校覆盖率来看,2012年全省义务教育规范化学校覆盖率达到60.9%,粤东最低的汕尾是17.36%,粤西最低的茂名是53.2%,粤北最低的河源是16.08%。从每千人口医生数来看,2012年全省每千人口医生数达到1.88人,而同期粤东地区最低的汕尾为1.57人,粤西地区最低的湛江为1.42人,粤北地区最低的云浮为1.57人,均明显低于全省平均水平;从每千人口病床数来看,2012年全省每千人口病床数达到3.35张,而同期粤东地区最低的揭阳为1.82张,粤西地区最低的茂名为3.31张,粤北地区最低的云浮为2.66张,均明显低于全省平均水平。以"五保"供养水平为例,2012年全省"五保"供养水平达到43.53%,比2011年提高11.26个百分点,比2010年提高12.52个百分点。2010年"五保"供养水平,粤东最低的地市是揭阳，为34.97%，2012年达到59.71%，提高了24.74个百分点；粤西最低的地市是湛江，为21.65%，2012年达到24.05%，提高了2.4个百分点；粤北最低的地市是河源，为32.43%，但到2012年略降为31.12%；2010年粤北另一"五保"供养水平较低的地市是清远，为37.64%，2012年达到60.2%，提高了22.56个百分点。可见，尽管部分地市"五保"供养水平得到显著提升，但作为底线民生的基本指标，粤东西北地区仍有部分地市的"五保"供养水平低于全省平均水平。①

第二，大量进城务工人员无法获得与本地居民相同的基本公共服务。广东是进城务工人员输入大省，但进城务工人员的基本公共服务供给短缺现象严重。在教育方面，大多数进城务工人员随迁子女只能进入条件较差的民办幼儿园，无法入读全日制公办中小学校，会在中考或高考前被迫选择回到流出地省份就读。在医疗卫生方面，2013年全国进城务工人员26894万人，年末参加城镇医疗保险的进城务工人员人数为5018万人，进城务工人员参加城镇医疗保险的参保率为18.7%，这说明绝大部分在城镇就业的进城务工人员是在户口所在地参加新型农村合作医疗保险，而新农合医疗费用垫付制度和异地报销制度使进城务工人员的实际医疗保障水平受到影响。②而进城务工人员主要从事低薪、高危工作，既缺乏必要的职业安全防护，又没有被纳入基本医疗保障的网络，职业病防治形势非常严峻。

（3）社会冲突加剧。作为改革先行地实验区，经过多年的快速发展，广东经济社会发展先行一步，当前在探索中国特色社会主义道路中遇到的所有问题和困难，广东也会最先遇到。社会矛盾的复

---

① 参见《广东统计年鉴2013》，中国统计出版社2013年版。
② 参见《蒋云赞：将农民工加入城镇职工医疗保险体系》，新浪财经，https://finance.sina.cn，2015年3月11日。

杂度也相对突出，群体性事件、医患冲突、珠三角农村"希腊化"、劳资纠纷、征拆矛盾、信访难题等层出不穷。

2014年2月25日，中国社会科学院法学院研究所发布《2014年中国法治发展报告》，对近14年间的群体性事件的特点进行了梳理，发现过半数以上群体性事件是因平等主体间的纠纷引发，由官民矛盾引发位居其次。各个省份中，广东以占全国总数30.7%的比例居首，乌坎事件、陆丰事件都发生于广东。① 广东现在每年1000多起的群体性事件中，最多的就是劳资纠纷，占到一半以上，多发生在珠三角地区；其次就是在各个大中城市、一些重大工程项目所在地发生的征地拆迁纠纷；另外，环保方面的问题现在也日益增多。

随着经济社会发展、转型升级步伐加快，广东省进入了劳资纠纷的多发期，劳资纠纷成为社会常态。目前的群体性事件中，最多的是劳资矛盾纠纷，约占一半，多发生在珠三角。广东省总工会数据统计显示，在2015年6月收到的未交办的职工投诉中，涉及工资的案件比例高达72.7%。从地区上看，珠三角东岸劳资纠纷问题尤为严重。在全省143件有效问题中，涉及多人或30人以上的群体性纠纷达75件，占总量的52.4%。这些群体性纠纷，又多以追讨欠薪为主。在未交办的44件职工投诉中，涉及工资的32件，占72.7%，其中群体性纠纷21件，占工资问题的65.6%。② 又因职工利益诉求日趋多样，广东省因薪酬待遇不符合预期而出现的劳资纠纷也逐渐增多。广东省人力资源和社会保障厅数据显示，2013年全省共发生要求经济补偿事件和加薪停工事件189宗，占总数的23.95%，占比较之2012年上升8.49个百分点。③

---

① 参见《化解社会矛盾 广东勇于探路》，载《南方日报》2014年7月11日。
② 参见《职工最关心能否按时足额领取工资》，载《南方都市报》2014年7月9日。
③ 参见《粤6年平均工资年均增长11.1%》，载《南方日报》2015年10月20日。

医患冲突也是近年来引人注目的问题。广东医患纠纷、"医闹"事件仍呈高发状态，暴力伤医、辱医事件时有发生。据不完全统计，从2012年至2014年11月间，全省发生医患纠纷呈现节节攀升的势头——2012年2248例，2013年2837例，2014年1—11月3167例，年增幅超过25%。① 由广东省卫生和计划生育委员会政务中心及广东省医师协会提供数据，华南理工大学公共政策研究院撰稿完成的《广东省执业医师队伍现状研究报告》（以下简称《研究报告》）显示，伤医事件仍时有发生，医师群体职业认同感下降。据统计，2014年广东省发生"医闹"事件529件，2015年1—5月发生"医闹"事件208件。2015年以来，广东连续发生伤害、侮辱医护人员事件，在社会上造成了不良影响。2014年广东省医师协会的调查显示，在过去一年中，没有受到患者或其家属辱骂、恐吓、人身攻击的医师仅占35.71%，曾受到患者或其家属的辱骂、恐吓、人身攻击的医师为64.29%。② 广东和谐医患纠纷人民调解委员会（以下简称"医调委"）主任王辉提供了一组数据：广东医调委2012年受理案件900件，2013年受理案件1200件，而2014年1—10月，医调委已受理近2200件医患纠纷。截至2015年6月底，数据显示，广东医调委成立4年来，累计接到报案6213件，正式受理5617件。其中，受理案件现已结5079件，已结案件中成功调解4040件，调解成功率为79.54%。③

据广东省人民政府法制办公室透露，2010年，广东省政府共收到本级行政复议申请345宗，比2009年的159宗增加186宗，增

---

① 参见《近半纠纷发生在二级医院》，载《广州日报》2015年1月4日。
② 参见《逾六成医师曾遭患者及家属辱骂》，载《羊城晚报》2015年6月26日。
③ 参见《广东医调委调解成功率达九成以上》，载《南方日报》2014年11月25日。

长117%，其中征地拆迁、土地登记纠纷占案件总数的近五成。[①]广东人民法院2014年共受理各类案件121.99万件，其中，"民告官"行政案件同比增长41.61%，多与治安管理、市场管理、征地拆迁有关。[②]

最终，经济增长与社会建设失衡的珠三角也成为社会矛盾的集中爆发地。进入21世纪以来，珠三角劳动争议事件频发，企业出走、工人罢工、政府疲于应对目前正在成为各城市的新常态。据深圳市总工会统计，2011年重大集体上访、集体劳动争议和群体性突发事件分别为282宗、415宗和692宗。[③]此外，城镇化进程中政府主导下的"中国式拆迁""垃圾围城"中政府强力推进的垃圾焚烧发电厂项目等也在相当程度上激化了珠三角的政民冲突。

2. 珠三角城镇化质量不高[④]

珠三角地区由于人口众多、资源短缺、产业升级受限、相关管理制度滞后等不利因素的存在，使当前城镇可持续性发展所面临的问题也更加突出。改革开放以来，大量人口向珠三角聚集，人口超载造成城市承载力濒临极限，垃圾围城、交通拥挤、水资源短缺、空气污染、能源供应、气候变化等问题已经导致珠三角城市运转失调。

（1）土地城镇化快于人口城镇化。主要体现在两个方面。一方面，由于受到集体经济在分配上的制约性，使珠三角地区很多村庄里面的村民宁可保留农村户籍也不愿将户口转为城镇户籍。因为这

---

① 参见《2010年广东省行政复议案件土地纠结占半》，载《法制日报》2011年2月15日。
② 参见《粤"民告官"案件增四成》，载《广州日报》2015年1月15日。
③ 参见《企业转型触发劳资纠纷 集体怠工事件时有发生》，载《瞭望》2013年2月25日。
④ 参见钟瑛等《着力提升珠三角地区城镇化质量的政策建议》，载《中国社会科学院（要报）·国情调研报告》2014年第7期。

些村庄里面出让集体土地和兴办企业所得的村镇收入相当可观,他们在建立合作经济股份制时采取"人头股"之类的分红方式,只要具有该集体的户籍,每年就可以获得分红,若将户籍关系转走,则不再享受分红股金。另一方面,在珠三角地区,随着乡村工业化的发展,农村土地使用属性的改变,使大量剩余劳动力被置换,其中大部分由于自身素质的限制及利益的比较关系,既不愿下田,也不愿进厂,又缺乏从事第三产业的能力,从而形成了庞大的食利阶层,这对城镇化可持续性发展构成了较大的障碍。此外,珠三角地区有大量没有享受市民待遇的外来人口,人口城镇化率虚高。

(2) 土地资源短缺问题突出。珠三角地区快速的城镇化进程,与土地资源的快速开发利用密不可分,由此也导致土地资源利用和管理存在不少问题。一方面,土地开发速度过快,规模过大。截至2012年年底,调研发现深圳、广州、东莞、中山4市的地方开发强度(建设用地占土地总面积的比重)分别为47.16%、23.39%、44.65%和36.2%,远远超过了经济发达、人口密度高的香港(21%)。另一方面,土地利用效率低。调研发现,低效用地、闲置土地多、用地粗放现象明显,单位面积土地产出率较低。2012年的人均建设用地最高的惠州为207平方米,最低的深圳仅为90平方米,远高于发达国家的人均80多平方米。单位建设用地GDP产出方面,2012年的东莞、中山、惠州都在5亿元/平方公里以下,深圳和广州分别为13.75亿元/平方公里和7.99亿元/平方公里,但远远低于香港的58.2亿元/平方公里。①

(3) 区域环境污染严重。广东省城镇化发展"十二五"规划指出,珠三角地区多数城镇面临生态用地萎缩、区域生态安全维护

---

① 参见《新型城镇化呼唤土地新政》,载《中国国土资源报》2013年11月15日。

体系脆弱、环境对经济社会发展支撑能力不足等问题。① 首先，乡镇企业在带动农村经济发展的同时，由于布局的分散化和经营方式粗放化等原因，对环境产生的污染非常严重，而且污染面积广，还难以治理。其次，经济发展所带来的人口集聚，为珠三角地区提供了丰富的劳动力资源的同时，大量人口生活所产生的垃圾量要比农村多得多，而珠三角地区现有的资源和环境基础难以支撑快速城镇化和城市空间扩张的需要。最后，随着珠三角地区工业化的迅速发展，日益增加的机动车尾气的排放，大气污染日益严重，水体污染、噪音污染、垃圾污染等生态环境问题也越来越突出。

（4）"城中村"现象明显。20世纪90年代中后期，随着珠三角地区城镇化的推进，在农村集体土地征用过程中，将征用土地中的一定比例划为村镇经济发展用地和自留地交由村镇自行开发的普遍做法，促使"城中村"现象明显。而且这些"城中村"是星罗棋布的大规模、高容积、高密度的建筑，绝大多数属违章建造且集体资产殷实的"超级城中村"。由于城乡二元户籍制度的限制，导致常住人口与本地人口在收入、福利上存在较大差距，使"城中村"成为外来人口的集聚地。"城中村"也由此带来了不少问题，集中体现在以下四个方面：一是土地使用不合理。城中村的土地利用结构明显不协调，居住用地、商业用地和工业用地在大幅度增长，而公共设施、绿地、道路广场用地比例明显偏低。二是公共设施不完善。最典型的就是道路设施差、文化教育设施不足、体育场所匮乏。三是社会治安问题。由于村民、流动人口和城市居民混合居住，导致社会治安问题较为严重。四是环境卫生差。由于城中村建设缺乏规划，建筑物参差不齐，而且绿地奇缺，人们的环保意识薄弱，垃圾遍地与脏、乱、差问题突出。总体来说，由于缺乏行之

---

① 参见《广东联防联治环境污染　打造七千公里绿道》，载《南方日报》2013年11月7日。

有效的城市整体规划设计，"城中村"的建设发展具有很大的自发性和盲目性。

（5）区域产业结构雷同。从 20 世纪 90 年代开始，珠三角各城市都开始实行"赶超战略"和"逆向开发战略"，即市场需要什么就生产什么，各市都把投资重点集中在投资少、见效快的几个行业上；而同一个公司或企业往往因为用地规模、优惠待遇的享受期限，为追求连续享受不同区域的优惠政策，而投资于不同地区生产同一领域的产品。进入 21 世纪后，珠三角各城市又竞相将电子信息、生物医药、新材料等作为优先发展对象，进一步加剧产业同构现象。中山大学城市与区域研究中心的调查显示：珠三角 9 市中，工业结构相似系数超过 90% 的有 5 对（珠海与深圳、惠州与珠海、东莞与深圳、东莞与珠海、东莞与惠州）。① 这不仅弱化了区域内分工协作和差异化发展的双重收益，还引发了大量恶性竞争。

（6）相关的城市和城镇管理制度滞后。随着城镇化步伐的加快，珠三角地区通过撤县改为市、撤乡改为镇等形式，出现了一批小城市和小城镇。虽然这些县或乡改为了市或者镇，城镇建设日新月异，但是大多数城镇的发展缺乏长远的和总体性的市政基础设施建设规划，以及人口迁移制度、社会保障制度、土地使用规划和房地产开发计划等。各个市镇之间各自为政、自成体系、矛盾重重，缺乏有效的跨行政区域的规划，市、镇甚至村一级各自独立规划导致区域内相互间缺乏有机联系。这势必影响区域经济社会一体化的发展，也不利于城镇化的可持续性发展。许多小城镇出现"小马拉大车"的现象，一些特大城镇如东莞的虎门镇、中山的小榄镇等虽已发展到城市的规模，但仍然沿用原有的建制镇管理模式，在一定程度上制约了城镇化水平的提高。

---

① 参见《9 城市需打准定位　推动珠三角走向经济共同体》，载《广州日报》2008 年 3 月 24 日。

(7) 弱化了地级市的统筹管理能力。作为一座典型的组团城市，佛山的简政放权改革在将大部分公共资源下沉到区镇以发挥基层创造性并调动其发展积极性的同时，也形成了为人诟病的"弱市强区"发展格局。这种发展格局削弱了市级统筹各区的能力，导致市级政府无法合理有效地配置5区的人才、产业、基建等资源，最终削弱了佛山市对外部人才、产业落户的吸引力。东莞持续的简政放权成就了"市、镇、村、组"的四轮驱动发展模式，但东莞市域城镇空间也逐渐暴露出非整合发展态势，导致城镇之间出现恶性竞争、基础设施重复建设、产业结构趋同、土地粗放利用、交通路网衔接不畅、设施供给滞后、城镇生态环境不佳、功能区划破碎、整体布局无序等问题。

3. 政府与社区组织的公共服务功能弱化

第一，发展主义至上使政府越来越多地承担了驱动经济发展的重任，从而弱化了公共服务功能。例如，在东莞，"市、镇、村、组"四轮驱动的招商引资，吸引了大量"三来一补"企业进驻，产业结构初步实现由以农业为主向以工业为主转变。政府职能的重点在于发展生产和招商引资，"一切以经济建设为中心"变成了基层政府的"一切以招商引资为中心"，基层政府日益演变为"经营型政府"。即使在"镇改街"后，基层政府依然延续着既有管理模式。最终，政府公共服务功能弱化，从而引发了诸多社会管理难题。

第二，简政放权在操作实践中蜕变成"逐级往下甩包袱"，导致社区组织行政化。在不断取消审批项目收费的情况下，上级政府恨不得把已没有多少"油水"可捞的项目都甩给基层政府，而有实际利益的项目则以种种理由紧抓不放，让基层政府既力不从心也苦不堪言。延续着这种"简政放权"逻辑，基层政府势必将其不堪承受的行政性负担转嫁到基层社区组织。据统计：2011年，广州下属某区社区居委会所承担的工作任务有 106 项之多，各种考核、评比和责任状近 30 个，基层社区 70% 以上的精力都用在对接处理行政事务上，真正投入到社区服务的精力不多。① 在深圳，全国首创设立社区工作站来承担从原居委会剥离出来的政府工作，从而使社区居委会回归自治地位，但是社区工作站的主体地位至今不明，居委会功能被弱化，社区工作站的工作日益趋向行政化。② 最终，过多、过重的行政事务负担使社区组织难以腾出时间为居民解决民生问题，直接影响到社区居委会的法定职责和角色。

4. 区域整合依然任重道远

第一，早已规划的区域一体化具体目标落实困难重重。在 2010 年开始推进的 5 个专项一体化规划中，基础设施建设一体化因为跨部门、跨市协调难，用地手续办理、征地拆迁、资金筹措难等日益陷入困境。而单纯比拼优惠条件的同质化竞争导致珠三角 9 市产业结构难以形成规划中的错位发展格局。在区域基本公共服务方面，不仅市际差异依旧，而且类似佛山这样的组团化城市内部差异也非常明显。跨界河流污染治理难、大气污染联防联治难也使环境保护一体化工作举步维艰。

第二，制约城市群治理的障碍依旧。既有行政区划壁垒形成的固有思维定式和体制惯性，使珠三角各地市政府基于各自利益形成"楚河汉界"，"行政区经济"态势依旧。最终导致珠三角城市群治理中的深层次核心问题如产业分工、环境生态联防联治、区域公共服务均等化等并未真正触及。具体而言，体现在三个方面：一是经济社会发展、城乡规划、土地利用等全域型规划区域整合艰难；二

---

① 参见《广州社区居委会被行政事务拖累 没精力承担公共服务》，载《南方日报》2012 年 8 月 9 日。

② 参见《深圳：探路基层社会治理 力促社区功能归位》，载《南方日报》2014 年 1 月 19 日。

是市场无法在珠三角城市群内的资源配置中发挥决定性作用,资金、技术、人才、信息等基本要素难以通过自由流动而实现优化配置;三是由于各城市在发展规划、政策标准、公共服务水平等方面的侧重点不同,区域性公共服务和社会治理合作进展缓慢。①

5. 廉政建设的形势依然严峻复杂

改革开放以来,广东经济社会持续高速发展。但与此同时,腐败也是广东始终面临的最严重的挑战之一。改革伊始,广东的腐败问题就已经渐渐出现。1980年,广东省党员、干部因经济上严重违纪而受到党纪处分的人数从1979年的364人增加到605人,上升了66.2%。经济案件中直接体现钱权交易腐败现象的干部受贿案1981年之前还基本上是空白的,1982年就达到了449宗,其中县处级以上领导干部受贿案42宗。② 从1978年到1989年,广东全省共立案查处的公职人员经济违法犯罪案件达到15830件,给予党纪处分6012人,政纪处分5279人,依法惩处3619人,有2539人被开除党籍。③ 进入21世纪以来,广东的腐败依然呈现出高发态势。2010年1月至2012年3月,广东全省纪检监察机关共立案查处违纪违法案件10336件共计10856人,其中涉及地厅级干部74人(另有5人案件当时未查处完),县处级干部503人。④ 党的十八大以来,广东以前所未有的力度推进全面从严治党工作。全省纪检监察机关共立案51194件,超过前10年立案数的总和;查处地厅级

---

① 参见贺林平《珠三角一体化 仍须破壁垒》,载《人民日报》2014年5月20日。
② 参见丘海《邓小平党风廉政建设理论与广东的实践》,广东人民出版社1998年版,第139页。
③ 参见丘海《邓小平党风廉政建设理论与广东的实践》,广东人民出版社1998年版,第91页。
④ 参见《广东2年来74名厅官落马》,载《新快报》2012年4月14日。

干部 470 人,是前 10 年的 1.6 倍,查处数量位居全国前列。① 据中共广东省纪委的数据,2012 年广东省共立案 6908 件共计 7189 人,结案 6645 件,其中涉及厅级干部 38 件共计 38 人,县处级干部 322 件共计 326 人;2013 年查处厅官 38 人,2014 年查处厅局级官员多达 95 人,2015 年查处厅级干部 170 人,查处地厅级干部 149 人,县处级干部 1014 人。② 这一方面显示出广东省各级纪检监察机关坚持"老虎""苍蝇"一起打,始终保持惩治腐败的高压态势;另一方面也表明广东的廉政建设形势依然严峻复杂,遏制腐败现象蔓延势头的任务艰巨。腐败问题的不断发生,不仅败坏了社会公平正义,而且导致了社会伦理道德的滑坡,还浪费了巨额社会资源,最终恶化了党群、干群关系以及政府与民众的关系。

6. 社会治理面临诸多挑战

当前广东社会建设总体上还滞后于经济建设,创新社会治理面临四大挑战:③ 首先是社会治理理念有待进一步提升。"经济发展与社会建设并重"的思想虽已确立,但如何在经济发展中统筹兼顾社会建设的思路仍不明晰,成效难以突破。其次是治理主体模糊,长期以来,受"万能政府"的影响和束缚,政府依然充当了解决一切社会问题的主角,存在社会"过度行政化"现象,村居组织行政化现象普遍,社会组织无法有效参与社会治理。再次是治理方式落后。一些地方政府误以为治理就是收费、审批、处罚,治理过度行政化。最后是治理机制创新滞后。在实践中,普遍存在着"重管控、轻制度"现象,创新预防和化解社会矛盾体制、重大决策稳定

---

① 参见《十八大以来广东共查处厅官 470 人:平均每 3 天 1 名》,载《新京报》2017 年 4 月 12 日。
② 数据来源:2013—2017 年中共广东省纪律检查委员会的公开数据。
③ 参见谭炳才、张燕《新常态下完善广东基层社会治理模式研究》,载《广东经济》2015 年第 12 期。

风险评估机制、诉求表达和权益维护机制等都落后于经济社会发展。《2014年广东省社会治理改革创新研究报告》分析了目前广东深化社会治理改革工作中存在的五大问题:① 一是在公共事务决策征询民意制度方面,不仅公众参与决策咨询的深度有限,而且专家学者也尚未在决策咨询体系中发挥实质性作用。二是在社会组织管理体制方面,广东省社会组织数量仍不够充足、能力有待增强,枢纽型社会组织也尚处于起步阶段,缺乏辐射全国、影响各界的能力;同时,广东省也存在各个地域之间、各类社会组织之间发展不平衡的问题。三是在城乡社区治理与服务体制方面,城乡社区职能仍具有行政性倾向,社区精英领导能力尚未发挥应有的作用,社区服务质量也有待提升。四是在农业转移人口市民化制度方面,相关服务管理机构不够统一,户籍管理制度的壁垒仍然存在,基本公共服务建设也缺乏合理的成本分担机制。五是在社工和志愿服务体制方面,广东省目前面临着专业社工缺口大、流失率高、资历不足等严重问题,社工专业教育与职业规范建设相对滞后,志愿者管理缺乏有效的激励制度。

五、结　　语

工业化、市场化、城镇化和区域一体化不断驱动广东地方政府

---

① 参见《〈2014年广东省社会治理改革创新研究报告〉发布》,载《南方日报》2015年7月20日。

创新，以适应经济社会发生的深刻变化。广东经过40年的改革，经济快速持续发展，市场经济体制日趋完善和成熟。随着既有体制优势的逐渐弱化，资源紧张、环境恶化等制约因素增多，行政体制、社会体制等上层建筑不适应经济基础的矛盾日益凸显出来。为了构建符合社会主义市场经济需要的行政管理体制和社会管理体制，广东也不断驱动行政体制改革来进行调适。

尽管广东持续的地方政府创新驱动了经济社会的跨越式发展，但这种地方政府主导下的行政改革并未从根本上改变地方政府主导型治理体系的基本结构，因此依然面临着一系列挑战，如经济增长下行的压力不断加大、转型升级缓慢、环境污染突出、社会治理等方面的改革任务繁重，改革攻坚难度越来越大。这表明广东在经过40年的持续高速发展之后，地方政府主导下的"强权力、弱市场和弱社会"的治理体系与已经发生深刻变化的经济与社会之间存在着明显的不匹配性。20世纪80年代以来，为应对日益增加的公共事务对国家治理提出的挑战，通过重新配置公共权力、向社会组织和私营部门开放权力以提高国家治理的韧性与弹性的国家治理体系现代化浪潮逐渐遍及全球。这表明，面对社会、经济结构的各种变化带来的挑战，国家治理体系需要重构。而从历史发展来看，现行国家治理体系在成就改革年代中国经济持续高速增长、社会稳定、政治和谐与文化繁荣的同时，随着中国改革进入深水区和社会矛盾集中凸显期，加速推进现代化的必要性也与日俱增。为此，党将全面推进国家治理体系和治理能力现代化作为新时期全面深化改革的基本方向。但囿于既有创新思维，一些地方政府试图以继续强化权力来重组市场和建设社会，最终导致专断性权力愈强而基础性权力羸弱，始终无法走出政府能力建设的"内卷化"困境。因此，总结既有经验教训，应该及时将广东地方政府创新从行政改革转向治理体系现代化。

第二章

广东的地方政府治理结构创新

党的十八届三中全会提出，全面推进国家治理体系和治理能力现代化是新时期全面深化改革的关键。在中国政治与行政合一的体制框架内，政府在整个国家治理体系中扮演着决定性的角色，无论是市场体系的成熟、公民社会的成长，还是政府治理体系的完善，最终都取决于政府角色的现代转型，政府体制的演变直接决定着现代国家治理体系成长的进程。[①] 政府的这种主导作用不仅体现在政府在培育市场机制和增强社会自治能力等方面所具有的重要

[①] 参见何显明《政府转型与现代国家治理体系的建构——60年来政府体制演变的内在逻辑》，载《浙江社会科学》2013年第6期。

功能和作用，而且政府自身治理水平和治理能力的提升对其他治理主体乃至整个国家治理能力和水平的提升同样具有巨大的引导和推动作用，从而也就从根本上直接主导并决定着整个国家建设和社会发展的进程。因此，要推进政府治理体系现代化，一方面需要政府积极稳妥地推进治理结构改革，准确定位政府职能、优化政府组织结构、提升政府治理效能；另一方面需要正确处理政府与市场、社会和公民三者之间的关系，建立政府与市场、社会和公民协同共治的治理体系。①

政府治理体系现代化要求政府与市场、公民社会及公众都参与治理，逐步建立起多元共治的协同治理体系。在当代中国特色的国家治理结构中，政府是起主导作用并处于轴心位置的治理主体，市场、社会等其他治理主体的生长与参与治理的空间等，都取决于政府能否恪守职能界限并规范地运用其所掌握的公共权力。因此，政府治理体系与治理能力的现代化需要以转变政府职能和改革政府治理结构为现实路径。这就要求首先要完成政府职能转变这一实现国家治理能力现代化的基础工程，从传统的管制型政府转变为公共服务型政府；其次要在准确定位政府角色功能的基础上，努力形成科学、完整、协调的治理结构。

改革开放以来，广东地方政府的治理体系创新首先始于推进政府治理结构创新。具体而言，主要包括两个方面：一方面，通过渐进深化公共服务型政府建设使政府扮演良好发展环境创造者、优质公共服务提供者、社会公平正义维护者的角色，切实履行好创造良好发展环境、提供优质公共服务、维护社会公平正义的职能；另一方面，通过改革政府内部治理结构，在合理地厘定各层级政府的职责和权限的基础上，建立纵向和横向的政府间合作关系，以提升政

---

① 参见胡永保、杨弘《国家治理现代化进程中的政府治理转型析论》，载《理论月刊（武汉）》2015年第12期。

府治理的整体绩效。

  本章的内容分为三节,第一节梳理广东逐步深化公共服务型政府建设的历程,第二节和第三节分别以案例分析形式呈现了广东地方政府探索政府内部治理结构的改革。

第一节　广东渐进深化公共服务型政府建设

进入 21 世纪以来，为有效应对国内外发展形势的变化，国家开始倡导公共服务型政府建设。2004 年，时任国务院总理温家宝发表了《提高认识，统一思想，牢固树立和认真落实科学发展观》的讲话，首次提出"建设公共服务型政府"的命题。在 2005 年召开的全国人大十届三次会议上，建设公共服务型政府被写进政府工作报告，经全国人大批准而变成国家意志。2007 年，党的十七大报告明确提出"加快行政管理体制改革，建设服务型政府"，从而把公共服务型政府建设提高到体制改革目标的价值层面。这表明，建设公共服务型政府已经成为新时期中国政府改革的基本目标。在建设公共服务型政府的热潮中，广东省一直走在全国前列。

一、以公共服务为重点深化行政改革

进入 21 世纪以来，广东为适应日益变化的经济和社会发展需要，日益深化以公共服务为重点的行政改革。综观 2002 年以来的

历次党代会报告以及省人民政府的工作报告,深化以公共服务为中心的政府职能转变主要围绕行政体制改革和公共服务供给两个方面来展开,前者主要关系到政府职能的调适性定位,后者则关系到公共服务型政府建设的具体实践(见表2-1、表2-2)。

表2-1 2002年至今党代会报告中的相关论述

时间	会议	相 关 论 述
2002年5月	中共广东省第九次代表大会	加快推进政企分开、政事分开,把政府职能转到经济调节、市场监管、社会管理和公共服务上来。增强政策的统一性和透明度,运用经济和法律的手段管理经济,提高驾驭市场经济的能力。深化行政管理体制的改革和创新,转变工作方式,改进机关作风,提高服务水平,建立和完善精简高效、运转协调、行为规范的行政管理体系。尽快完善基本公共服务,提高人民生活质量
2007年5月	中共广东省第十次代表大会	加快政府职能和管理方式转变,强化社会管理和公共服务职能,提高宏观调控和市场监管水平,着力创造和维护公平竞争的市场环境。加大公共财政对社会事业的投入力度,逐步实现基本公共服务均等化,促进机会公平
2012年5月	中共广东省第十一次代表大会	重点是加快转变政府职能。解决政府职能越位、错位、缺位等问题,使政府真正成为公共产品和公共服务的提供者。要按照"放权、简政、服务"的要求,积极稳妥地推进行政体制改革,坚决取消一批、下放一批、向社会转移一批行政审批事项,减少并规范行政自由裁量权,根治重审批轻监管的痼疾,着力建设精简、高效、廉洁的服务型政府。要大力发展各项民生事业,推进基本公共服务均等化,努力使全省人民学有所教、劳有所得、病有所医、老有所养、住有所居

续表 2-1

时间	会议	相 关 论 述
2017年5月	中共广东省第十二次代表大会	加快推进服务型政府建设，努力打造服务效率最高、管理最规范、综合成本最低的营商环境高地。优化政府服务，完善"一门式、一网式"政务服务模式，破除行政审批中介服务垄断，规范行政审批的中介服务行为。依托互联网和大数据技术，推进行政审批、监管和政务服务标准化，减少和规范行政自由裁量权。要坚持以人民为中心的发展思想，提升公共服务水平，补齐民生社会事业发展短板，确保如期高质量全面建成小康社会，让人民群众过上更加富裕、更加健康、更有保障、更有发展的美好生活。制订实施公共服务提升行动计划，加大政府统筹和投入力度，让人人享有更高水平的公共服务

表 2-2　2002 年以来历年广东省人民政府工作报告的相关论述

时间	会议	相 关 论 述
2002年1月	第九届广东省人民代表大会第五次会议	积极推进行政管理体制改革，强化政府的经济调节、市场监管、社会管理和公共事务职能。深入开展行政审批制度改革，进一步精简审批事项，简化审批程序，做到依法、公开、规范。完善政务公开制度，增加政府制定和发布政策的透明度。全面推进依法行政，规范行政行为，落实行政执法责任制，提高政府的行政效率和服务水平
2003年1月	第十届广东省人民代表大会第一次会议	加快政府职能转变。继续推进政资分开、政企分开、政事分开和政社分开，强化政府提供公共产品、搞好公共服务、创造公平环境的职能
2004年2月	第十届广东省人民代表大会第二次会议	推进政府管理创新，加快政府职能转变，把政府经济管理职能切实转到主要为市场主体服务和创造良好发展环境上来

续表 2-2

时间	会议	相 关 论 述
2005年1月	第十届广东省人民代表大会第三次会议	进一步转变政府职能，在搞好经济调节、加强市场监管的同时，更加注重履行政府的社会管理和公共服务职能
2006年2月	第十届广东省人民代表大会第四次会议	加快转变政府职能，继续推进政资分开、政企分开、政事分开、政府与市场中介组织分开和社会领域的管办分离，政府集中精力履行经济调节、市场监管、社会管理和公共服务职能
2007年2月	第十届广东省人民代表大会第五次会议	按照"为民、务实、清廉"的要求，积极推进政府管理创新，加快政府职能转变，切实加强社会管理和公共服务职能
2008年1月	第十一届广东省人民代表大会第一次会议	加快转变职能，建设服务政府。在加强和改善经济调节、市场监管的同时，更加注重社会管理和公共服务，确保政府管理服务到位。采取积极的经济政策支持社会事业发展，确保当年新增财力的60%以上用于发展社会事业和改善民生，有计划、有步骤地解决涉及群众切身利益的热点难点问题。扩大政府公共服务的覆盖范围，提高公共服务的供给能力和质量。创新和改进服务方式，在全省推进行政服务中心建设，探索社会组织承担政府转移或委托职能的实现形式，更好地为基层、企业和公众服务
2009年2月	第十一届广东省人民代表大会第二次会议	根据大部门制的要求积极推进省级政府机构改革，进一步理顺政府、社会和市场以及政府部门之间的关系，强化政府创造良好社会环境、提供优质公共服务、维护公平正义的职能。开展第四轮行政审批制度改革。创新政府管理和服务方式，推进电子政务建设，发挥电子监察作用，提高行政效能。健全行政决策程序，创新行政执法机制，健全符合科学发展要求的政府绩效评价指标体系和评估机制。完善行政问责制，提高政府公信力

续表 2-2

时间	会议	相 关 论 述
2010年1月	第十一届广东省人民代表大会第三次会议	进一步理顺省级政府部门职责关系。全面推进市县政府机构改革,切实精简机构、理顺关系、转变职能、提升效能。把改善民生、发展社会事业作为扩大内需、调整经济结构的重点,集中力量办一些关系到人民群众切身利益的大事、实事
2011年1月	第十一届广东省人民代表大会第四次会议	完善公共财政和投资体制。调整公共财政支出结构,增加一般性转移支付规模和比例,加强县级政府提供基本公共服务的财力保障。推动城乡基本公共服务一体化
2012年1月	第十一届广东省人民代表大会第五次会议	加强和改进政府服务。加快综合政务服务体系建设,创新政务服务方式,优化政务环境
2013年1月	第十二届广东省人民代表大会第一次会议	要加强保障和改善民生的制度安排,完善基本公共服务体系,扎实办好民生实事,让改革发展成果惠及全体人民。整合政务服务资源,建设管理规范、功能完备、办事公开、信息共享、运行高效的综合政务服务体系。加快电子政务建设,省网上办事大厅年内连通到县(市、区),全面实行"一网式"和"一站式"服务。推进行政权力运行公开化,完善政务公开和各领域办事公开制度
2014年1月	第十二届广东省人民代表大会第二次会议	加快转变政府职能。促进政府经济调节科学化,增强公共服务、市场监管、社会管理、环境保护等职能,完善绩效考核评价体系。坚持民生优先,社会政策托底,健全基本公共服务体系,扎实办好民生实事,让改革发展成果更多公平地惠及全省人民。将按照为民、务实、清廉的要求,始终保持奋发有为的精神状态,深化改革、开拓创新、真抓实干,努力建设法治政府和服务型政府

续表 2-2

时间	会议	相关论述
2015年2月	第十二届广东省人民代表大会第三次会议	以更大投入和更有力举措，加快发展教育、文化、卫生、体育等社会事业，强化社会治理，有效提升社会发展水平。坚持以人为本、民生优先，发挥社会政策托底作用，全力办好民生实事，努力让人民群众过上更好的生活。以加快建设法治政府、服务型政府的实际行动取信于民。深化行政审批制度改革。进一步加大简政放权力度，继续取消和调整一批行政审批事项，全面清理非行政许可审批事项
2016年1月	第十二届广东省人民代表大会第四次会议	加强政府效能建设，建设服务型政府。攻坚深化行政体制改革。推进行政审批制度改革，实施省、市、县三级政府部门权责清单管理，进一步精简行政许可事项，清理规范行政许可中介服务，加快实施行政许可标准化。深化商事制度改革，健全事中事后监管体系，探索实行多证合一。开展市场准入负面清单制度改革试点，加快推进负面清单全覆盖。整合完善公共资源交易管理体制。加快食品药品、环境保护等重点领域监管制度建设。推进事业单位法人治理和信用体系建设。全面实施不动产统一登记制度。推广"一门式""一网式"政府服务管理模式，着力改进直接面向企业和群众的公共服务。拓展完善省网上办事大厅，提高行政审批事项网上全流程办理率和网上办结率

续表 2-2

时间	会议	相 关 论 述
2017年1月	第十二届广东省人民代表大会第五次会议	加大"放管服"改革力度。深化行政审批制度改革,落实政府部门权责清单制度,重点精简创业创新、公共服务等领域行政许可事项。加快清理规范行政审批中介服务。全面落实收费目录清单管理制度。推进行政审批标准化,建立覆盖省、市、县三级的事项和标准管理体系。深化相对集中行政许可权试点、经济发达镇行政管理体制等改革。实施市场准入负面清单制度改革试点,推进企业"多证合一",全面推行"证照分离"改革。深化重点领域综合行政执法体制改革,实现"双随机一公开"监管全覆盖,推进信用信息共享和守信激励、失信惩戒。大力推进"互联网+政务服务",推行"一门式""一网式"政府服务模式,拓展省网上办事大厅功能,开展简政便民专项行动。把社会事业发展重点放在农村和接纳农业转移人口较多的城镇,加快农村教育、医疗卫生、文化等事业发展,推进基本公共服务均等化和社会保障城乡一体化,力争基本公共服务支出占地方一般公共预算支出比重达36%

从上述相关论述可以看出,进入21世纪以来,中共广东省委和省政府对服务型政府的公共服务职能的认识日益深刻。一方面,日益明确加快转变政府职能是深化行政体制改革的核心,是建设法治政府和服务型政府的关键;转变政府职能,需要厘清政府与市场、政府与社会的关系,使政府职能向提供优质服务、创造良好发展环境、维护社会公平正义转变。另一方面,逐步明确了服务型政府建设的内容,这些内容主要包括公共教育、医疗卫生、社会保障、住房保障、公共文化、就业服务、人口计生、生态环境、基础设施、社会治理等方面。

二、以公共服务为重点优化政府结构

加强公共服务型政府建设，必须要有相应的组织机构来推动。2007年10月，党的十七大报告提出，"加大机构整合力度，探索实行职能有机统一的大部门体制，健全部门间协调配合机制"。2008年以来，从国务院开始，部分省份进行了大部制改革探索。为了更好地适应经济、社会发展的需要，广东省率先积极地开展了大部制改革。2008年12月，《珠三角地区改革发展规划纲要（2008—2020年）》提出："在政府机构设置中率先探索实行职能有机统一的大部门体制。"2009年2月，时任广东省省长黄华华在《政府工作报告》中提出，"根据大部门制的要求积极推进省级政府机构改革，进一步理顺政府、社会和市场以及政府部门之间的关系，强化政府创造良好社会环境、提供优质公共服务、维护公平正义的职能"。2009年3月，中共广东省委、省政府下发了《广东省市县人民政府机构改革意见》以及《关于深圳等地深化行政管理体制改革先行先试的意见》。广东省在落实中央关于地方政府机构改革的指示进行工作布置时，将深圳、顺德、珠海和广州等地列入创新行政管理体制先行先试地区（后来又增补阳江市为欠发达地级市改革试点）。2009年，深圳和顺德分别在7月底及9月中旬率先公布了大部制改革方案，随后，广州、佛山、珠海、江门、东莞等地的大部制方案也陆续公布。2012年7月17日，广东省正式公布省委、省政府《关于加快转变政府职能深化行政审批制度改革的意见》(以下简称《意见》),《意见》对深化大部制改革提出了具体要求。

广东省的大部制改革在深圳、佛山市顺德区率先启动。深圳作为改革开放的"一面旗帜",积极探索建立职能有机统一、功能定位准确、部门数量精干的大部制,政府部门由46个精简为31个,精简幅度达1/3。深圳作为副省级城市,为国内省级政府的大部制改革提供了有意义的示范作用。顺德作为广东改革的"标兵",在改革中对党政机构进行重组,将原有41个党政部门大幅压缩至16个,为国内县级政府的大部制改革进行了试点探索。在总结深圳和顺德作为大城市、县级综合配套改革探索经验的基础上,广东在全省范围内逐步推开大部制改革。阳江市积极探索适合经济欠发达地区特点的大部门体制,政府部门由37个减少为25个。汕头市濠江区加大机构整合力度,机构精简幅度超过1/3。总体而言,广州市的"大城管"模式、深圳市的"行政小三分"模式、珠海市的"大社会"模式、佛山市顺德区的"党政联动"模式和阳江市的"人民团体和事业单位职能整合"模式,分别代表了广东省大部制改革的不同探索途径,并且共同形成了广东改革的经验。[①] 在推进大部制改革的基础上,广东一些市、县在行政体制改革方面进行了延续和深化。例如,深圳市实行公务员分类管理制度改革,推行公务员聘任制,打破"铁饭碗"。佛山市顺德区探索撤镇设街道,实行"一级政府、两级管理、三级服务"的新体制。

与此同时,广东还积极推进以简政放权为内容的富县强镇事权改革,将97项管理权下放给县级管理,一批特大镇、中心镇的管理权也相应扩大,有效激发县、镇发展的活力。广东省为强化基层公共服务职能,在佛山市、东莞市开展简政强镇事权改革试点,选

[①] 参见叶贵仁《权威体制下的分散式改革模式研究——以广东省大部制改革为例》,载《学术研究》2013年第2期。

择佛山市顺德区容桂街道、南海区狮山镇、东莞市塘厦镇、石龙镇进行试点。佛山市对容桂街道和狮山镇实行简政放权，扩大镇（街）管理权限，赋予其部分县级管理权限，顺德区属部门第一批就向容桂街道下放了 316 项管理权限。同时在规范机构设置和编制配备、创新公务员和人员管理制度等方面也迈出了重要步伐。东莞市通过对石龙镇、塘厦镇直接放权、委托放权、调整派驻机构管理体制、内部调整放权的方式，下放事权、扩充财权、改革人事权。此外，试点单位还积极推动政府向社会简政，实行政府购买服务等办法，将一些管理和服务事项放权给社会。这些改革措施加强了地方政府的公共服务职能，促进了县镇经济社会发展。[①]

广东各级政府通过大部制改革，使原有的政出多门、职责交叉、推诿扯皮、责权脱节等问题得到了有效解决，各地行政成本和群众、企业办事成本大幅降低，初步构建起了"小政府、大社会"服务型政府雏形。

三、以公共服务为重点改进地方政府治理机制

首先，试点探索建立健全决策权、执行权、监督权既相互制约又相互协调的权力结构和运行机制。党的十七大报告指出，"要坚持用制度管权、管事、管人，建立健全决策权、执行权、监督权既

[①] 参见广东省机构编制委员会办公室《广东省深化行政管理体制改革情况介绍》，2010 年 4 月 12 日。

相互制约又相互协调的权力结构和运行机制"。2012年5月16日，时任中共广东省委书记汪洋在中共广东省第十一次代表大会的报告中指出，"继续完善推广大部门体制改革，建立健全决策权、执行权、监督权既相互制约又相互协调的权力结构和运行机制"。早在2003年，深圳市正式开始了旨在精简政府机构、提高行政效率的"行政三分制"改革探索，但是在几乎需要推倒重来的政府架构改造工程面前，改革遭遇了巨大的阻力。2009年，经国务院批准，深圳重启以"行政三分制"为最大亮点的行政体制改革，在全国率先探索全新的政府架构，政府职能部门分为决策、执行、监督三大板块，从而扭转了传统体制下政府部门集决策、执行、监督为一体，自定规则、自己执行、自我监督的行政权力运作模式。《深圳市综合配套改革总体方案》强调要"以转变政府职能为核心，全面创新行政管理体制，实现政府职能向创造良好发展环境、提供优质公共服务、维护社会公平正义转变，实现政府组织机构及人员编制向科学化、规范化、法制化转变，实现行政运行机制和政府管理方式向规范有序、公开透明、廉洁高效转变，努力建设人民满意的服务型政府"。深圳通过建立决策权、执行权、监督权相互协调与制约的行政运行机制，优化了政府组织结构，加强了决策的统筹性、权威性，提高了执行力和行政效率，加强了对行政行为和权力运行的监督和制约，有利于从体制机制上解决腐败问题和"有法不行""人情大于法"等法治难题，有利于加快"服务型政府建设"。[1]

其次，按照"放权、简政、服务"的要求，积极推进行政审批制度改革，着力建设精简、高效、廉洁的服务型政府。对于广东而言，深化行政审批制度改革、进一步转变政府职能的任务确实十分紧迫。一方面，广东作为中国改革开放的先行区，市场已经比较成

---

[1] 参见张占斌《新发展阶段广东行政体制改革创新研究》，载《经济体制改革》2012年第4期。

熟，推动行政审批改革的难度相对较小、阻力也相对较少；另一方面，广东又是一个劳动力红利基本退出，要素制约日益增多，中小企业、小微企业急需转型的地区，行政审批制度到底怎么改、向哪个方面改、改到何种程度，不仅需要广东积极探索，还需要高层进行顶层设计。深圳、佛山等市早在1997年已开始试点改革行政审批制度。省本级层面改革也在1999年后开始，于2000年、2002年、2004年、2009年进行了四轮行政审批事项清理，累计取消了1800余项、调整了400余项。自2012年8月国务院批准广东在深化行政审批制度改革方面先行先试，广东便于当年年底前公布了三批省级行政事项审批改革目录，出台了改革方案及行政审批事项目录管理办法，《广东省行政许可监督管理条例》也于2015年1月1日起施行。经国务院批准制定的《广东省"十二五"时期深化行政审批制度改革先行先试方案》提出后，当时预计到2015年，各级行政审批事项压缩减少40%以上，办结时限总体缩短50%左右，力争成为全国行政审批项目最少、行政效率最高、行政成本最低、行政过程最透明的先行区。从2014年广东通过《中共广东省委贯彻落实〈中共中央关于全面深化改革若干重大问题的决定〉的意见》，明确继续精简行政审批事项，到2015年全面公布省政府各部门权责清单和职能调整目录，公布《广东省企业投资项目实行清单管理的意见（试行）》，启动全面推广行政审批标准化工作，再到2016年在全省部署推进"一门式""一网式"政务服务模式改革，一步步具体举措见证着广东行政审批制度改革的持续深化。如果说1997年深圳率先试点和2012年广东全省的先行先试都为广东创造了初探行政审批制度改革的机会，那么在新一轮全面深化改革中，广东正以此为突破口掀起一场政府层面的供给侧结构性改革，着力推进政府职能转变。显然，行政审批制度改革不能简单地理解为审批事项的增减，也绝不等于取消行政审批制度，而是要从"重审批、轻服务，重准入、轻监管"的传统政府运行机制转变为"少审批、重服务，宽准入、严监管"的新制度，审批制度改革是基于政府实施公共管理和服务一种手段的改良。

再次，不断创新公共服务供给的政社合作机制。提供基本公共服务虽然是政府的责任，但政府在基本公共服务供给上也无法做到统包统揽。实践证明，大包大揽的政府供给方式不仅不能提高基本公共服务效率，难以满足公民社会对基本公共服务的多样化需求，还容易滋生消极腐败现象。从国外公共服务供给的经验看，政社合作机制是提高基本公共服务的质量和效率的一条有效途径。为结合政府机构改革，加快实行政府与市场中介组织分开，广东提出将原由政府承担的行业管理与协调性职能、社会事务管理与服务性职能、技术服务性职能等交由社会组织承担，同时按照自愿承接和费随事转等原则，政府有序向社会组织进行购买服务。一方面，不断加大力度向社会组织转移职能。早在2008年9月，广东省就出台了《关于发展和规范社会组织的意见》，明确提出政府各职能部门要逐步将公民、法人和其他组织能够自主解决、市场机制能够自行调节、社会组织通过自律能够解决的事项转移出去。2009年初，珠三角社会组织改革发展先试先行实施方案基本完成，初步确定了在珠三角地区创建现代行业协会体系、推进社会组织民间化、推进政府向社会组织转移职能和购买服务制度、制定扶持社会组织发展的政策措施、促进社会组织依法参政议政、创新社会组织管理制度、创新社会组织党建管理体制等7项目标和具体任务。2012年，广东省已将130余项职责交给社会组织或事业单位，各地也大力向社会组织转移职能，如深圳向社会转移事项100多项，珠海转移23项。① 2012年7月17日，广东省召开转变政府职能深化行政审批制度改革工作视频会议，会议公布了《广东省人民政府2012年行

---

① 参见《广东省政府转移职能逾130项向社会组织购买服务》，证券时报网，http://www.stcn.com，2012年2月27日。

政审批制度改革事项目录（第一批）》，明确取消了行政审批事项179项、转移事项55项、下发事项115项、委托事项5项。另一方面，逐步推进政府向社会组织购买服务的改革。2012年6月1日，广东在全国率先推出了《政府向社会组织购买社会服务暂行办法》，首次明确了政府向社会组织购买服务的范围、程序方式和资金安排等。2012年8月，广东省财政厅发布《2012年省级政府向社会组织购买服务项目目录》，基本公共服务、社会事务服务、行业管理与协调事项、技术服务事项、政府履职所需辅助性和技术性服务等262项服务项目被纳入第一批政府采购服务范围。2014年6月27日发布的《广东社会工作发展报告（2014）》显示：社会组织数量、政府购买服务资金总量、获全国社会工作者职业水平认证人数三项指标，广东均在全国排名第一。[①]

最后，着力推进透明政府建设。得改革风气之先的广东在政务公开方面一直走在全国前列。1999年5月6日，广东省政府办公厅转发了《省政府新闻办公室关于建立广东省新闻发布制度的意见》，明确以"广东省人民政府新闻办公室情况介绍会"的形式，定期向境内外媒体发布广东社会经济发展的最新信息，同时指定省政府直属的15个主要涉外单位设立新闻发言人及新闻联络员。这标志着广东省的新闻发布制度走向了制度化、规范化，同时也使广东成为中国最早正式建立新闻发言人制度的省份。2002年以来，广东省开始在全省县级以上政权机关全面推行政务公开，先后出台了一系列加强信息报送和新闻发布工作的相关文件，并在全国率先建立了完善的突发事件信息报送和发布制度体系，出台了全国第一部系统规范政务公开的省级地方性法规——《广东省政务公开条例》。在行政管理体制改革的进程中，广东在推进政务公开、建设阳光政府

[①] 参见何蕊《〈广东社会工作发展报告（2014）〉发布》，载《信息时报》2014年6月29日。

方面迈出了新的步伐。一是以政务决策规范为前提,推进政务决策程序民主化,保障政务决策公开公正。二是以政府公开透明为核心,推进政务公开制度化。规定公开原则,明确公开内容,及时公开社会关注的热点问题。三是以便民服务为宗旨,推进政府服务平台多元化。例如,广州市通过建设"窗口"服务平台,提升公共服务水平;充分利用信息化技术手段,创新和完善行政服务中心功能;以服务基层社会群众为目的,建立街道和居委会便民服务中心;以行政问责为手段,建立了政务公开的监督机制;等等。四是广州市率先公开政府预算,引领新一轮政府预算公开改革,在社会上引起强烈反响,老百姓好评如潮,称赞其为"看得见的政府"①。

四、以公共服务为重点加大财政支持力度和促进区域公共服务均等化

近年来,广东省不断加大财政对公共服务的支持力度。"十一五"期间,广东财政民生投入约1万亿元,占全省一般预算支出的比重从2006年的42.7%提高到2010年的57.2%,年均增长22.3%。2011年,全省财政民生投入达到4233亿元,占全省一般预算支出的63%;与此同时,压缩行政经费2%,增加国有资本经

---

① 张占斌:《新发展阶段广东行政体制改革创新研究》,载《经济体制改革》2012年第4期。

营收益10%用于民生投入。① 《广东省国民经济和社会发展第十二个五年规划纲要》总结评估报告显示,"十二五"期间,广东民生投入占全省公共财政预算支出的比重从2011年的63.7%提高到2015年69.6%,就业形势保持稳定,城镇登记失业率每年均控制在3.5%以内;城乡居民人均收入5年年均实际增长7.8%,基本保持与经济增长同步;社会保障覆盖面进一步扩大,全省养老、失业、工伤、医疗、生育保险参保人数均继续居全国首位,建成具有广东特色惠及全民的社会保障体系,教育、文化、卫生、体育等社会事业全面发展。② 预计"十三五"期间,广东省一般公共预算收入年均增长8%,一般公共预算支出年均增长8.5%,同期基本公共服务支出从7745亿元增加到11135亿元,年均增长9.5%。全省基本公共服务支出占公共财政预算收入的比重从2016年的74%提高到2020年的78%以上,基本公共服务投入占财力的比重稳步提高。③

在不断加大对基本公共服务财政投入力度的同时,广东省也日益重视推进基本公共服务均等化。首先,中共广东省委、省政府高度重视,明确了基本公共服务均等化是政府的基本责任,是民生保障十分重要的制度安排,能促进区域人均基本公共服务水平的协调。其次,广东的财力规模增长较大,从1994年的569亿元增长到2010年的1.18万亿元,年均增长20.9%,约占全国的1/7,为推进基本公共服务均等化提供了坚实的物质保障;2009年省本级财政预算安排用于改善民生和均衡区域公共服务的支出已达

---

① 参见雷雨、赵琦玉《广东民生投入达1万亿元 约占公共财政支出的2/3》,载《南方日报》2012年12月12日。
② 参见《广东"十二五"民生投入逾3万亿元 财政民生支出占比不断提高》,载《南方日报》2016年2月5日。
③ 参见《"十三五"广东投入基本公共服务财政资金46815亿》,载《南方日报》2017年6月27日。

75.46%，比2008年提高近2个百分点。在财政的有力保障下，近年来，全省城乡义务教育经费保障机制、城乡公共卫生和医疗保障体系不断完善，基本社会保障体系逐步健全，基本住房保障投入持续增加，公共文化、公共交通和公共就业服务体系建设取得了重大进展。最后，广东推动基本公共服务均等化规划纲要实施的工作很扎实，有规划、有督促、有考评，规划实施顺利有序。2009年12月，广东省人民政府印发了《广东省基本公共服务均等化规划纲要（2009—2020年）》（以下简称《规划纲要》），在全国率先编制了基本公共服务均等化规划。《规划纲要》提出，到2020年，全省基本建成覆盖城乡、功能完善、分布合理、管理有效、水平适度的基本公共服务体系，实现城乡、区域和不同社会群体间基本公共服务制度的统一、标准的一致和水平的均衡，全省居民平等享有公共教育、公共卫生、公共文化体育、公共交通、生活保障、住房保障、就业保障、医疗保障等基本公共服务，使基本公共服务水平在国内位居前列，在国际上达到中等发达国家的水平。根据绩效考评结果，2010年度广东全省均等化系数达到0.9624，处于较高水平，按照设定的基本公共服务均等化目标任务，总体目标任务完成率为96.24%，预定目标基本实现，财政支出目标任务完成率达98.27%，公众满意度达80%。①

---

① 参见《广东省2010年基本公共服务均等化绩效考评成绩显著》，载《南方日报》2012年1月6日。

五、结　　语

改革开放以来，广东发展最显著的成效是在建设服务型政府、促进社会和谐稳定方面迈出了坚实的步伐。顺德区以大部制改革为契机，切实转变政府职能，加大简政放权力度，着力提高行政效率，极大地方便了群众和企业办事。南海区通过建设行政服务中心、政务服务中心、监管监督中心和智慧城市管理服务平台，把服务网络延伸到了全区每一个村居，打造了15分钟便民服务网。①

广东的公共服务型政府建设也赢得了广大民众的认可。2016年12月29日，广东省省情调查研究中心公布了2016年广东省地方服务型政府建设系列调研报告，该调研已连续开展9年。2016年广东省地方政府公共服务总体满意度为72.23分，较2015年（71.87分）提高了0.36分，达到满意度测评8年以来的最高水平。报告显示，全省政务环境满意度稳步提高，"全方位服务型政府初步形成"的特征开始显现。其中，对政务公开评价最高，佛山市、惠州市、深圳市位居政务环境满意度前三位。2016年广东省政务环境满意度达到良好水平，较上年（2015年为71.52分）提高了0.58，与政府公共服务满意度水平基本相当。近六成

---

① 参见《广东改革：坚实迈向服务型政府》，载《南方日报》2012年10月21日。

(59.5%)受访者认为政务环境近一年来有所改善。①

第二节　东莞的地级市直管镇体制改革②

一、引　　言

在珠江三角洲的城镇密集区，自 20 世纪 80 年代以来逐渐形成了一种比较独特的"地级市直管镇"体制。这种"以市带镇"的行政架构以精简、少层次和有利于发挥镇街积极性的特点，为地方经济社会快速发展提供了有力的保障。③ 但随着这些城镇密集区的快速城市化，"以市带镇"的行政区划体制也存在着诸如不利于区域经济的资源整合和结构升级、城市中心功能弱化、难以适应市场规模和人口规模迅速扩大等不足之处。为此，地方政府与学术界不

---

① 参见《72.23 分　地方政府公共服务满意度创新高》，载《新快报》2017 年 1 月 3 日。
② 原文以《市镇职能分工：市管镇体制改革的新思路——以广东省东莞市为例》为题发表于《公共管理研究》2010 年第 0 期。
③ 参见蒋荣《东莞城镇发展模式的突破意义及其启示》，载《现代经济探讨》2007 年第 9 期。

约而同地提出了调整行政区划的改革思路。① 但是，由于种种原因，这一想法并未实现。因此，如何改革这种独特的地级市直管镇体制，以适应经济社会的发展，仍然是一个需要认真研究的实践性课题。

本项研究选取广东省东莞市作为个案，将回答以下问题：①地级市直管镇体制的积极效应与消极影响何在？②理顺市镇关系的关键问题何在？③如何通过调适市镇关系以改革地级市直管镇体制？

本项研究所使用的资料主要来自近几年在广东省东莞市所进行的调研以及相关课程教学中所积累的资料，主要包括：①对东莞市相关政府官员的访谈；②东莞市委市政府的相关政策性文件；③媒体与网络对相关问题的报道与讨论；④学术界相关的研究文献。

本文将以上问题的研究内容组织如下：首先，对已有的相关研究文献进行综述；其次，回溯东莞市直管镇体制的发展，剖析其取得的成效及其面临的挑战；再次，对已有的改革思路进行分析与评价；最后，分析市镇关系的关键问题所在并提出新的改革思路。

二、文献综述

国内外城市行政区划的实践经验表明，随着城市经济的不断发

---

① 参见王登嵘、邓荣全、陈文胜《城镇空间整合导向下的东莞行政区划管理体制创新研究》，载《规划师》2006年第9期；马学广、王爱民、李红岩《城镇密集地区地方政府跨域治理研究——以中山市为例》，载《热带地理》2008年第2期；《东莞行政区划调整再上议事日程》，载《东莞日报》2008年3月7日。

展,城市内部结构和外部形态都将发生变化,因而适时对现有行政体制进行改革和对行政区划做出调整是十分必要的。① 日益丰富的相关研究文献主要是立足于两种研究视角来思考行政区划改革的问题,即管理学视角(主要从管理层次与管理幅度间关系来讨论减少管理层次)与经济地理学视角(主要是从行政区经济这一核心概念出发来讨论如何破除区域经济发展的障碍)。② 从管理学视角出发,研究者主张变市管县体制为省直管县体制,并以此作为行政区划改革的突破口。③ 从经济地理学视角出发,研究者主张调整行政区划,使行政区与经济区相一致。④

关于乡镇行政区划改革的问题,更多地与"三农"问题的研究相关联。研究者非常关注理顺县乡(镇)关系以及乡镇合并等乡镇体制改革问题,提出了撤销乡镇政府,并将其变为上级政府的派出机构,以及乡镇自治、撤并乡镇等政策建议。⑤

不过,地级市直管镇体制所面临的问题比较特殊。1988年1月,东莞市由原来的县级市在没有增加辖区空间的基础上直接升格为地级市,逐渐形成了独特的"不设区、不辖县"的地级市直接管辖位于市区的4条街道和28个建制镇的特殊管理体制。在20余年

---

① 参见陈雄、李植斌《城市化中行政体制改革与行政区划调整的必要性及面临的问题》,载《求实》2003年第6期。
② 参见刘小康《行政区划改革:视角、路径及评价》,载《北京行政学院学报》2006年第3期。
③ 参见戴均良《行政区划应实行省县二级制——关于逐步改革市领导县体制的思考》,载《中国改革》2001年第9期;孙学玉、伍开昌《构建省直接管理县市的公共行政体制——一项关于市管县体制改革的实证研究》,载《政治学研究》2004年第2期;庞明礼《"省管县"——我国地方行政体制改革的趋势?》,载《中国行政管理》2007年第6期。
④ 参见刘君德、周克瑜《中国行政区划的理论与实践》,华东师范大学出版社1996年版;周克瑜《走向市场——中国行政区与经济区的关系及其整合》,复旦大学出版社1999年版。
⑤ 参见徐勇《县政、乡派、村治:乡村治理的结构性转换》,载《江苏社会科学》2002年第2期;于建嵘《乡镇自治:根据和路径》,载《战略与管理》2002年第6期。

的发展中，东莞市的经济发展与城市化程度已经发生了翻天覆地的变化。在产业升级、经济转型和城市化进程中，原有管理体制的问题逐渐暴露出来，突出表现为"城市中心区规模狭小，带动能力不强；各镇各自为政、基础设施重复建设、工业布局不合理、环境破坏、资源浪费等现象十分严重"①。这些问题的根源都在于现行行政体制不能适应东莞市域经济发展的需要，已经成为制约东莞经济社会持续、快速和健康发展的"瓶颈"，因此改革东莞现行的区划体制几乎已经成为官方、媒体及相关研究者的基本共识。

从已有的相关讨论来看，主要集中于以下两个方面：

（1）问题剖析。相关讨论认为，现行体制主要存在的问题是：①市对镇放权后，市对镇的约束力大大下降，市政府很难对镇政府由于盲目竞争而伤害区域整体利益的行为进行约束；②分散化的发展格局使市政府很难集中力量改变中心城区被弱化的局面，以应对激烈的区域竞争；③城镇之间的同位恶性竞争造成资源很难在更大的范围内流动、配置和整合，生产要素布局分散，形成了遍地开花、满天"星斗"的非整合发展格局；④自然资源的完整性与行政空间的分割性矛盾导致现行的生态环境保护措施难以奏效。②

（2）对策建议。2006年6月，东莞行政区划调整研究工作小组成立，初步提出了三种可供选择的模式：①重走老路，现有镇街不变，在市镇中间加5至6个区；②实施"强心限肢"策略，适当支持中心镇的基础设施和公共服务设施建设，适当限制一般镇重复

---

① 谢孝国、韩利：《东莞行政区划正在酝酿变脸》，载《羊城晚报》2006年5月26日。

② 参见黄靖《东莞城市化过程中若干问题研究》，载《地理与地理信息科学》2003年第5期；王登嵘、邓荣全、陈文胜《城镇空间整合导向下的东莞行政区划管理体制创新研究》，载《规划师》2006年第9期；马学广、王爱民、李红岩《城镇密集地区地方政府跨域治理研究——以中山市为例》，载《热带地理》2008年第2期；《网友"夜郎锅王"六"拍"东莞》，载《东莞日报》2008年3月3日；孙霄汉《东莞模式的成就、挑战与未来》，载《广东行政学院学报》2009年第1期。

建设同类设施；③将大镇拆开，设街道办和办事处。但后来，东莞市委、市政府逐渐明确了行政区划改革的方向是"形成更为合理的'一中心多支点'城镇体系格局，促进城市升级"。与此相应，东莞市政策研究室的相关研究报告建议"在充分研究和论证的基础上，可以优先考虑以扩大市区范围为切入点，对现有市区周边镇进行适度整合，逐步将经济实力较强、城市化水平较高的镇纳入市区范围，扩大市区规模和带动能力；同时，可考虑以常平、虎门城市副中心和8个中心镇为基础，整合周边地区资源，以在更高的水平上统筹全市发展，有效实现资源整合，形成发展合力，提升发展后劲，逐步建起大城市格局"①。相关的学术研究基本上持类似观点。如有研究者结合东莞目前的实际情况和创新东莞行政区划管理体制的约束条件，以城镇空间整合为导向设计了两套方案：专业化主导的复合中心整合方案和综合化主导的强中心整合方案。简单来说，就是既要减少镇级政府数量，又要市级政府尽可能放权。②马学广等以广东省中山市为个案的研究也提出"采取渐进式托管过渡和行政合并的方式推进城镇组团建设"的建议。③

　　从已有研究文献来看，尽管对东莞市这种特殊的地级市直管镇体制运行实践中存在的诸多问题都进行了非常系统而深刻的分析，但最终都将行政区划改革视为解决问题的根本出路。虽然主张调整行政区划的决策成本较低，但实践经验证明，由于地方政府之间在进行结构性调整过程中社会结构与权力结构的剧烈变动所导致的社会成本剧增，因此主张调整行政区划的政策成本可能远大于可预见的政策收益。不仅如此，"一中心多支点"城镇体系格局究竟应如

---

① 《区划调整再上议事日程》，载《东莞日报》2008年3月7日。
② 参见王登嵘、邓荣全、陈文胜《城镇空间整合导向下的东莞行政区划管理体制创新研究》，载《规划师》2006年第9期。
③ 参见马学广、王爱民、李红岩《城镇密集地区地方政府跨域治理研究——以中山市为例》，载《热带地理》2008年第2期。

何具体化在实践中也可能很难达成一个具有完全共识的操作性实施方案。① 事实上,造成区域内发展矛盾的不仅仅是行政区划本身,还因为缺乏行之有效的区域利益协调机制。行政区划改革虽然解决了一时的问题,却未从根本上跳出区划调整—竞争膨胀—区划再调整的怪圈。② 因此,尽管东莞的行政区划改革因为遵照广东省委、省政府的要求要将近期工作的重心放到"产业与劳动力双转型与加工贸易转型升级"而延搁,③ 但如何改革现行体制仍然是一个需要继续深入思考的重大问题。

三、东莞市现行体制的成效

东莞市位于广东省中南部、珠江口东岸、东江下游的珠江三角洲。地处东经113°31′~114°15′,北纬22°39′~23°09′。最东是清溪的银瓶嘴山,与惠州市接壤;最北是中堂大坦乡,与广州市、惠州市隔江为邻;最西是沙田西大坦西北的狮子洋中心航线,与广州市隔海相望;最南是凤岗雁田水库,与深圳市相连,毗邻港澳,处

---

① 有媒体曾总结说较有代表性的"方案"有五种之多,还有专家从人口规模和区域面积上给出了另一种方案——合并的新区应以 200 平方千米左右和 100 万左右人口规模为基准,最好将现有的 32 个镇街合并成 10 个左右区为宜。

② 参见谢涤湘、文吉、魏清泉《"撤县(市)设区"行政区划调整与城市发展》,载《城市规划研究》2004 年第 4 期;张京祥、吴缚龙《从行政区兼并到区域管治——长江三角洲的实证与思考》,载《城市规划》2004 年第 5 期;张紧跟《区域公共管理视野下的行政区划改革——以珠江三角洲为例》,载《中山大学学报》2007 年第 5 期。

③ 参见马昌博《广东经济新政 500 天》,载《南方周末》2009 年 8 月 13 日。

于广州至深圳经济走廊中西间。北距广州59千米,东南距深圳99千米,距香港140千米。东西长约70.45千米,南北宽约46.8千米,全市陆地面积2465平方千米。1985年9月,东莞撤县建市;1988年1月升格为地级市,直属广东省辖。到2004年年底,东莞市辖4个街道(莞城、南城、万江、东城)、28个镇(石碣、石龙、茶山、石排、企石、横沥、桥头、谢岗、东坑、常平、寮步、大朗、黄江、清溪、塘厦、凤岗、长安、虎门、厚街、沙田、道滘、洪梅、麻涌、中堂、高埗、樟木头、大岭山、望牛墩)。①

改革开放前,东莞是一个传统农业县,其经济结构、经济规模和社会管理与其他农业县没有太大区别。1978年,东莞的GDP仅为6.11亿元,财政收入为0.66亿元。改革开放以来,东莞市委、市政府抢抓机遇,适时转型,实施外向带动战略,坚持大力招商引资,以发展"三来一补"加工贸易企业为突破口,积极参与国际分工和经济循环,承接发达国家和地区的产业转移,启动工业化进程,促进国内原材料市场的发育,注重消化吸收和创新,发展国内配套工业和第三产业,信息业和现代服务业互为支持,推进内源型经济和外向型经济共同发展,全面发展壮大自身经济实力,实现农村工业化和城市化。改革开放以来,东莞经济社会快速发展,人民生活水平日益提高,综合实力显著增强,创造了令世人瞩目的"东莞奇迹"。截至2016年,东莞市生产总值已达到6827.67亿元,全年来源于东莞的财政收入为1569.19亿元,全市全年进出口总额为11415.99亿元,全年居民人均可支配收入为41902元(城镇常住居民人均可支配收入为43096元,农村常住居民人均可支配收入为26526元),人口城镇化率为89.14%。②

---

① 摘自东莞市政府视窗,http://www.dg.gov.cn,2017年3月20日。
② 参见《2016年东莞市国民经济和社会发展统计公报》,东莞市政府视窗,http://www.dg.gov.cn,2017年4月11日。

在改革开放中形成的"东莞模式",从公共管理的角度来看,具有如下特点:

(1) 资源主导。①人文地理资源。东莞毗邻港澳,是著名的侨乡,有 80 万港澳同胞,25 万海外侨胞。这些人文地理优势与香港经济优势结合,为引进港资等外来资本、发展加工贸易提供了得天独厚的条件。②劳动力资源。我国改革开放以来,内地大量劳动力进入东莞,为东莞的发展提供了充足的劳动力保障。东莞利用劳动力价格较低的比较优势,逐步占领了纺织服装、玩具、五金、电脑资讯等产品的国际市场。③土地资源。东莞陆地面积 2465 平方千米,海域面积 150 平方千米。相对丰富的土地资源为东莞采取"土地出租"或"厂房出租"的形式引进外资企业提供了有利条件,也为东莞引进外资创造了优势。

(2) 以专业化为特征的地域经济组织构成了东莞市区域经济发展的主体。由于资源禀赋、地缘关系的差异以及社会经济基础的不同,东莞市在不同发展路径下形成了以乡镇为基本单位、以专业化发展为主导的性质迥异的特色经济。目前,东莞市拥有中国女装名镇(虎门)、中国羊毛衫名镇(大朗)、中国电子信息产业名镇(寮步、石碣)、中国电子信息产业重镇(长安)、珠三角地区(东莞)国家电子信息产业基地(石龙、石碣、寮步、清溪、虎门、长安、黄江、塘厦、松山湖科技产业园、东部工业园)、中国机械五金模具名镇(长安)等一批国家级产业基地。9 个镇街被省科技厅评为广东省专业镇技术创新试点,分别是石龙互联网综合应用专业镇、虎门服装专业镇、石碣电子元器件专业镇、厚街家具专业镇、常平物流专业镇、长安电子五金专业镇、大朗毛织专业镇、樟木头商贸服务业专业镇、中堂造纸专业镇。同时,还涌现了一批集聚度更高、产业链条配套更完善、带动效应更强的产业集群,石龙镇电子信息、大朗镇毛织、虎门服装、长安五金模具和大岭山家具等 5 个产业集群被认定为广东省产业集群升级示范区,具有非常明显的产业集群优势。①

(3) 外源驱动。东莞模式最突出的特点就是外向性。①外资主导。1978—2007 年，东莞累计签订利用外资合同 37376 宗，累计实际利用外资为 341.5 亿美元，年均增长 43.1%。2016 年，东莞市合同外资金额为 47.32 亿美元、实际利用外资为 39.26 亿美元。②②外来技术。东莞的绝大多数加工制造业的技术研发依靠母公司完成或者直接进口，IT（信息科技）领域的专利 85% 来自国外，技术外向依存度在 90% 以上。③出口导向。2007 年，东莞市出口额为 3772.69 亿元，比 1979 年增长 1118 倍，30 年间年均增长 28.8%；外贸依存度达 260%，是全国的 3.9 倍。③ 2016 年，东莞市出口额为 6556.85 亿元。④

(4) 产业集群。在实施外向带动战略过程中，政府着力抓好外资企业的消化吸收和再创新的工作，推动了外源型经济和内源型经济共同发展，把东莞建成了国际性加工制造业基地和中国重要的外贸出口基地，拥有近 3 万家工业企业和数百万产业工人及专业技术人才，具备生产加工各种类型、各种层次产品的强大制造能力。蓬勃发展的现代工业体系中涉及制造业行业 30 多个、产品 6 万多种，行业覆盖率达 78%。尤其是以中小企业、民营企业为主体的镇域经济迅速崛起，产业聚集产生的规模效应和经济效益日益凸现，涌现了一批以镇街为中心，规模较大、层次较高的具有产业集群特征的特色产业群，如虎门服装产业以及清溪等镇的电子信息产业等。另外，东莞还逐渐形成了以高埗、厚街、南城为主的制造业产业群

---

① 摘自东莞市政府视窗，http://www.dg.gov.cn，2017 年 3 月 20 日。
② 参见《2016 年东莞市国民经济和社会发展统计公报》，东莞市政府视窗，http://www.dg.gov.cn，2017 年 4 月 11 日。
③ 参见《东莞模式：成功与启示》，载《东莞日报》2008 年 12 月 23 日。
④ 参见《2016 年东莞市国民经济和社会发展统计公报》，东莞市政府视窗，http://www.dg.gov.cn，2017 年 4 月 11 日。

带,其经济总量、产业规模以及企业数量等都不容忽视。

(5) 城市化。在改革开放的过程中,东莞充分调动各级、各方力量,市、镇、村、组多轮并驱发展外向型工业,迅速推动了农村工业化进程,各镇、村产业均取得了飞速的发展,迅速从一个落后的农业县发展成为一个以国际加工制造业闻名的新兴工业城市,2016 年东莞城镇常住人口为 736.42 万人,人口城镇化率为 89.14%。① 近年来,各级政府大力推动基础设施一体化发展,已经实现了东莞市域范围内的"1 小时生活圈"。目前,市、镇、村都建成了完善的交通、通讯、供电、供水设施,路网呈现高速化、网络化、一体化发展。全市 32 个镇街基本上达到了小城市的规模和水准。为加强城市规划,东莞市编制了《东莞市 28 镇住房建设规划》《东莞市域生态绿线规划》《东莞市绿线管理办法》《东莞市城市绿地系统规划》等方案。

(6) 高效率低成本的行政管理体制。作为地级市,东莞直接管辖着一批平均人口达 20.5 万人的镇街,减少了县一级的管理成本,并将一些县级的权限直接下放给镇,使镇级财政直接与地级财政衔接,以精简、少层次和有利于发挥镇区积极性的特点,使东莞一方面在建立低成本、高效率的行政管理体制上具有一定的优势,另一方面也使决策和管理权限相对集中,市、镇两级权责分明,市委、市政府的决策能够得到迅速有效的贯彻,并赋予各镇区较大的自主权和决策权,充分调动了各镇发展经济的积极性和主动性,为东莞市经济社会快速发展提供了有力的保障。

---

① 参见《2016 年东莞市国民经济和社会发展统计公报》,东莞市政府视窗,http://www.dg.gov.cn,2017 年 4 月 11 日。

四、东莞市现行体制面临的主要问题

然而,随着改革发展的逐渐深入,东莞模式也面临着日益严峻的挑战。

1. 土地资源瓶颈使地方化经济的空间扩展受阻

土地是一种数量有限且承载着较多功能的重要资源,社会经济发展对土地需求的增长与土地稀缺性之间的不协调历来是土地利用的核心问题。[①] 东莞市专业化经济发展到目前规模所遇到的首要问题就是土地资源的制约,这对东莞的经济稳定快速、可持续发展已经构成威胁。据调研,东莞现有可供利用的土地不足 40 万亩(267平方千米),占全市总面积不到 10%,按照目前每年消耗 3 万亩(20 平方千米)计算,十几年内,东莞土地将消耗殆尽。而这与分散化的土地资源利用模式显然有着内在的关联。2007 年 7 月 12 日,时任东莞市市长李毓全曾公开表示,东莞最多还有 10% 的土地可以利用,按照目前的消耗速度,只能保障 6 年左右的用地。而坊间则认为,东莞土地可利用率实际上已不足 5%。在莞城、石龙、石碣等镇街,已面临无地可用的窘境。

[①] 参见王万茂、李俊梅《城乡一体化与土地利用组织》,载《城市研究》1999 年第 2 期。

2. 镇街"行政区经济"阻碍了生产资料的流通、产业融合及跨政区产业协作

行政区经济是在计划经济向市场经济转轨过程中出现的,是与区域经济一体化相悖的一种特殊的、过渡性质的区域经济,它表现为行政区划对区域经济发展的刚性约束。① 东莞虽然32个镇街全部名列"全国综合实力千强镇"排行榜,但是分割的镇街行政经济发展模式不仅造成镇街之间经济发展差距的扩大,也造成跨镇街分工与协作的障碍。很多镇街经济发展势头很好,进一步发展潜力也很大,但是,在土地、能源、产业布局及城镇规划等方面严重受制于行政区划,而使发展受到极大的制约;而另有一些相邻的镇街则条件相反,地广人稀、大量土地和其他资源闲置,白白浪费了发展时机。一些产业拓展力和扩张力强的镇区因受空间限制,优势产业发展受影响。例如,松山湖的科技创新功能、常平的物流功能、塘厦的加工制造功能等具备地域特点和竞争优势的产业如果能够在空间布局和行政区划上得到配合和支持,势必有更大的发展空间。② 而且,以镇、村为基本开发单元的工业化形式,土地集约利用水平低下,地块过于破碎、分散,难以引进大型项目并形成规模效应。随着东莞地区政策优势和劳动力成本优势的消退,东莞这种"竹竿经济"③在全球产业转移的大潮中也逐渐消退了其昔日的光环。④ 因此,必须从分割的"镇街行政经济"走向区域经济一体化的"集群经济"。

---

① 参见刘君德、周克瑜《中国行政区划的理论与实践》,华东师范大学出版社1996年版,第93页。
② 参见《网友"夜郎锅王"六"拍"东莞》,载《东莞日报》2008年3月3日。
③ "竹竿经济"指原料与市场在外的经济体系就如同插在土壤里的竹竿,可以随时被拔起来插到另外一个更具成本优势的土壤中去。
④ 参见范恒山《东莞奇迹的启示与警示》,载《中国经济时报》2006年9月10日。

3. 基础设施重复建设与恶性竞争

在访谈中，时任东莞市商务局局长陈桂明深有感触，认为现有行政架构暴露出三大弊端：镇区资源越来越少，特别是土地资源难以为继，缺乏可持续发展后劲；行政成本大；公共设施建设浪费严重。[①] 东莞 32 个镇街，每个镇街都有豪华的市政广场、公共体育场馆和公共图书馆。这些基础设施的建设可以满足镇街市民的多样化需求，提高镇街档次和人民生活水平。但是过小的行政区划使各镇各自为政，低水平重复建设造成资源的浪费，无法形成整体力量。这种"诸侯割据"的状况也造成了某些镇街出现滥规划园区、盲目开发土地、大搞形象工程的现象，这不仅劳民伤财，也使建设用地紧缺的问题日益严重。此外，东莞每个镇街都有一条步行街，既有当初市里号召的历史原因，也有相互跟风的因素。但实际上无论是它的经营思路还是经营环境，都决定了目前多数步行街的发展举步维艰。在会展行业，各镇街之间也存在着恶性竞争。东莞市相关部门的一份调研指出，各镇区纷纷积极谋划各种展销会，都想分一杯羹，致使展销会品种出现交叉和"撞车"现象，引发无序的竞争。例如，同是汽车会展，寮步、南城、厚街出现三强相争，近身"肉搏"，相互拉客，下调招展价位，甚至出现倒贴钱请参展商的现象；东莞每年一届的"电脑电子产品博览会"（以下简称"电博会"）声名显赫，而石龙举办"石龙数码小商品展览会"，间接削弱了"电博会"品牌影响力，分散了"电博会"的客源；2005 年"五一"期间共有三场汽车类展会，出现了同类展会同一时间交织"撞车"，出现"一盘菜三人争吃"的现象；仅 2003 年，东莞举办的纺织服装类展会就有 5 个。其他如建筑装饰材料、家具等展览项目，在东莞市区和厚街两大展馆的竞争都非常激烈，经常出现重复办

[①] 参见 2006 年 9 月 20 日对时任东莞市商务局局长陈桂明的访谈。

展、多头办展、恶性竞争现象。

4. 镇街之间跨界公共物品和服务的供给不足

由于自然环境保护和河流污染治理等具有比较明显的不可分割性和"外部性",理性的镇街政府对这些问题的解决普遍持有"搭便车"的心态,甚至还想方设法地逃避责任,在跨镇环境保护与污染治理方面互相推诿。例如,流经东莞13个镇区,全长103千米的运河,由于沿河各镇街生活污水和工业污水未经处理便排入河道,造成运河水质变差,污染十分严重。① 诸如此类的问题还有跨镇街治安联防、镇街之间公共交通基础设施建设等。

5. 城市化受限

东莞市的工业布局已经形成以各个镇为组团的分散布局格局,为了吸引外资促进地方经济发展,镇与镇之间的竞争异常激烈。为了推销自己、增强影响力、取得竞争优势,往往只考虑地方利益,各自为政,自成体系,独立地编制总体规划,独立地建设公共服务设施和社会服务设施,导致基础设施建设达不到适度规模,难以形成较为完善的城镇供水、排污、供电等基础设施和商业、科技、教育等社会服务化服务体系。这与目前东莞市社会经济发展的实际需要不相符合,从而导致城市发展建设的严重滞后和短缺。有研究者将其称为"似城非城"的"半城市化"现象。②

---

① 参见钟燕《市政府与各镇街昨签订污水处理工程建设责任书》,载《东莞日报》2008年4月10日。

② 参见郑艳婷、刘盛和、陈田《试论半城市化现象及其特征——以广东省东莞市为例》,载《地理研究》2003年第6期。

五、改革东莞地级市直管镇体制的新思路

1. 为何会出现上述问题

在《东莞:浮华的外表 沉重的肉身》一文中,作者言辞真切地直指东莞当前存在的六大弊病,居首的是"诸侯经济"与本位主义,也有论者将其称为"市的缺位与镇的越位"。具体而言,在市政府向镇街下放权力后,一方面,各个镇街政府在行政性分权和压力型体制的作用下追求自身利益最大化,使镇街强化了"行政区经济"功能而弱化了相互间的协调与合作;另一方面,市政府在协调镇街关系和整合市域发展方面收效甚微。东莞目前存在的镇街竞争是市场经济体制下的正常现象,良性的竞争将促进城镇发展。但是,在一定的地域内,由于城镇外部发展条件和内部结构的相似性,面对拥挤的城镇发展空间,密集地区的城镇竞争往往会发展为恶性竞争。在小城镇密集地区,在缺乏沟通和协调机制的情况下,小城镇为了自身的发展只能左冲右突,甚至不惜采取两败俱伤的短视行为。最终,东莞市域城镇空间也逐渐暴露出非整合发展的态势,导致城镇之间出现了恶性竞争、基础设施重复建设、产业结构趋同、土地粗放利用、交通路网衔接不畅、设施供给滞后、城镇生态环境不佳、功能区划破碎、整体布局无序等问题。

毋庸置疑,调整现行行政区划在一定程度上有助于缓解上述种种状况,但在不增加行政运作成本的基础上设计行之有效的改革方

案并非易事。

从实践来看,有网民直陈"这场博弈的主要力量是上级与下级之间、东莞主义与镇街本位主义之间的博弈,实现目标同时又要保持稳定,更是对主政者的一个难题"。上述难题并不涉及全部,在这些错综复杂的关系之外,也许很多人并没有注意到另一个问题:现在在 32 个镇街的行政架构之外,又多了松山湖、虎门港、东部生态工业园这三个"特别区",如何处理它们与各镇街的关系?在区划调整中,如何安置这三个区?这无疑为区划调整平添了一缕"新愁"。① 在中国的行政体制中,行政级别高的行政单元往往拥有更大的发展机会,对资源有更强的支配权。在行政区划调整中,每个城镇对自己将来的地位都极其关心。在规模和实力差距较大的情况下,规模大、实力强的城镇兼并小城镇会比较顺利,但是当数个城镇实力相当时,争夺更高行政地位的矛盾就变得十分尖锐。不仅如此,笔者在多年的走访中,不断听到来自镇街政府官员对行政区划改革将直接损害他们利益的担忧与抱怨,我们都时时能感受到他们对这场行政区划改革的明确质疑之声,这也多少印证了过去十几年关于调整东莞区划设置的声音此起彼伏却又总是"雷声大,雨点小"的现实。

从学理层面而言,既然许多矛盾都是由"行政区经济"导致,那么一个现实而有效的途径就是进行行政区划改革,打破各行政单元间的行政区划限制,加速区域内各行政单元间的分工与合作,实现从行政区经济向经济区经济的重大转变。② 但是,由于"经济区的内容、范围、层次随着商品经济、经济中心城镇和交通线的发展变动,比较活跃,具有明显的开放性,一般没有法定性,边界不很

---

① 参见 2007 年 3 月 10 日对东莞市政策研究室某研究人员的访谈。
② 参见张紧跟《区域公共管理视野下的行政区划改革——以珠江三角洲为例》,载《中山大学学报》2007 年第 5 期。

明确;行政区同行政权力的执行范围结合在一起,有法定性和明确的边界线,比较稳定"①。何况经济区以经济为主要标准甚至为至上标准,行政区则不能以经济为限,还有其他因素,带有综合性,行政区与经济区不可能完全一致。所以,虽然我们主观上希望经济区与行政区尽可能重合,但是做不到,两者之间始终有交叉、有分割甚至有断层。通过调整行政区划,虽然可以通过将外部交易费用内部化而节约交易成本,但内部组织成本等的增加也可能导致科层制困境。而且因为"重新调整行政区划是一项复杂工程,涉及政治、经济、文化等各个方面,有可能会引起某些局部的不稳定因素"②,不可能一蹴而就;一些行政区划是历史形成的,具有相当的稳定性和刚性,不能也不应该随着经济活动的频繁演变而调整不止。既然根本性的问题在于镇街的分散化行政区经济发展模式导致"市缺位而镇越位",那么即使在市政府的强力推动下进行"撤并镇街"改革也无法从根本上解决这一问题。这是因为,一方面,行政区划调整依然是以行政手段强制性处理问题,并没有从根本上消除行政区经济,只是使行政区经济以另一种形式在新的更大地域范围形成;另一方面,激烈变动的行政区划可能给镇街经济发展造成较大波动,区划调整后艰难而缓慢的磨合过程使增加的收益可能被协调的成本超过。

2. 应该如何改革

回溯东莞改革开放的发展历程,我们认为这种"以市带镇"的行政管理架构以精简、少层次和有利于发挥镇街积极性的特点,使东莞一方面在建立低成本、高效率的行政管理体制上具有一定的优

---

① 陆大道:《中国行政区、经济区发展的回顾与展望》,载《中国人民大学学报》1994年第6期。
② 孙学玉:《公共行政学论稿》,人民出版社1999年版,第110页。

势，另一方面也使决策和管理权限相对集中，市、镇两级权责分明，市委、市政府的决策能够得到迅速有效的贯彻，并赋予各镇区较大的自主权和决策权，充分调动了各镇发展经济的积极性和主动性，为东莞市经济社会快速发展提供了有力的保障。但是，在东莞从一个落后的农业县完成了向现代工业化城市的转型后，尤其是东莞市中心城区与各镇街已经形成"半小时生活圈"后更应该将东莞市中心城区与其他镇街作为一个整体来看待，① 也就是说，如何从当初的分散化的"镇街发展模式"转向联动整合的"市域发展模式"是一个必须应对的根本性问题。因此，问题在于：如何在充分发挥镇街政府发展积极性与自主性的同时增强市政府的综合协调能力？

在平衡城市区域集权与地方自治的关系方面，西方国家普遍采用"双层制"分权模式。② 在这种双层治理结构中，上层的区域协调组织只协调跨地区的区域性事务，协调重点是区域性基础设施和环境保护，而各地区内的具体事务仍由下层的地方政府管理。这种分权模式的优点为：既提供了一种区域政府运作的框架，又避免了对下层政府的直接干预，可以保持现有下层政府的独立性。"双层制"分权模式无需对现有行政架构和分权模式做根本性调整，较适合东莞目前的行政管理体制改革。

目前，发达市场经济国家的双层制城市治理改革在职能划分上已经基本达成共识：上层政府只管理那些超出下层政府辖区的区域性公共物品，提供下层政府无法提供的跨区域服务，它与下层政府之间有明确的职能分工，因此它的存在并不会完全剥夺下层政府自治的权利；而下层政府的职能范围限于消防、治安、教育、城市卫

---

① 参见2006年9月21日对东莞市交通局的访谈。
② 参见洪世键《大都市区治理：理论演进与运作模式》，东南大学出版社2009年版，第119页。

生、道路交通、福利与文化娱乐等社区性公共服务。① 在当代发达市场经济国家的大都市区治理改革中,以英国伦敦为代表的双层制治理模式最为典型。② 1998 年,大伦敦治理联盟和大伦敦管理局成立,将所有在伦敦大都市区内相互影响、关系密切的地方政府整合为一个统一的联盟,上移和集中所有区域性公共物品供给职能。根据 1999 年生效的《大伦敦管理局法案》选举产生的大伦敦管理局的工作重点放在区域各地方政府间在交通、经济恢复、紧急服务、环保、规划、文物保护等方面的合作与伙伴关系上。这样,区域性的公共物品供给,如空气和水污染控制、垃圾处理、区域性土地使用规划交给上层政府,而纯粹地方性的公共服务如街道照明、地方公园与运动场、垃圾收集则保留给更接近居民的大伦敦都市区各自治市。从实践来看,这一改革不仅走出了自 20 世纪 60 年代开始出现的管理困境,而且取得了相当的成就并得到了公众的支持,业绩十分理想。③

尽管"在伦敦实现全市性的、协调的、有效的规划与管理的愿望,与权衡众多有实力的地方利益的需要之间将永远存在冲突"④。"双层制"治理模式的批评者也认为"双层"政府在公共服务和公共产品的供给中的浪费与重复导致成本过高,"双层制"还会导致相当多的争论、无效率决策以及实施政策中的延搁等。⑤ 但以伦敦为代表的"双层制"治理模式仍然有许多亮点:①大伦敦市实行

---

① 参见 Balow I M. Metropolitan government. Routledge, 1991: 24 – 26.
② 参见 David K Hamilton. Governing metropolitan areas. Garland Publishing, Inc., 1999: 103.
③ 参见 Timaney J. The new governance of London: a case of post-democracy. City, 2002, 5 (2): 225 – 248.
④ Derk Gowling:《伦敦的城市规划和管理:最近的变化》,载《国外城市规划》1997 年第 4 期。
⑤ 参见 Kitchen, Harry M. Issues in muncipal finance: spending, revenues, bovernance, and administration. Canadian Tax Foundation, 2002: 312.

"双层"政府管理,大伦敦市和各自治市之间权责划分明确。大伦敦市负责关乎伦敦整体发展的战略性问题,而各自治市负责各自区内的日常事务。权责划分明确,避免了"双层"政府之间互相推诿,或者争抢对各自有利的权力范围,即"坏事没人做,好事抢着做",在最大限度上减少了内耗。②"双层"政府间权力层次清晰,有利于发挥各自的优势,精简机构。各自治市最接近社会生活,因此在处理社区内日常事务时得心应手;大伦敦市政府着眼于伦敦的战略发展规划,能够从局部利益中解脱出来,有利于协调各自治市的冲突和纠纷,促使总体福利改善。同时,由于大伦敦市政府仅仅负责战略规划和整体协调,部门设置达到了最精简的程度——日常管理的部门不必要在大伦敦市政府的层次上设置,只需设置涉及整体战略规划的部门。③"双层制"管理模式并不是严格的等级隶属制,而是在两个层次之间进行明晰的分权。采取这种体制是因为人们认识到统一全区域所共有的资源与职能的必要性,同时希望能在地方性事务方面保存地方和私人的经营与管理权。①

不仅如此,这种"双层制"治理模式也不乏学理依据。英国著名城市学家夏普认为:要决定城市中哪些功能应保留给地方政府和哪些功能应该转移给区域性政府,必须遵循的五个原则是外部性或财政平衡、规模经济、财政规模、再分配、服务责任。按照上述原则,城市规划、干线高速公路、交通管理、公共交通、一般设施、休闲区域、住房、污水和主要的下水道、废物处理、水供给、警察、消防、主要的文化设施、环境保护应该归属于上层政府,其他的则留给下层政府。②

显然,上述双层制治理模式遵循了"规模经济、外部性、财政

---

① 参见生小刚、李婷、张锦云等《英国大伦敦市政府的组织机构及启示》,载《国外城市规划》2006年第3期。

② 参见 L J Sharpe. The future of metropolitan government. In L J Sharpe, ed., The government of world cities: the ruture of the metropolitan. John Wiely & Sons, 1995: 15-17.

平衡"等大都市区治理的基本原则。① 更重要的是，在现代公共经济学理论中，研究者发现"在地方公共物品和地方公共服务之间存在着一条重要的区别，这就是，前者往往属于资本密集型，而后者往往属于劳动密集型。资本密集型的产品如供水和排水系统更体现了规模收益的特征，即随着生产规模的扩大，生产的平均单位成本呈下降的趋势。劳动密集型的服务如治安保卫和教育则与此不同，它们潜在的规模效益更可能很快地失去，这部分是因为这些服务更依赖具体的时空下的信息"②。因此，在双层制治理模式中，由上层政府负责供给那些资本密集型的公共物品可以体现公共管理的规模经济原则和公平原则，而由下层政府负责供给那些劳动密集型的公共服务则可以体现公共管理的民主和效率原则，民主、效率、经济、公平这些现代公共治理原则通过职能分工在城市治理中得到了有机统一。

基于此，笔者认为，应该在打破职责同构的基础上对东莞市政府与镇街政府间关系进行再造，遵循公共经济学中关于公共物品和公共服务的分类原则以及借鉴伦敦的经验，在市与镇街政府之间形成合理的分工，划分区域性职能和地方性职能，分别承担城市范围内的公共物品供给和公共服务供给职能。基本设想有以下三点：

（1）市政府致力于在市区范围内协调各种问题，开发和管理市域的交通、公用事业等基础设施，促进环境保护，承担资源开发、利用和共享等事务，编制市域策略规划与总体规划并监督实施。市政府不是真正意义上的全方位管理机构，与各镇街之间也不存在行政等级隶属关系。但是，市政府与各镇街政府之间存在明确的分

---

① 参见 Richard M Bird，Enid Slack. Fiscal aspect of metropolitan governance. 见 https://www.researchgate.net/publication/24137638_Fiscal_Aspects_of_Metropolitan_Governance。

② ［美］罗纳德·J. 奥克森：《治理地方公共经济》，万鹏飞译，北京大学出版社2004年版，第20页。

权,主要负责供给那些具有外部性和跨区性的公共产品并协调各镇街政府间关系,通过设立多个专业化的机构来完成市区内的各项事务,各机构的工作将遵循治理思想的协商与合作精神,减少官僚主义,兼顾各镇街利益。

(2) 各镇街政府负责地方事务,如经济发展、教育、住房、社会福利、社区建设等,而将交通、水利、规划、土地、环境等规划管理职权移交给市政府,但可以在本级政府内设置具体实施的机构。

(3) 上下两层政府的财税分别源自职能划分的不同管理领域。这样,市域内的各个镇街就摆脱了行政等级羁绊和行政区划约束,可以在更为平等的环境中按照实际需求协调发展。上层的市政府可以在更高层次上进行区域的统一协调,以实现效率与公平。下层的镇街政府可以在辖区范围内进行有效的公共服务供给,与社区组织合作共治。

六、结　　语

在东莞改革开放40年的发展历程中,地级市直管镇的行政管理架构以精简、少层次和有利于发挥镇区积极性的特点,使各镇区有较大的自主权和决策权,充分调动了各镇发展经济的积极性和主动性,为东莞市经济社会快速发展提供了有力的保障,使东莞在很短的时间内完成了工业化和城市化的转型。但是,在东莞从一个落后的农业县完成了向现代工业化城市转型后,如何从当初的"镇街分散发展模式"转向"市域整合发展模式"却是一个必须应对的根本性问题。因此，问题在于：如何在充分发挥镇街政府发展积极性与自主性的同时增强市政府的综合协调能力？但是，简单地进行行政区划的调整，不论是合并镇街组建中心镇的思路还是在市与镇街间增设区的管理层次，都不可能从根本上解决"市缺位而镇街越位"的问题。因此，在市与镇街政府间进行职能分工的基础上，既加强市的宏观调控与整合又进一步释放镇街发展的活力，应该成为东莞市行政管理体制再造的新思路。而这既是发达市场经济国家的城市治理经验，也符合公共经济学的基本理论。不仅如此，这一改革新思路并不涉及镇街政府官员直接利益关系的调整，因此相对于行政区划改革而言，改革的阻力会小得多，也更具有可操作性。

2009年8月14日，时任中共中央政治局委员、广东省委书记汪洋视察东莞后的第二天，东莞市委、市政府召开市扩权强镇工作领导小组第一次成员会议，宣布石龙、塘厦为扩权强镇试点，东莞新一轮的行政体制改革即将拉开帷幕。[①] 可以预见，如果借鉴伦敦的成功治理经验以及遵循公共经济学的基本原则，在市政府与镇街政府间进行职能分工，不仅有利于加强市政府的统一领导与宏观调控，还有利于进一步调动镇街政府的发展自主性与积极性，从而使扩权强镇的改革能顺利推进。

不过，要使这一市与镇街政府间关系再造的新思路能够顺利实施，还必须做好两个方面的配套性改革：一是城市政府职能整体性转变问题，真正从当前的"经济发展型政府转变成为公共服务型政府"，因为只有在建设公共服务型政府的基础上才能实现有效的市与镇街间分工与合作；二是培育NGO（非政府组织）和发展社区自治，实现城市政府管理与社区自治的有效衔接，因为当下的城市

---

① 参见《东莞扩权强镇　石龙、塘厦试点"超级镇"》，载《东莞时报》2009年8月15日。

发展不应该再是政府的独角戏，而应该是多元利益相关者的共同参与。这些显然也是当前世界性的城市治理改革的基本潮流。

然而，这种通过在市与镇街政府间由职能分工来改革地级市直管镇体制的改革新思路只是建立在文本分析、资料整理与提炼分析的基础之上，在相当程度上属于预测性的研究，是否完全符合东莞市的发展实际以及如何实施改革思路尚需要进一步的深入研究。

第三节 珠江三角洲的行政区划改革①

随着珠江三角洲区域经济的发展，某种类似于国外大都市区的都市圈或城市群正在生成。但是，由于区内行政区划层次较多、分割繁细，一个城市群分属不同的行政区，在发展目标、产业结构、产业布局、环境保护等方面，城市群区域与各行政区之间、城市群内部各城市之间都存在明显的利益冲突。这种典型的"行政区经济运行模式"②导致在珠三角经济区生态格局里出现了争资源、争项目、争中心的现象，使区域内竞争大于协作，不仅没有形成整体优势参与国内外竞争，还导致低水平重复建设、恶性竞争及资源、人力、财力的严重浪费，并进一步加剧了资源和环境的压力。在这种

---

① 原文以《区域公共管理视野下的行政区划改革：以珠江三角洲为例》为题，发表在《中山大学学报（社会科学版）》2007年第5期。
② 刘君德：《中国行政区划的理论与实践》，华东师范大学出版社1996年版，第93～99页。

背景下，20世纪90年代以来，以撤县（市）设区和撤并乡镇为主要内容的大规模行政区划改革在珠江三角洲展开。毋庸置疑，这一改革在相当程度上缓解了珠江三角洲行政区划与区域经济发展之间的矛盾，有利于促进区域一体化进程。但是，剧烈变动的行政区划也给区域经济发展带来了一些负面影响，而且在撤并乡镇和撤县（市）为区后，仍然存在着行政区经济运行模式。而从区域经济发展的基本要求以及欧美发达国家大都市区治理的成功经验出发，关键在于通过建立健全区域内政府间关系的协调机制以实现有效的区域公共管理。① 因此，应尽快实现从现有的行政区划改革到区域公共管理的转型。

一、行政区经济成为珠三角区域经济一体化的阻碍

珠江三角洲经济区面积4.17万平方千米，20世纪80年代以来，在改革开放的背景下，珠三角地区实现了国内生产总值的跳跃式发展，并逐渐形成了先行一步的发展优势，基本上具备了实现现代化的条件。2004年地区生产总值13572亿元，比2003年增长19.0%，高出全省4.7个百分点。人均地区生产总值5206美元，是全省的2.2倍。全社会固定资产投资和社会消费零售总额分别为4486.9亿元和4598.7亿元，占全省的75.0%和72.2%，分别增长

---

① 参见陈瑞莲《论区域公共管理的缘起与发展》，载《政治学研究》2003年第4期。

21.0%和15.6%。① 珠江三角洲不仅是中国在经济全球化进程中率先融入世界经济的重要区域，也是中国对外开放的窗口和诸多政策创新的试验田，在全国经济发展格局中具有相当重要的地位。21世纪初，随着我国经济逐步跨入高加工化阶段，珠江三角洲作为中国制造业基地的重要地位将更加凸显。区域经济一体化发展要求基础设施建设在空间上具有连续性、产业具有互补性、资源利用和环境保护具有协调性。珠江三角洲作为一个多层次的复合经济区域，其产业结构调整、环境污染治理以及港口、机场、道路等基础设施建设均需要从全局角度进行统筹规划和协调运作。

然而，由于长期的计划经济体制和行政区划的限制，目前珠江三角洲的发展还存在诸多不协调之处。在珠三角地区各地方政府实际权限分散化程度比较高的背景下，各个地方自主发展，形成了整个珠三角群体化竞争性发展格局，拉动了广东经济的迅速繁荣。这种城市间的相互竞争使各城市努力将传统的计划审批制对企业的发展制约降低到最低点。但是，却出现了地方政府间的恶性竞争，特别是在基础设施重复建设方面造成了严重的浪费现象。从20世纪90年代各地竞相建设高档次机场，到如今各城市都在建设集装箱深水港，无不反映出各地利益之间相互矛盾的一面。另外，在现行地方政府政绩考核体制的压力下，珠三角的各个地方政府在争夺外资、城市发展定位以及产业结构等方面都存在相当明显的恶性竞争，具体而言，有以下三点。②

（1）不合理的重复建设。集中在一些利润潜力较大的产业领域，以及像港口、机场这样的基础设施领域。不仅表现为数量多，还表现为对这些资源的利用效率不高，在利用的方法上还缺少协

---

① 参见广东省人民政府门户网站，http://www.gd.gov.cn，2006年6月11日。
② 参见广东省社会科学院宏观经济研究所课题组《珠三角行政区划调整与城市功能定位的思考》，中国网，http://www.china.com.cn，2004年4月22日。

调。机场方面，在珠三角方圆200多平方千米的面积内，共有5个机场，香港、澳门、广州、深圳及珠海，合称"A5"。港口方面，深圳港已对香港港口形成了巨大冲击，而广州在此之后仍启动其"南沙大港"计划，东莞也不甘示弱要斥巨资建设虎门港；在两侧，珠海港和惠州港从来就不相信自己不能成为华南大港。近年来，因发展而富裕起来的珠三角各城市还在酒店业、会展业等方面展开了激烈的竞争。

（2）产业结构雷同。珠三角城市群崛起于20世纪70年代末80年代初，与港澳形成"前店后厂"的模式，对外依赖性强，内部产业链不完善，产业协作配套不足，缺乏带动区域发展的中心城市。同时受条块分割的体制影响，彼此职能分工不明确，缺乏高度的产业关联和有效的协调机制，始终未能形成一个以地域为基础的产业分工体系，各城市产业结构雷同。另外，珠三角各城市从20世纪80年代开始均实行"赶超战略""逆向开发战略"，即市场需要什么就生产什么，导致经济区各地把投资的重点集中在投资少、见效快的少数几个行业上，使区内产业结构雷同，减弱了经济区内分工和规模的双重效益，并引起区内竞争的白热化。20世纪80年代中期的"彩电大战""冰箱大战"就是由各地产业结构严重趋同而引起的。到了"八五"时期，各地投资热点又惊人相似：广东沿海等地受香港产业转移以及珠江三角洲出口导向战略等因素影响，加之利益驱动与信贷、财务等约束机制不完善，珠江三角洲内产业结构严重趋同。20世纪90年代中后期以后，珠三角城市的主导产业又都定位在高新技术产业。

（3）不少地方在开放引资上竞相出台优惠政策，在外贸出口上竞相压价，导致过度或恶性竞争。由于省市之间、城市之间及县域之间存在高低不等的一道道行政性障碍，隶属于不同行政主体的产业开发区实施的是背靠背的招商政策，各城市的招商条件并不透明，商务成本缺乏正常的梯度。本应是成本导向下的企业投资经营行为与追求地方利益的政府行为混在了一起，使同类产品及上下游生产能力难以相对集中，产业链的分工协作关系出现断裂，或者不经济地扩大了空间距离。在这种背景下，外商投资企业不论其产业属性和专业特长，一概成为各城市政府部门的争夺对象。

因此，珠三角区域经济发展呈现出明显的"行政区经济"特征，这种"板块经济"模式使珠三角城市群的发展备受现行行政管理体制的制约和束缚。行政区划是一个国家内部行政区域的划分，它担负着两大基本的功能，即行政管理功能和经济管理功能。从当前中国国情来看，虽然行政区经济有其存在上的合理性，对经济发展也起着不可或缺的作用。① 但是，改革开放以来，随着我国社会主义市场经济体制的初步建立和进一步完善，建立在市场经济运行法则基础之上的区域经济与过去计划经济体制下形成的以行政区为单元的行政区经济之间的矛盾日渐凸显。为了追求地方政府自身经济利益的最大化，地方政府经常对经济进行不合理的干预，行政区成为阻隔经济一体化进程的一堵"看不见的墙"，行政边界构成了阻碍区域经济一体化的壁垒，也成为阻碍城市经济圈的形成与快速发展的巨大障碍。由此，很容易引发不同行政区经济上的重复建设、产业结构趋同、分割统一市场，经济资源配置效率低，浪费十分严重。因此，一个行政区的"经济"往往以一个区域的"不经济"为代价。由于珠三角行政区划层次较多、分割繁细，一个城市群分属不同的行政区，在发展目标、产业结构、产业布局、环境保护等方面，城市群区域与各行政区域之间、城市群内部各城市之间都存在明显的冲突，集中表现为区域行政壁垒对要素自由流动的限制，导致要素流动与进入成本偏高，致使区域资源要素不能顺畅流向优势区位——城市，从而影响和制约了城市群的发展。同时，由

---

① 参见罗必良《城市化：珠三角面临的问题与道路选择》，载《珠江经济》1996年第3期。

于区域内城市没有根据区域经济一体化的大局来正确定位,导致城市之间缺乏整体规划与协调,在珠三角经济区生态格局里,出现了争资源、争项目、争中心的现象,在一定程度上造成了资源浪费、重复建设、产业同构的现象。行政体制分割,各自为政,行政性的区际关系削弱甚至替代了市场性的区际关系,以致经济圈内因地方行政主体利益导向而难以做到资源的优化配置及经济融合。因此,从珠江三角洲的发展实践来看,行政区经济已成为区域经济一体化的障碍。

二、行政区划改革的效果与问题

在 WTO(世界贸易组织)和 CEPA(关于建立更紧密经贸关系的安排)的背景下,进一步加快珠江三角洲区域经济一体化进程,不仅对珠三角经济发展具有重要意义,对提升整个中国的国家竞争力也十分重要。但是,目前珠江三角洲经济还是行政区经济,行政区划与区域经济发展之间的种种矛盾使区域内统一的共同市场难以形成,最终严重阻碍了珠三角的进一步发展。因此,必须打破行政区经济,才能整合珠三角各种资源,从而提升整个区域的竞争力。既然许多矛盾都是由"行政区经济"导致的,那么一个现实而有效的途径就是进行行政区划改革,打破各城市间的行政区划限制,加速区域内城市间的分工与合作,推动区域城市群的形成,实现从行政区经济向经济区经济的重大转变。

在这一思路的引导下,20 世纪 90 年代以来,珠江三角洲的行政区划发生了巨大的变化。2000年，原广州市代管的县级市番禺和花都撤市改区，大广州将版图一下子扩张到了珠江口，从而摇身变为沿海城市。2003年2月，国务院批复同意撤销原佛山辖区的城区、石湾区以及县级南海市、顺德市、三水市和高明市，同意设立佛山市禅城区、南海区、顺德区、三水区和高明区五个区。大佛山把顺德市、南海市、三水市、高明市尽数收入"囊中"，雄心勃勃地欲打造广东第三大城市。几乎与此同时，大惠州"合并"了惠阳市，"圈住"了大亚湾，城市空间一下子扩大了五倍。江门市"合并"了新会市，珠海市"合并"了斗门县……最近，东莞新一轮的行政区划调整也正在酝酿之中。

  这一波接一波的城市"合并"浪潮成功地突破了珠三角改革开放以来长期存在的"割据"状态，以及由此导致的资源浪费、效率低下等一系列城市发展的瓶颈，大大强化了中心城市和区域性中心城市的辐射功能。"过去一个小小的佛山，从顺德'打的'进不了南海地界，从南海打电话到顺德要拨长途。现在行政区划统一了，原来26个收费站也减少到6个，干什么事都方便了。"佛山的老百姓如是说。"过去一个佛山市存在着四级政府，谁也不服谁管，规划建设各搞一套。如今大佛山一成立，就用'四纵九横两环'的交通网，构筑出气势恢宏的大佛山蓝图，统一进行基础设施、文化设施的配套、分工，资源整合立见功效。"佛山官员如是说。①

  大佛山带来的变化是珠江三角洲行政区划改革带来变化的一个缩影。大广州的构建不仅缓解了中心城区发展空间不足的压力、带动了周边城区发展，而且随着广州的加速发展，其作为带动珠三角发展的区域中心地位得到了强化。尽管大幅度调整牵扯到各方利益，遇到重重阻力，但广东省委、省政府以"破釜沉舟"的决心与魄力完成了这个"大手术"。在此基础上，广东省的区域协调发展

---

  ① 参见杜星等《城市化，广东发力大提速》，载《羊城晚报》2003年10月9日。

战略也在强力推进：构建对华南地区具有强大辐射力的由大广州、大佛山组成的广佛都市圈；构建以外向型经济和高新技术产业为主导的由深圳、东莞、惠州组成的珠江口东岸都市区；构建内外经济各占一半，以生态环境取胜的由珠海、中山、江门部分地区组成的珠江口西岸都市区。① 通过改革行政区划，珠江三角洲城市群的竞争力显著增强。②

在撤县（市）并区的同时，撤乡并镇的改革也在如火如荼地展开。2001—2005 年，广东省的乡镇从 1588 个减少到 1156 个，撤并 432 个，撤并率达到 27%；乡镇行政机关综合性办公室减少 4153 个，精简 80%；精简乡镇人员近万人，行政支出减少了 3 亿多元人民币。③ 此外，撤并乡镇降低了行政管理成本，减轻了农民负担，减少了基础设施重复建设，增强了中心镇和重点镇的集聚辐射功能，促进了资源科学配置。扩大区域中心镇规模也有利于城市发展规划与合理布局，促进经济社会协调发展。

不过，必须意识到行政区划从其设立的初始意义来讲，是出于划分地方管辖事权领域、政府间利益分配需要而形成的政治、经济地理边界。由于地方利益切实存在，"行政区经济"也就必然存在。政府直接介入经济运作职能的多寡决定了"行政区经济"的显形或隐形程度以及行政区壁垒的强弱。随着市场化程度的加深和政府职能的转变，行政区划的壁垒作用必将趋于减弱，但并不意味着行政

---

① 2005 年 1 月 20 日，广东省人大常委会第十六次会议听取并审议了广东省人民政府《关于提请审议〈珠江三角洲城镇群协调发展规划〉（2004—2020 年）（草案）》的议案，决定通过并予以实施。《珠江三角洲城镇群协调发展规划（2004—2020 年）》中详细规划了未来珠三角城市群的发展。

② 以佛山为例，行政区划改革产生了立竿见影的效果。倪鹏飞等人的研究表明：在中国 200 个城市综合竞争力排名中，佛山市由 2002 年的第 24 位跃升为 2003 年的第 15 位。参见《城市竞争力报告首席专家倪鹏飞谈佛山竞争力》，载《南方日报》2005 年 3 月 25 日。

③ 参见陈敏、阎小培《1990 年代以来中国行政区经济研究的进展》，载《学术研究》2005 年第 6 期。

区划将最终消失。由于"经济区的内容、范围、层次随着商品经济、经济中心城镇和交通线的发展变动,比较活跃,具有明显的开放性,一般没有法定性,边界不很明确;行政区同行政权力的执行范围结合在一起,有法定性和明确的边界线,比较稳定"①。何况经济区以经济为主要标准甚至至上标准,行政区则不能以经济为限,还有其他因素,带有综合性,行政区与经济区不可能完全一致。所以,虽然我们主观上希望经济区与行政区尽可能重合,但是做不到,两者之间始终有交叉、有分割以至于有断层。通过调整行政区划,虽然可以将外部交易费用内部化而节约交易成本,但内部组织成本等的增加也可能导致科层制困境。而且因为"重新调整行政区划是一项复杂工程,涉及政治、经济、文化等各个方面,有可能会引起某些局部的不稳定因素"②,不可能一蹴而就;一些行政区划是历史形成的,具有相当的稳定性和刚性,不能也不应该随着经济活动的频繁演变而不断调整。

问题再进一步,就会发现在珠江三角洲实施了大规模的行政区划改革后,又不得不面临新的问题。

(1) 原来的县(市)现在变成了"城区",但按照中国现行的行政体制,"区"并非一级具备完整政府职能的政府。而为了保持这些地区原来的活力,该赋予它们什么特殊权力?如顺德与南海在全国百强县中名列前茅,而且顺德是广东省县级综合改革试点。那么,为了公平起见,又该如何对待原有的城区?

(2) 如果说类似如大佛山、大惠州、大江门的组建在相当程度上破解了原来"市管县体制"的迷局,消解了"小马拉大车、市刮县"等诸多问题。但是,撤市并区后的佛山市域仍然呈现"弱中

---

① 参见陆大壮《中国行政区、经济区发展的回顾与展望》,载《中国人民大学学报》1994年第6期。
② 参见孙学玉《公共行政学论稿》,人民出版社1999年版,第110页。

心强周边"的尴尬局面。而且类似地级市之间的恶性竞争问题、广州与深圳之间的龙头与中心之争,难道还要通过行政区划改革来解决吗?

(3)一般而言,珠三角的各乡镇经济实力雄厚,镇域经济仍然具有很强的活力。这应该归功于原有的行政区划,为经济主体市场运作提供了合理的空间,使经济主体能够最大限度地发挥主观能动性。如果实行乡镇的合并,必然涉及原有的机构、人员的精简和合并,并且合并后仍然会在原乡镇所在地成立副镇级的办事处,乡镇合并的实际意义很难保证。而且相应的乡镇合并必须重新确定城镇中心和制定新的建设规划,需要在城镇建设用地、劳动力密集型产业发展、公共和基础设施建设方面做长远规划和对原有规划进行大范围调整。而对于珠三角那些经济实力强且相当的乡镇,如东莞的长安镇、虎门镇等,无论是合并后新镇政府选择在何处,都会造成系统内部的内耗,从而造成整体经济实力的下降。

(4)如今,珠江三角洲的许多城市政府不断提出行政区划调整的要求,有的要求兼并其他市镇,有的要求扩大行政辖区,有的要求提高行政建制级别,因为区划的调整不仅意味着土地的扩张、城市等级的提升,更意味着对更多、更大发展机会的占有。这势必又陷入了再竞争—再调整的怪圈。

对于中国这样的发展中国家,大都市区或者说城市群发展远未成型,在城市化进程中,适当程度的行政区划改革可以减少不必要的资源浪费和区域内内耗,扩大市场运作空间,整合政府间关系以提升区域公共管理的水平。此外,合理、稳定的行政区划也是社会经济的发展与生产力水平的提高所必需的。从组建大佛山的案例中可以发现,激烈变动的行政区划给地方经济带来了不安定感和波动,负面效应也是明显的,而且又以新的形式在新的地域形成了行政区经济。为行政区划改革所付出的巨大政治、经济和社会成本及其调整的正面效应正在被缓慢而艰难的磨合过程所抵消。① 行政区划改革虽然解决了一时的问题，却未从根本上跳出区划调整—竞争膨胀—区划再调整的怪圈。因此，行政区划改革虽然很重要，但姑且不论其改革的高额成本，即使从其影响来说，也不可能从根本上解决珠江三角洲区域经济一体化面临的问题。

三、走向区域公共管理

既然在珠三角实现区域经济一体化的最大障碍在于辖区政府间管理上的不协调，那么如何破解这些障碍呢？

区域经济一体化作为一种地域过程，其最终目的就是形成一个同一的区域经济组织，即区域经济共同体。在这个共同体内，通过制定共同的区域产业政策以及与此相关的其他各项社会经济政策，以劳动地域分工为基础，统筹规划，最终建立一种垂直型分工与水平型分工相结合的区域经济联合体系，促进共同体成员的共同繁荣。② 相关研究认为，区域经济一体化的主要目标包括：要素市场一体化、基础设施建设一体化、产业发展与城市功能定位一体化、

---

① 2005年10月22日，在国家统计局发布的"2005年全国百强县（市）"排名中，顺德由第一位下滑到第二位，南海由第三位下滑到第六位，见《羊城晚报》2005年10月23日。

② 参见上海财经大学区域经济研究中心《2003年中国区域经济发展报告》，上海财经大学出版社2004年版，第229页。

区域制度与政策一体化。① 因此，区域经济一体化是建立在区域分工与协作的基础上，通过生产要素的区域流动，推动区域经济整体协调发展的过程。

尽管区域经济一体化是一种在市场规律作用下，以市场导向为主，受利益机制支配的、能给区域内各成员带来超额利润的区域经济联合行为，并非行政一体化。但是，在当代中国地方政府主导型市场经济的发展背景下，区域经济一体化目标的实现却有赖于区域内各行政单元间的良性竞争与紧密协作。因此，区域内相关地方政府间的相互关系作用是区域经济一体化的重要保证。所以，在珠江三角洲，要实现上述区域经济一体化目标，关键还在于各个城市政府要坚持用开放的观念来创造要素流动和优化配置的环境，以市场化取向建立区域统一的劳动力市场、资金要素市场和土地市场，制定符合要素流动需要的产业政策和社会保障政策，促进要素按市场半径来进行区域组合。显然，其核心内容就是要通过建立健全区域内相关政府间关系的协调机制，最终实现区域内多元主体在公共事务治理上的协作共治，即走向区域公共管理。

从当代欧美发达国家的区域公共管理实践来看，经济全球化、区域一体化在促进大都市区不断发展的同时，也面临着类似于珠江三角洲如何实现有效治理的难题。多年来，各种理论流派费尽心机，力图找出大都市地区的正确组织模式，将大小不同的各种权力与地理区域的规模和复杂性结合起来。② 为此，巨人政府论（行政区划改革就是其具体形式）、多中心治理与新区域主义展开了激烈

---

① 参见石忆邵《市场、企业与城镇的协同发展》，同济大学出版社 2003 年版，第 153～154 页。
② 参见 U. S. ACIR. The organization of local public economies, A-109; U. S. Government Printing Office, 1987: 59.

争论。① 但是，争论的结果表明，"没有一种组织模式能有效处理大都市区复杂的动态情况，围绕那些跨辖区的问题而组成各种利益共同体是经常的事情，需要建立多种不同的组织规模，以实现规模效益，培育自治精神；区域问题的解决应该建立在现行政治制度安排的基础上"②。对于这一点，交易费用理论的分析也可以证实。在交易费用理论看来，欧美学者提出的上述三种治理方案实际上代表了三种不同的治理机制，即科层制、市场机制和组织间网络。③因为不同交易在特征上存在差异这一事实说明了组织形态的多样性，由于这种差异，交易的治理也要不同。所以交易费用经济学的一个基本逻辑就是"区别性组合"：经济组织就是将特征不同的交易与成本和能力不同的治理结构以一种能将交易费用最小化的方式区别地组合起来。④ 因此，尽管三种治理机制在大都市区治理实践中都能解决一些问题，但都不可能解决全部问题，都存在着局限性。正是基于此，有学者指出，大都市区治理研究"不应去寻求一种唯一正确的组织模式，而应关注各种可能的治理模式以及治理是如何通过地方公共经济结构来和绩效发生关系的"⑤。

在珠江三角洲，虽然各地方政府都归属于广东省的统一管辖，但是由于自改革开放以来广东省政府"实行放权型的政府操作模式"，政府的权力结构属于地方分权型，各地之间的竞争大于合作，广东省政府很难协调各地方的利益（特别是深圳和珠海这种有高度

---

① 参见 David K Hamilton. Governing metropolitan areas. Garland Publishing, Inc, 1999.

② [美] 罗纳德·J. 奥克森：《治理地方公共经济》，万鹏飞译，北京大学出版社 2005 年版，第 18~19 页。

③ 参见张紧跟：《组织间网络理论：公共行政学的新视野》，载《武汉大学学报》2003 年第 4 期。

④ 参见 O E Williamson. The institution of governance. American Economics Review, 1998, 88 (2): 75–79.

⑤ [美] 罗纳德·J. 奥克森：《治理地方公共经济》，万鹏飞译，北京大学出版社 2005 年版，第 161~162 页。

决策自主权的经济特区),当然更难协调纯粹依靠市场力量运作的外资企业。① 再加上广东省特殊的行政格局(深圳与珠海属于有高度决策自主权的经济特区、广州是有一定自主性的副省级城市等)和政府实际权限分散化程度较高等原因,长期以来,在协调珠三角地区各个地方政府间关系问题上更多的是依赖于市场机制的自发调节。虽然这种城市政府间的相互竞争使各城市政府努力将传统的计划审批制对企业的发展制约降低到最低点,形成了整个珠三角群体化竞争性发展格局,拉动了经济的迅速繁荣;但是,市场机制所固有的缺陷也导致在一定程度上各地之间产生恶性竞争,特别是在基础设施建设方面造成严重的重复建设和浪费。尽管广东省政府早在1994年就决定成立珠三角经济区规划协调领导小组,以加强珠三角经济区的协调与规划,但是由于政府经济职能没有发生根本性变化,因此,从珠三角经济区规划推动多年来的实践发展情况来看,并没有达到预期的目标。在这个过程中,珠三角的各个城市政府之间的利益矛盾依然存在,彼此之间的明争暗斗还在继续。20世纪90年代末以来,在长江三角洲咄咄逼人的发展态势以及全球化进程加快所带来的竞争压力下,广东省政府也开始强化政府替代,逐渐开始加强对珠三角经济社会发展的协调,如明确广州和深圳是本地区的中心城市,全力支持广州成功申办亚运会和开发南沙,联合整治珠江流域环境治理,重新规划珠三角城市化建设和城市功能定位,组建大广州、大佛山、大惠州、大江门等。在这种自上而下的科层制机制的协调作用下,珠三角的整合力度不断加大。如深圳市委领导人明确指出,"深圳要加强与广州的合作,加强与东莞、惠州、佛山、珠海以及珠三角其他城市的合作,实现优势互补、共同

---

① 参见朱文晖《走向竞合——珠三角与长三角经济发展比较》,清华大学出版社2003年版,第169~172页。

发展"①。在广东省政府准备重新规划珠三角后，广州、深圳、珠海、东莞4市主要负责人都表示，即使"新蓝图"的实施会让他们做出暂时的牺牲，也将以大局为重。②不过，我们必须意识到，尽管广东省近年来不断强化地区整合中的政府替代，原有的市场机制也还在发挥作用，但无论是科层制还是市场机制都有其不可克服的缺陷，要进一步加强珠三角的整合力度，还必须适时发展新型治理机制——组织间网络机制。

2003年年初，在广东省人大会议上，来自珠三角各个地方政府的负责人不约而同地表达了一个共同的心声和主张，即建立珠三角市长联席会议制度，加强区域合作，提高珠三角的综合竞争力，实现共同繁荣和发展。③ 2004年5月，珠三角的10个城市草拟了《珠三角城市群人才交流一体化战略宣言》，准备筹建四大机制：建立联席会议制度协调人才资源开发进程、建立人才交流互派制度合作开展各种培训、建立人才中介服务网络形成人才市场体系、建立高精尖人才外国专家资源共享机制。④ 2004年9月，《珠江三角洲城镇群协调发展规划（2004—2020年）》与《珠江三角洲环境保护规划》相继获得通过并付诸实施。2006年8月25日，深圳、东莞和惠州三地警方在深圳市公安局指挥中心共同签署了《深莞惠三市警务协作框架协议》，协议各方同意建立合作协调机制，包括建立警务协作联席会议制度、设立三市公安局指挥中心（办公室）主任协调制度、建立各业务部门衔接落实制度。此举标志着深莞惠三市

---

① 参见田川、张凡《大珠三角淡化龙头之争，区域整合迎来引人注目的转机》，载《粤港信息日报》2003年1月6日。
② 参见《广州深圳东莞珠海同意整合 珠三角要重新规划》，载《南方都市报》2003年1月15日。
③ 参见《建立珠三角市长联席会议制度》，载《南方日报》2003年1月15日。
④ 参见《珠三角启动人才资源开发一体化进程》，载《南方日报》2004年5月13日。

警务大协作框架正式建立并付诸实施。① 这些都标志着珠江三角洲的区域公共管理迈上了新台阶。因此，虽然通向区域公共管理的道路会很长，但是初步形成的多元化治理机制表明珠江三角洲已经迈上了这个轨道。

四、简要的结论

众所周知，当今世界国家与地区间竞争，最终取决于制度的竞争。珠江三角洲是当代中国走向现代化的战略区域，能否实现区域公共管理而不是简单的行政区划改革，以获得持续的制度性优势，直接关系到珠江三角洲乃至整个中国的长远发展。

改革开放以来，由于市场经济的不断深入发展，为传统计划经济体制所阻隔的跨越既有行政区划边界的自然经济联系得到了发展，从而推动了行政区划从区域经济发展实际出发，行政区域界限趋向与自然地理界限、民族分布界限、社会文化地域界限，尤其是与经济区划界限相吻合，以有利于区域经济资源转化为区域经济优势。② 但是，以计划经济为依托的行政区经济与以市场经济为依托的经济区经济的碰撞也十分严重。事实上，造成区域内发展矛盾的不仅仅是行政区划本身，还在于缺乏行之有效的区域利益协调机

---

① 参见《深莞惠警务协作遏制跨市犯罪》，载《南方日报》2006年8月26日。
② 参见宋月红《当代中国行政区域类型及其政治发展动因之分析》，载《学习与探索》1998年第4期。

制。而且在当代中国特殊的发展背景下，地方政府将在相当长的时期内仍然肩负地区经济发展的重要使命。因此，引导地方政府从追求地区经济发展最大化转向实现区域经济发展共赢才是走出区域发展困境的理性选择。

因此，从区域一体化的基本要求以及欧美发达国家大都市区治理的经验来看，建立健全区域内政府间关系的协调机制以实现有效的区域公共管理，应该成为类似如珠江三角洲这样的区域行政区划改革后的必然走向。但是，在区域政府间关系协调机制的构建中，任何单一机制的效用都是有限的，必须构建多元化的治理机制，形成市场、科层制和组织间网络混合治理的格局，才有可能实现预期目标。当然，在走向区域公共管理进程中，还需要充分发挥企业与非政府组织的作用，从而形成地方政府、企业与非政府组织等多元主体良性互动与协作共治的格局。

第三章

广东地方政府
分权于市场和还权于社会的创新

改革开放以来，为适应市场化改革和社会成长的需要，国家进行了相应的自主性调适：一方面，通过持续的政府职能转变并逐步放松对经济生活的管制，不仅逐步承认了市场经济的合法地位并逐步培育出了相对完整的市场经济体制，市场在资源配置中的作用逐步增强，极大地缓解了政府直接组织经济建设的压力；另一方面，公民个体与社会组织的自主意识在市场化改革的熏陶下逐渐增强，并积极尝试参与到社会问题的治理中来，国家也逐步调适其与社会的关系，"总体性社会"让位于"行政性社会"，国家对社会生活的全面管控逐步松绑，基层社区和社会组织逐步获得自主发展，社会组织在社会治理中的独特作用和社区自治也得到初步显现。但是，随着改革步入攻坚阶段和进入深水区，政府治理转型与市场发育、社会成长的良性互动关系日益面临困境，往回走、强化政府干预和管控的"全能型政府"建设呼声日高。正是在这种背景下，党的十八届三中全会将推进国家治理体系和治理能力现代化确立为改革的总目标，为从根本上厘清政府与市场、政府与社会的关系提供了崭新的理论视野。习近平总书记强调，"坚持社会主义市场经济改革方向，核心问题是处理好政府和市场的关系，使市场在资源配置中起决定性作用和更好发挥政府作用"①。党的十八届三中全会《中共中央关于全面深化改革若干重大问题的决定》指出："必须着眼于维护最广大人民根本利益，最大限度增加和谐因素，增强社会发展活力，提高社会治理水平。"因此，推进国家治理体系和治理能力现代化，其实质就是要理顺政府、市场、社会的关系，实现政府、市场和社会的协同治理，达到最佳的善治状态。②

党的十八大以来，党中央和国务院大力推进国家治理体系和治理能力现代化，建设服务型政府和法治型政府，把简政放权、放管结合、优化服务作为行政体制改革的"先手棋"和"组合拳"，通过三管齐下、协同推进，有效释放了市场活力，激发了社会创造力，推动了政府治理体系与治理能力现代化。这表明：对于推进政府治理体系现代化而言，关键是实现政府角色转换，理顺政府与市场和社会的关系，分权于市场、还权于社会，理顺政府与市场、社会的关系，充分发挥市场在资源配置中的决定性作用，充分发挥社会组织的社会治理功能，以最大限度地激发市场和社会的活力。一是与市场和社会合理分权，实行政企、政社分开，厘清各自的权能

---

① 参见习近平《切实把思想统一到党的十八届三中全会精神上来》，载《人民日报》2014年1月1日。
② 参见铁锴《协同治理体系建构的中国逻辑及其进路》，载《改革》2014年第2期。

边界，解决"不该管"的问题；二是与市场和社会进行协同治理，形成政府权威组织、市场交换组织、社会中介组织三种相对独立而又相互支持的组织，解决"管不好"的问题。

经过市场化改革，广东的市场和企业的力量日益壮大，社会组织得到了一定的发展。经济社会现代化引发了大量社会问题需要解决。地方政府所掌握的资源和信息有限，在解决社会问题方面寻求市场和企业与社会组织的协助成为一种明智的选择。因此，广东地方政府治理体系创新在不断深化地方政府治理结构改革的基础上也通过分权于市场和还权于社会来促进地方政府治理体系现代化。

本章的主要内容包括两个部分：一是梳理珠江三角洲地方政府从简政放权改革到推进治理体系现代化的调适性创新历程，二是以广州市南沙新区为例探索社会组织治理创新。

第三章　广东地方政府分权于市场和还权于社会的创新

第一节　珠三角从简政放权到治理体系现代化①

在珠江三角洲改革以来充分利用"先行一步"的机遇不断创造区域经济发展奇迹②的发展历程中，以"简政放权"为核心的地方政府创新贯穿始终。早在1981年4月20日至5月4日的中共广东省委学习讨论会上，广东就明确了简政放权思路。③ 中共东莞原市委书记李近维认为，"过分集中权力，结果是高度集中矛盾；过分集中财力，结果是高度集中困难"，大胆放权，赢得了长期繁荣和持续高速发展，真可谓"一放解千愁，一放得万福"。④ 2012年，珠三角新一轮"简政放权"再次启动。尽管这种自我调适也取得了一些明显成效，但由于始终未能突破地方政府主导的治理体系的局限性，珠三角始终面临着因"强发展、弱治理"而引发的局部治理危机。在经济持续高速增长的同时，珠三角环境污染严重、转型升级之路步履蹒跚、社会建设存在明显短板。而从既有地方政府创新研究来看，研究者主要聚焦于探讨地方政府创新的理论、持续力、

---

① 原文以《论国家治理体系现代化视野中的珠三角地方政府创新》为题发表在《学术研究》2015年第2期。
② 广东省2014年的统计公报显示：该区域的国内生产总值已经从1980年的119.19亿元增长到2013年的53060.48亿元，总体经济规模扩大了400多倍。
③ 参见卢荻、杨建、陈宪宇《广东改革开放发展史：1978.12—2000》，中共党史出版社2001年版，第37页。
④ 林洪：《珠江三角洲"经济奇迹"的理论思考》，广东人民出版社1995年版，第9页。

139

制度化以及公共服务创新等①，在相当程度上依然局限于传统行政改革的理论视野，显然还远未意识到既有地方政府创新的局限性。事实上，国家治理体系现代化就是国家通过制度化建设不断调整自己与市场、社会之间的关系，既改善治理合法性又不断提高治理绩效的过程。②作为一种从地方试点到全国改革的成功发展战略，地方政府创新实际上体现为国家治理体系现代化这一顶层设计在地方层面的具体实践，因此应该从国家治理体系现代化的视野来重新审视珠三角地方政府创新。

一、珠三角地方政府简政放权的实践

1. 纵向放权

改革伊始，珠三角地方政府就强调要实行层层松绑放权、扩大地方政府管理权限以调动其积极性。1987年，中共广州市委、市人民政府在农村工作座谈会上明确了"市向区县放权以及区县向下放权"的思路。1992年，东莞市人民政府出台《东莞市关于简政放权提高办事效率的暂行规定》，在工商、消防等8个方面简政放权，调高市镇财税分成比例、将投资500万元以下的工程交由镇街

---

① 参见陈国权《地方政府创新研究的热点主题与理论前瞻》，载《浙江大学学报（人文社会科学版）》2010第3期。
② 参见俞可平《推进国家治理体系与治理能力现代化》，载《前线》2014年2月27日。

组织招投标等措施来支持各镇发展。① 佛山在2002年年底完成行政区划调整后就迅速启动了市级政府向区级政府的放权。2009年，珠三角选取顺德区容桂街道、南海区狮山镇和东莞市塘厦镇、石龙镇作为试点启动简政强镇改革。2013年，珠三角又开始启动赋予符合条件的中心镇或特大镇以城市管理权限和发展条件，逐步升格为"县级市（镇级市）"②。2011年，深圳市开始启动市政府向区政府放权、市政府有关垂直管理部门直接向其驻区机构放权改革。

2. 向市场放权让利

改革以来，珠三角各级政府都秉持政府多放权、少管事的原则，不断简化招商引资程序，"办证一条龙""行政审批绿色通道""财税优惠"等后来都成为其他地方政府竞相学习的"样板"③。早在1981年8月，深圳就提出要明确减少行政干预，给企业经济自主权，加强经济监督，用经济手段管理经济。④ 1993—1994年12月，顺德展开对896家企业产权制度和经管机制转换的改革，初步实现了企业自主经营、自负盈亏、自我约束及自我发展。⑤ 延续至今，地方政府向市场放权让利的改革举措几乎遍布珠三角所有市县政府工作报告，其核心内容就是要求地方政府不再直接参与和干预市场运作，企业应该"找市场而不是找市长"。近年来，珠三角地方政府围绕放松行政管制、降低市场准入门槛，积极探索建立"宽入严管"的商事登记制度，不断探索与市场经济发展相适应的企业

---

① 参见《东莞政改》，载《南方》2010年5月31日。
② 《珠三角中心镇或特大镇将升格为镇级市》，载《南方日报》2013年5月17日。
③ 晓理：《没有更好就会退步》，人民网，http://www.people.cn，2003年10月16日。
④ 参见中共深圳市委办公厅《深圳特区的发展道路》，光明日报出版社1984年版，第47~48、133页。
⑤ 参见肖滨等《为中国政治转型探路——广东政治发展30年》，广东人民出版社2008年版，第204页。

登记、审批及监管制度。① 在最新一轮的行政审批制度改革浪潮中，珠三角各地方政府又纷纷明确提出政府要退出市场机制能够有效调节的事项。

3. 向社会分权

(1) 完善法规建设。2012年1月12日，深圳市第五届人大第三次会议通过《深圳经济特区社会建设促进条例》，力图为社会组织建设创造良好的法律环境。

(2) 简化管理。从2006年3月起，深圳市人民政府各职能部门不再担任行业协会、商会的业务主管单位；2008年，其又出台专门文件明确工商经济类、社会福利类、公益慈善类社会组织改由民政部门直接登记。从2012年1月1日起，广州市民政局明确除依据国家法律法规需前置行政审批外，行业协会、异地商会、公益服务类、社会服务类、经济类、科技类、体育类、文化类等八类社会组织可以直接向登记管理机关申请登记。

(3) 加大政府财政扶持力度。近年来，珠三角地方政府相继出台培育和发展社会组织的规范性文件，明确提出要加大财政扶持社会组织发展的力度，以项目资助为主，推动建立公共财政对非营利性社会组织的资助和激励机制。

(4) 发挥社会组织的积极作用。近年来，珠三角地方政府都明确要发挥社会组织在社会自治管理中提供公共服务、维护合法权益、反映民众诉求、促进社会公益等方面的重要作用。

4. 自我约束

一方面，地方政府通过改革行政审批制度来自我约束伸向社会

---

① 参见《广东行政审批制度改革：激发市场活力 推动"去行政化"》，新华网，http://www.xinhuanet.com，2013年3月9日。

和市场领域的"闲不住"的手。1998—2001年，深圳市通过两轮改革，将行政审批事项由1091项压缩至395项；2003年启动的行政审批制度改革再减少30%。① 2006—2008年的第四轮改革中，深圳清理审批事项压减比例为22%；2012年，深圳市启动了最新一轮行政审批制度改革，清理审批事项120多项，清理比例达30%。② 另一方面，地方政府通过行政信息公开和扩展公民有序参与来自我限权。2008年，深圳市率先在国内成为第一个向普通公民公开政府预算的地方政府。2009年，广州市财政局在其网站上公开了114个部门预算。2012年，广州市人民政府41个工作部门和25个直属机构全部公开了2010年和2011年"三公"经费支出情况。2013年，广州市又成为全国首个实现三级政府"三公"经费全面公开的城市。③ 在不断加大政务公开的基础上，珠三角地方政府还开始逐步尝试在政府过程中扩展有序的公民参与。2013年3月11日，《广州市重大民生决策公众意见征询委员会制度（试行）》明确，日后广州每一个重大民生项目和计划决策之前，都将成立一个单独的公众意见征询委员会，而且市民代表和直接利益代表的人数不得少于1/3；同时，应当成立公众征询意见委员会而没有成立的，相关项目将不得提交领导集体决策。④ 2012年，佛山市顺德区开展"参与式预算"试点，让民众主动参与到民生事项的讨论、实施、监督过程中来。

---

① 参见《深圳启动第三轮行政审批制度改革》，载《羊城晚报》2003年7月25日。
② 参见《行政审批瘦身记》，载《南方日报》2012年10月16日。
③ 参见《广州实现三级政府"三公"经费全面公开》，载《羊城晚报》2013年9月14日。
④ 参见《重大民生决策均须成立公众委员会》，载《南方都市报》2013年3月12日。

二、珠三角地方政府简政放权的主要成效

1. 充分发挥了地方政府的创造性

实践证明：珠三角通过下放管理权，不仅减少了地市政府对基层政府的直接干预，还充分调动了基层政府的积极性与创造性。正是在这样的背景下，珠三角地方政府纷纷立足于本地实际，充分发挥基层政府自主性，创造性地在经济发展中探索出 4 种各具特色的发展模式，即顺德模式、南海模式、东莞模式和中山模式。不仅如此，珠三角地方政府在行政改革层面也大胆创新，创造性地以大部制改革为基础探索出了闻名全国的深圳模式与顺德模式：深圳改革的重点是市职能局和街道，弱化区级政府，为副省级城市或者特大城市行政改革提供了样本；而顺德的改革目标在于通过加强区管理功能、减少职能局数量，并加强镇街权限来实现两头大的管理模式，为县级行政改革提供了样本。除此之外，珠海正在推进社会管理体制改革，惠州、佛山、中山开展统筹城乡改革试点，江门推动审批管理"零收费"改革试点。最近，在新一轮简政放权的驱动下，珠三角各地方政府又在充分利用改革所创造的自主空间，探索性地走向各具特色的转型升级之路。[①]

[①] 参见《珠三角开创中国发展方式转变新路径》，载《南方日报》2010 年 12 月 31 日。

2. 培育了比较成熟的市场制度

改革开放以来，珠三角各地方政府充分利用"先行一步"的机遇，积极培育了星罗棋布的专业市场和综合市场，如东莞市虎门镇的大型服装市场、南海九江镇的汽车零配件市场、番禺市桥镇的家电市场、顺德乐从镇的家具市场、南海西樵镇的布匹市场等。经过多年发展，珠三角地区基本形成了统一、开放、竞争、有序的现代市场体系，人才、金融、证券等市场发育健全，已经成为全国市场化程度最高、市场体系最完备的地区，成为中国外向度最高的经济区域和对外开放的重要窗口。近年来，尽管珠三角开始面临"转型升级"的压力，但依然是外来资本投资的热土。这是因为珠三角拥有不断改革创新所积累的巨大正能量，不仅经济实力雄厚，还打造出一个日益完善的市场化、国际化的营商环境。

3. 促进了社会组织成长

（1）社会组织数量迅速增长。公开资料显示，自从2012年1月1日广州市率先在全国铺开了社会组织登记改革后至2012年6月底，广州登记注册的社会团体组织总计4596个，其中新登记组织227个，同比增幅36%。[1] 截至2012年12月底，深圳市共有社会组织5656家，其中直接登记的社会组织数量达到了858家，占全市社会组织总数的15.2%，无论是数量还是比例都是全国最高。[2] 与此同时，到2012年为止，珠三角其他市的社会组织数量也增长迅速，珠海登记注册社会组织1183个，江门社会组织共有1100多家，中山社会组织登记总量为1571个，惠州登记在册的社

---

[1] 参见《广州社会组织"松绑"一年，数量增长36%》，财经国家新闻网，http://www.prcfe.com，2013年4月17日。

[2] 参见《深圳直接登记社会组织　数量和比例为全国最高》，载《南方都市报》2013年3月15日。

会组织共有 1466 家。①

（2）社会组织质量不断提升。从 2004 年起，深圳市开始限制机关工作人员在社会组织中兼职，并开始探索打破"一业一会"的限制，以适度引入竞争机制。2012 年，广州市将社会组织去垄断化和去行政化改革作为社会组织体制改革的重点任务。在放宽社会组织登记进入门槛的同时，珠三角也强调也加强对社会组织的监管，如健全各类型社会组织法人治理制度、信息公开制度和联合监管制度以及委托会计师事务所通过交叉审计方式对社会组织进行财务抽查审计并实行年检。正是在这样的背景下，珠三角社会组织总体发展水平较高，民间化、市场化程度较高，自主发展能力较强，特别是行业协会发育比较成熟、运作良好。

（3）社会组织的主体作用得到发挥。迄今为止，珠三角社会组织涵盖经济社会各个领域，在促进地方民主政治发展进程、规范市场秩序、加快经济转型升级、促进和谐社会建设等方面正发挥着不可替代的作用。

---

① 参见《广东各地社会组织登记数量明显增加》，载《南方日报》2012 年 7 月 9 日。

三、珠三角地方政府创新依然面临的挑战

1. 政府职能转变不到位

一是行政审批削减后的反弹。据统计,深圳市1997年第一轮改革后,审批事项精减为628项,但2001年第二轮改革的基数反弹为716项,经过清理,保留439项;2004年6月第三轮改革的基数为701项,较此前保留的439项又有不小的增幅。① 二是企业与民众对政府的公共管理与公共服务满意度不高。2014年10月25日,新加坡南洋理工大学发布了"连氏中国城市公共服务质量指数2014年调查",结果显示,京沪广深四个一线城市仅上海排名第十,珠三角城市无一上榜。② 2013年10月10日,广州市社情民意研究中心民调显示,市民对本地政府信息公开现状评价一般,不满意度较去年有所上升。而企业对珠三角地方政府的行政审批与"办事烦琐"也非常不满意。③ 三是强政府、大社会格局远未形成。2013年10月23日,广东省政协的调研显示,珠三角地方政府普遍存在难以割舍的行政情结,"大包大揽"现象依然如旧;一些政府

---

① 参见《深圳行政审批改革涉深水区》,载《深圳特区报》2012年9月18日。
② 参见《2014年连氏中国城市公共服务指数调查结果在京发布》,新华网,http://www.xinhuanet.com,2014年10月25日。
③ 参见《民意调查显示:市民最不满"三公"公开情况》,载《羊城晚报》2013年10月11日;《发展商会 进一步放权》,载《南方日报》2012年10月16日。

部门因触及现有利益格局而不愿意放权，转移职能目录也"避重就轻"①。总之，珠三角地方政府依然通过控制土地、资金等关键资源流向在资源配置中居于主导地位，各级政府官员依然可以借助自由裁量权来直接干预企业的微观经济活动和社会组织运营。最终，在时任中共广东省委书记汪洋看来，"政府职能转变不到位是目前珠三角诸多矛盾和问题的体制性根源"②。

2. 削弱了地市级政府的统筹发展能力

改革开放初期，东莞市各级政府和基层通过"以地生财"方式，"镇镇招商，村村用地，户户出租"，促进了经济高速增长和民众生活水平的不断提高。但东莞简政放权改革后形成的"市、镇、村、组四轮驱动模式"也导致"基础设施建设粗放发展、规划滞后、布局散乱、效益不高、不平衡不协调不可持续等问题"③，由于城市功能先天不足，难以承载优质产业和高端人才，延缓了东莞转型升级。当前东莞虽然32个镇街全部名列"全国综合实力千强镇"排行榜，但是镇街之间依然面临着发展不平衡、产业规划重叠、基础设施重复建设、资源配置不合理的局面，市政府很难有效约束镇街政府由于贪图短期利益而做出有害于市域整体利益的行为。而在佛山，由于一直延续放权改革思路，市级统筹各区发展的能力减弱，客观上导致各区各自为政。财政权分散在各个区，而各个区在政绩观念驱使下必然会考虑市级发展规划是否会与本区发展需求高度相关，因此市级统筹发展规划的执行能力受到限制。最

---

① 《广东境外非营利组织涌现　频繁插手社会热点问题》，中国新闻网，http://www.chinanews.com，2013年10月24日。
② 汪洋：《坚持社会主义市场经济改革方向　扎实推进幸福广东建设》，载《求是》2012年第15期。
③ 李平、龚萍：《徐建华：四轮驱动让规划滞后》，载《南方都市报》2013年5月14日。

终,作为一个典型的组团式城市,由于市级政府统筹能力的不足,各个组团城市之间的公共资源整合与共享也存在着明显缺陷,五区同城化发展缓慢。而由于市级政府无法有效地对五区人才、产业、基建等资源进行有效配置;在财政方面,90%的财力下沉到区镇一级,导致五区发展不均衡,市级政府无法对各区进行有效统筹,削弱了对外部人才、产业落户的吸引力。①

3. 加重了基层负担

基于简政放权的理想逻辑,将管理事项下放给基层,有利于进一步提高办事效率、改善当地发展软环境。但是,在当代中国纵向政府间关系中,事实上存在的职责同构与事权分工不明,客观上导致上级政府可以依托行政科层制链条将本该由自己承担的事项往下逐级"甩包袱"。于是,简政放权就不同程度地呈现为上级政府恨不得把已没有多少"油水"可捞的项目都甩给基层,而有实际利益的项目则以种种理由紧抓不放,让基层政府既力不从心也苦不堪言。2009年,在珠三角"简政强镇"改革实践中,既存在着市、区级政府未能充分放权以及镇街承接权力下放缺乏必要的法律保障等问题,也存在着镇街扩权过程中尖锐的市镇、区镇利益冲突。最终,在简政放权的末端,不堪重负的基层政府也被迫延续往下"甩包袱"的行政逻辑,导致基层社区组织"挂牌多、事务杂"的高度行政化现象。如中共深圳市纪委在2012年的调研中发现:深圳50个社区中,70%的社区挂牌数量在三四十块之间,最多的是61块(盐田沙头角社区),最少的是16块(大鹏街道葵丰社区)。②而在东莞,各村(社区)普遍承担政府行政管理事务中的经济建设、基础设施建设、治安管理、环境卫生、计生安全、劳动安全、

---

① 参见《市级财力仅占10% 统筹能力待提高》,载《南方日报》2013年8月30日。
② 资料来源:中共深圳市纪律检查委员会。

社会事务、文化建设等工作，由社区居委会承担的工作达 100 余项。在这种情况下，基层社区两委的成员经常是疲于应付各种数字上报和检查评比等，社区建设自然陷入了"重管理、轻服务"的困境。

4. 社会建设"内卷化"①

（1）社会组织的准入门槛并未降低。珠三角活跃着大量的进城务工人员维权 NGO 和各种"草根"环保 NGO，但其中大多数由于无法取得地方民政部门许可的社团法人资格，要么被迫在工商部门登记为非营利企业，要么就只能在地方政府的选择性"默许"下以"非法身份"运行而面临着身份合法性危机。

（2）社会组织能力不足。广州大部分社会组织只能依靠大量具有奉献精神的志愿者开展运作，专职人员偏少，严重削弱了社会组织的专业化服务能力。而治理结构不合理、高素质人员的缺乏也直接导致社会组织治理能力不足、资源筹措能力弱的恶性循环。由于社会组织能力不足，所以在相当程度上难以满足地方政府的"购买欲"。广东省政协社会和法制委员会（以下简称"社法委"）的调研报告显示，目前珠三角社会组织能够承担政府转移职能的仅占 15%，政府无法通过竞争性招标来选择社会组织，专业化社会服务的数量和质量难以保障。而由于规模小、资金缺乏、场地紧缺、专业人员短缺等，让许多社会组织因无力承接项目而缺乏资金，陷入一种"长不大"的恶性循环。②

（3）政府购买服务存在着明显缺陷。一是对社会组织在服务业绩、专业人员、资金账目等方面的要求很高，从而事实上将诸多新生小型社会组织排除在外；二是政府购买服务的细则非常烦琐，不

---

① 何艳玲、蔡禾：《中国城市基层自治组织的"内卷化"及其成因》，载《中山大学学报（社会科学版）》2005 年第 5 期。
② 参见《广东各地社会组织登记数量明显增加》，载《南方日报》2012 年 7 月 9 日。

利于社会组织的创新探索;三是社会组织被迫耗费大量人力、物力于购买服务的报账、审查、评估环节等,以及要求高、限制多的环节之中,从而无法全身心投入社会服务之中。①

(4)社会服务行政化。所谓社会服务行政化,是指社会组织的成员过多或者完全承担了行政部门的业务功能,和行政部门的一般办事员的业务趋同。在珠三角许多镇街,引入专业化和职业化社工组织以提供更好的社区服务正在成为地方政府创新的发展方向。但朱键刚等发现,专业社工被吸纳到街区行政网络之后,产生了外部服务行政化、内部治理官僚化的问题。②聂勇浩在广州的调查也发现:社会组织的大量精力被投入协助政府部门完成各种行政性任务,合同中约定的社会服务目标被实施过程中政府部门提出的各种新的行政目标替代了。③

四、走向地方治理体系现代化

尽管珠三角持续的地方政府创新驱动了经济社会的跨越式发展,但这种地方政府主导下的行政改革并未从根本上改变地方政府

---

① 参见《广东政府将向社会组织购买服务 最大难点属处理人情关系》,载《南方日报》2012年7月5日。
② 参见朱键刚、陈安娜《嵌入中的专业社会工作与街区权力关系——对一个政府购买服务项目的个案分析》,载《社会学研究》2013年第2期。
③ 参见聂勇浩《社会服务合作中基层政府的策略与逻辑》(博士学位论文),中山大学2013年。

主导型治理体系的基本结构,因此依然面临着一系列挑战,如经济增长下行的压力不断加大、转型升级缓慢、环境污染突出、社会治理等方面的改革任务繁重,改革攻坚难度越来越大。这表明珠江三角洲在经过多年的持续高速发展之后,地方政府主导下的"强权力、弱市场和弱社会"的治理体系与已经发生深刻变化的经济与社会之间存在着明显的不匹配性。20 世纪 80 年代以来,为应对日益增加的公共事务对国家治理提出的挑战,通过重新配置公共权力、向社会组织和私营部门开放权力以提高国家治理的韧性与弹性的国家治理体系现代化浪潮逐渐遍及全球。[①] 这表明,面对社会、经济结构各种变化带来的挑战,国家治理体系需要重构。而从历史发展来看,现行国家治理体系在成就改革年代中国经济持续高速增长、社会稳定、政治和谐与文化繁荣的同时,随着中国改革进入深水区和社会矛盾集中凸显期,加速推进现代化的必要性也与日俱增。[②] 为此,党将全面推进国家治理体系和治理能力现代化作为新时期全面深化改革的基本方向。但囿于既有创新思维,一些地方政府试图以继续强化权力来重组市场和建设社会,最终专断性权力愈强而基础性权力屡弱,始终无法走出政府能力建设的"内卷化"困境。因此,总结既有经验教训,应该及时将地方政府创新从行政改革转向治理体系现代化。

世界银行从 1996 年起定期发布全球治理指数,逐步形成了从表达与问责、政治稳定与暴力程度、政府效率、规制水平、法治和腐败控制这六大类来综合衡量世界各国治理状况的最为全面的国家

[①] 参见 G Stoker. Governance as theory: five propositions. International Social Science Journal, 1998, 50: 17 - 28.

[②] 参见郑言、李猛《推进国家治理体系与治理能力现代化》,载《吉林大学社会科学学报》2014 年第 2 期。

治理指标体系。① 它主要包括五个方面：①提升政府治理能力。政府是现代国家治理体系中最为重要的主体，因此提升政府能够相对自主地制定并实施政策和法律的能力，以及对社会经济发展的宏观调控能力，或者说是政府的基础性能力②，是国家治理体系现代化的核心。②构建政府与市场、社会之间的三维均衡关系。一方面，各国政府都需要构建现代市场制度来实现经济增长和繁荣，但面对市场失灵以及市场经济可能带来的巨大社会与环境代价，必然要求加强政府的有效规制与发展自主的社会以形成制衡市场的反向运动；另一方面，不管是为了制衡"对社会与市场全面渗透"的国家力量，还是为了应对现代社会巨量公共事务治理的挑战，政府、市场与社会之间必须在合理划分基本边界的同时实现协作治理。③健全政府内部治理结构。在现代国家治理体系构建中，必须合理划分政府间职责权限，在政府内部及各级政府间基于治理理念而建立分工协作治理关系，才能既保证各级政府有效履行职责，又促进整个政府向现代治理转型而提升政府治理能力。④公民参与。一方面，现代国家治理都以人民主权作为基本立宪原则并通过立宪来确认和保障公民的基本权利，因为"人们已普遍接受这一看法，即传统社会与现代社会的主要政治差别，在于公民参与的规模与程度"③。另一方面，在现代国家治理实践中，发展公民参与既为了有效防范国家"从社会的公仆变成了社会的主人"，也因为公民参与"可以在国家与社会之间稳妥地矫正政府行动与公民意愿和选择之间的矛盾"④。⑤法治。在现代国家治理中，法治作为一个法律原则与基

---

① 参见 Kaufmann D, Kraay A. Governance indicators, The World Bank Research Observer. 2008, 23 (1): 1–30.

② 参见[美]弗朗西斯·福山《国家构建：21世纪的国家治理与世界秩序》，黄胜强、许铭原译，中国社会科学出版社2007年版，第7页。

③ [美]格林斯坦·波尔斯比：《政治学手册精选》（下卷），储复耘译，商务印书馆1996年版，第189页。

④ [日]蒲岛郁夫：《政治参与》，解莉莉译，经济日报出版社1989年版，第5页。

本信念，是指法律至上。法治的基本内涵包括法律至上、良法之治、人权保障、司法公正、依法行政。与人治相比，法治具有公正性、科学性、权威性、稳定性和可预期性，可以为经济发展、政治民主、社会公平正义和国家长治久安提供坚实保障。因此，法治是现代国家治理的基石。

珠江三角洲作为中国改革开放的先行地区，在取得跨越性发展成就的同时也始终面临着一系列的严峻挑战。而习近平总书记2012年岁末在广东考察时要求"广东要努力成为发展中国特色社会主义的排头兵、深化改革开放的先行地、探索科学发展的实验区，为率先全面建成小康社会、率先基本实现社会主义现代化而奋斗"。因此，未来珠江三角洲的创新应该继续"先行先试"发展自主权并继续承担全国改革"试验田"，在地方层面上率先推进国家治理体系现代化，以适应日益变化的经济与社会结构。这主要包括以下五方面。

1. 以公共服务为中心转变政府职能

一方面，在现代国家治理体系中，为了充分发挥企业创造社会财富的积极性和创造性，政府要做好规则制定、规划引导等工作，充分发挥市场配置资源的决定性作用，充分利用市场机制激发企业发展活力，并辅以必要的宏观调控，纠正市场运行过程中可能出现的偏差。另一方面，面对权贵市场的横暴与"能动社会"的孱弱，政府也应积极有为地规范基本市场秩序并积极推进"能动社会"建设。因此，珠三角的地方政府职能转变既要遏制政府对市场的不恰当干预，防止行政意志、权力"寻租"扭曲市场经济的"越位"，又要积极改变政府"经济建设这条腿太长"而社会治理和公共服务职能"缺位"的状况。为此，政府在继续强化宏观调控与严格市场监管的同时，应该加强社会治理和公共服务，公共资源更多地向社会治理和公共服务倾斜。

2. 培育公民社会

在珠三角，伴随着社会组织快速成长的步伐，公民社会得到了初步发展。2010年11月27日，在中共深圳市委全会上，率先建立现代公民社会被写进深圳市"十二五"规划建议。而在广州，公民社会这个概念正越来越被政府和市民所接受，这座城市的公民社会框架已然成型。但是，公民社会在珠三角的成长依然面临着许多困难，其中最主要的问题和困难来自制度环境，这既表现为地方政府对社会的不信任而使公民社会的自主空间有限而能力不足，也表现为地方政府对社会的有效监管不足。因此，从公民社会成长角度而言，不仅需要地方政府信任社会、还权于社会并在制度上承认各种社会利益群体合法组织的权利，还应该赋权于民众以保障公民的合法利益诉求。

3. 调适政府内部治理结构

一方面，应该重塑地方人大在辖区公共选择的主体地位，以预算约束为切入点强化地方人大对地方政府的硬约束，从而在一定程度上平衡行政主导的地方政府治理结构可能蕴含的风险。另一方面，在政府职能回归公共财政意义上的事权定位后，应该合理划分各级地方政府的事权范围与财政关系，优化纵向政府间治理结构，以改善政府整体治理绩效。目前，珠江三角洲的城市化率已经超过80%，主要形成了"市-区"与"市-镇"为主的双层治理框架。因此，可以借鉴如伦敦等发达国家城市治理中"双层制"治理模式的成功经验:[1] 由市级政府负责供给那些资本密集型的公共物品以实现规模经济原则和公平原则，而由区或镇政府（街道）负责供给

---

[1] 参见 Timaney J. The new governance of London: a case of post-democracy. City, 2002, 5 (2): 225-248.

那些劳动密集型的公共服务则可以体现民主和效率原则。

4. 扩展有序公民参与

无论是 2005 年 1 月 1 日深圳市民邹某在网上发表《自荐直选深圳市第四届人大代表公开信》，还是在广州不断上演的人大代表和政协委员敢于给政府挑刺、媒体能善意批评政府、普通市民会站出来对政府决策说"NO"等现象，都表明珠三角的公民意识正在不断觉醒。这无疑对珠三角维系传统治理体系提出了挑战：2009年，广州市人民政府强力推进在番禺建设垃圾焚烧发电厂的项目因遭遇市民反对而被迫搁置；2013 年，江门市人民政府主导的核燃料项目因当地民众反对而被取消等。因此，珠三角地方政府应该因应公民意识日益觉醒这一趋势，充分保障公民的知情权、参与权、表达权、监督权，积极完善公民利益表达与整合机制，调动各个阶层一起参与公共管理。

5. 践行法治

从改革初期兴办经济特区时的"立法必须先行一步"到强调"法律为社会主义市场经济服务"再到"依法治市"原则的确立，从试验"科学立法、民主立法"到建设"法治政府"再到强调"公正司法"，从强调政府"依法行政"到全社会逐步形成崇尚法治的社会氛围，珠三角的法治建设始终引领国内地方法治建设潮流，这也为珠三角经济的高速成长与社会的和谐稳定奠定了基础。习近平总书记强调"加快建设社会主义法治国家，必须全面推进科学立法、严格执法、公正司法、全民守法，坚持依法治国、依法执政、依法行政共同推进，坚持法治国家、法治政府、法治社会一体建设，不断开创依法治国新局面"①。为将珠三角打造成为法治创建示范区，主要应该着力于：按照民主精神和程序来立法，确立法律至上意识，以宪法和法律规范国家权力运行，已经制定的法律应得到严格执行。

第二节　南沙区的社会组织治理创新②

一、问题的提出与研究方法

1. 问题的提出

南沙新区是广东省广州市下辖的一个国家级新区，于2012年9月设立，辖地原属番禺区，前身为成立于1993年5月12日的广州南沙经济技术开发区，2005年5月改为南沙区。2012年9月6日，成为国家级新区。南沙区总面积为803平方千米，常住人口达70余万。

南沙地处广州市域最南端——珠江出海口虎门水道西岸，东与

---

① 习近平：《在首都各界纪念现行宪法公布施行30周年大会上的讲话》，新华网，http://www.xinhuanet.com，2012年12月4日。
② 原文以《南沙区社会组织管理创新研究》为题刊载于陈广汉等主编的《珠三角区域发展报告2014》中，中国人民大学出版社2014年版，第45～72页。

东莞虎门隔海相望，西连中山市。南沙处于珠江三角洲的几何中心，陆上距广州市区以及深圳、珠海、澳门、东莞、中山等 14 个大中城市的距离都在 60 千米以内。海上以南沙港为中心，距离香港 38 海里，距离澳门 41 海里；航空方面，周围有广州、深圳、珠海、香港、澳门五大国际机场。

南沙的发展正式启动于 20 世纪 90 年代。1990 年，广东省确定广州南沙、惠州大亚湾、珠海西区为 90 年代三大重点发展区域。一年后，国务院批准南沙港成为对外通商口岸，南沙客运港试航。1993 年，国务院批准设立国家级南沙经济和技术开发区，揭开南沙大规模开发的序幕。经济技术开发区成立后，南沙开发开始加速。1997 年虎门大桥通车，天堑变通途，南沙跻身全国投资环境优秀开发区 30 强。1998 年，粤港经济合作座谈会在南沙举行，南沙成为"泛珠三角"合作的始创地。1999 年，广东省召开"推进南沙开发现场会"，南沙定位升级为珠三角的中心支点城市。南沙在泛珠三角的重要地位初现雏形。2000 年，番禺撤市建区，南沙也随之并入广州市。在广州城市"南拓"战略中，南沙被纳入广州城建计划，年投资过百亿元。纵观南沙的发展，2000 年前，南沙只是番禺的一个开发区；而 2000 年后，南沙被纳入广州战略拓展宏图中，成为广州城市"南拓"的重点。2001 年，广州市政府提出在南沙"再造一个新广州"，使广州从河港变成一个滨海城市。2002 年，广州南沙开发区建设指挥部挂牌成立，统筹南沙规划及开发，行使广州市一级管理权限。2005 年 4 月 28 日，国务院正式批准设立广州市南沙区，南沙的开发建设面临新的历史机遇。在 2008 年年底出台的《珠三角改革发展规划纲要》中，南沙被列为三大重点开发建设与合作区，要求将南沙打造为集物流产业、临港产业、高新技术产业于一体的国际一流的现代产业基地。2010 年《粤港框架合作协议》出台，将广州南沙定为粤港重点合作区域。两会期间，国家"十二五"规划纲要再次将南沙作为国家深化粤港合作的七大重点项目之一,在广东代表团的分组讨论会上,时任中共广东省委书记汪洋更是提出"以南沙新区为突破口,再造一个新广州"。2012年9月6日,《广州南沙新区发展规划》正式获国家批准。

自1993年国务院批准设立广州南沙经济技术开发区以来,经过20余年的开发建设和招商引资,目前南沙区的工业、基础设施等建设有一定基础,城市建设也初具规模,具备了吸引各类投资的软硬环境。自南沙开发建设以来,社会组织也在相当程度上获得了发展,为促进南沙经济、社会的全面发展也起到了非常积极的作用。但是,也存在许多问题,特别是与发达地区与先进国家相比,南沙区的社会组织发育相对滞后,沟通、服务、维权、规范等作用未能得到充分发挥。

进入21世纪以来,随着广东"强政府、大社会"发展目标的提出,以培育和发展社会组织为核心的社会治理创新不断深入,深圳、广州、珠海等地都将社会组织管理体制改革作为本地区改革发展的重要任务。这是因为创新社会组织治理既是社会治理创新的核心,也是加快政府职能转变和建设和谐社会的基本路径。2012年9月6日,国务院印发了《关于广州南沙新区发展规划的批复》(国函〔2012〕128号),原则上同意《广州南沙新区发展规划》。与国内其他国家级新区相比,南沙新区规划最大的亮点在于其战略定位之一是建立社会管理服务创新试验区。在这样的背景下,南沙新区开展社会组织管理体制改革,既是巨大的挑战,也蕴含着新一轮发展和制度创新的机遇和动力。社会组织管理体制改革创新是一项复杂的系统工程,涉及公共管理制度的诸多方面,也会触及传统的政府管理格局,对新的社会结构形成也有着不可估量的作用。

南沙新区建立"社会管理服务创新试验区"的过程,实质上就是要在转变传统的政府垄断和大包大揽社会事务的社会管理方式基础上,依托社会组织与社会实现协作共治的过程,最终建立以人为本、协商民主、多元参与的治理机制。为此，需要进一步转变政府职能，强化公共服务，探索建立以人为本、协商民主、多元参与的治理机制，形成公开透明、办事高效的社会治理体制。在这一改革进程中，原来由政府包揽的经济、社会事务将部分交由社会组织承担。因此，南沙新区政府面临着对社会组织有序培育发展和依法监督管理两大任务。那么，南沙新区应该如何通过创新社会组织管理来实现建设"社会服务创新试验区"的新区规划呢？

2. 研究方法

为更好地开展社会组织管理体制创新研究工作，提高研究质量，真正为管理实践服务，南沙新区民政局与中山大学中国公共管理研究中心以及中山大学政治与公共事务管理学院开展课题合作，拟对南沙新区社会组织管理体制进行全面调研分析，积极吸收国内外社会组织管理的先进经验，主动发现问题和解决问题，并最终形成南沙新区创新社会组织管理体制的主要方案。

第一，本课题研究主要采用定性研究方法。本课题采用案例研究方法，以南沙区的实践为基础，思考如何通过创新社会组织管理，促进南沙区社会组织健康有序发展。

第二，本课题的资料收集方法。①文本分析法。根据研究目的和研究内容收集南沙区关于"培育和发展社会组织"的相关文件、工作报告、工作总结、领导讲话、交流与学习中使用的资料等文本，了解南沙新区社会组织登记、年检、评估情况以及培育发展的思路。②访谈法。根据研究目的和研究内容制定科学、周密的访谈计划，与南沙区典型社会组织负责人座谈，并对从事实际工作的社会组织管理者进行深入访谈，了解南沙区社会组织发展取得的成效和面临的问题，为设计科学的机制提供信息支持与前提条件。③问卷调查法。根据研究目的和研究内容设计详细的调查问卷，对南沙区全部社会组织进行全面调研，以从整体上获得南沙区社会组织发展现状的信息。④文献研究法。对社会组织管理体制的相关理论文献进行深入研究，从理论上分析南沙新区社会组织管理创新的发展路径。

二、南沙新区社会组织发展现状

1. 总体发展概况

社会组织的发展是南沙区经济社会发展的一个侧面缩影。作为社会建设的有机组成部分，社会组织活跃在科技教育、文化卫生、社会福利、行业管理等多个领域，是构建和谐社会的重要力量。

2005年，南沙区成立时从番禺区接收管理社会组织24个，经过多年的发展，到2011年6月底，南沙区社会组织发展到55家，全部为民办非企业单位。2012年新增社会组织24家，其中社会团体3家、民办非企业单位21家。此外，2012年12月原属番禺区的东涌、大岗、榄核三镇划入南沙区后，从三镇接收社会组织24家，其中社团4家、民办非企业单位20家。到2013年7月底，南沙区新增社会组织12家，其中社会团体8家、民办非企业单位4家。目前，全区共有社会组织130家，其中社会团体45家、民办非企业单位85家。① 活动领域范围涉及南沙区的经济、教育、科技、文化、劳动、体育、劳动等多个领域，初步形成了门类齐全、覆盖广

---

① 数据来源：广州市南沙区民政局。

泛的社会组织体系。

2. 社会团体的发展

社会团体是由公民或企事业单位自愿组成、按章程开展活动的社会组织，包括行业性社团、学术性社团、专业性社团和联合性社团。

（1）绝对量小，增长缓慢。截至2013年7月，南沙新区共有社会团体45家，在南沙区全部社会组织中占34%。在2011年6月之前，南沙区没有社会团体；2012年也只发展了3家社会团体，到2012年年底合并了原属于番禺区管辖的东涌、大岗、榄核三镇后才增加了4家社会团体；到2013年，新增加社会团体8家。

（2）初步形成了门类齐全的服务体系。在登记注册的45家社会团体中，含工商服务类（含镇街商会）16家、职业及从业者组织2家、农业服务类4家、社会服务类7家、文化类4家、卫生类3家、体育类3家，以及其他6家（主要是联合会、联谊会、思想政治研究会等）。45家社会团体活跃在南沙新区的工商经济、科学研究、文化艺术、体育等各个领域，涵盖了第一、第二、第三产业的各行各业，基本形成了一个门类齐全、覆盖广泛的社会团体体系。

（3）运行不畅。在45家社会团体中，有15个是由区内党政机关主导，参照广州市和其他区的做法举办的，占社会团体总数的33%，由政府工作人员兼职负责日常工作。由于没有专职工作人员，也缺乏资金来源，所以较少开展活动或活动类型单一，缺乏活力。如成立于2007年11月的南沙区红十字会由南沙区5家公立医院作为会员单位，现有会员400多个（主要是医务人员），没有专职人员，主要由政府工作人员兼职做红十字会负责人，其经费主要来源于区政府拨款。其主要活动包括以下五项内容：①扶贫济困，利用医院资源进行救护、扶贫；②组织公立医院送诊、送药、义诊；③举办群众救护培训，每年要完成区内人口2%的人员培训任务；④组织无偿献血；⑤人道救助，筹集善款，如 2008 年的雪灾捐款活动。南沙区红十字会主要负责人在访谈中也谈及其运作的困境：

> 第一，人员少，经费少。基层医院苦不堪言。区红十字会没有编制，都是区卫生局医政科一个人在做工作。区编制办曾给协会一个普通雇员编制，但确定录取雇员名单后却联系不到那个雇员了。第二，南沙新区的新政策都没有落实，南沙实际很贫困。红十字会的活动很有必要，但由于经费少，需要自己想办法筹款来完成任务。第三，工作开展难。由于郭美美事件，红十字会面临前所未有的信任危机。此外，社会团体的生存压力大，这个协会那个协会，一家协会的会费不多，金额加起来就大了，这也增加了筹集善款的难度。①

而成立于 2006 年的南沙区个体私营企业主协会由南沙区工商行政管理局主管，其活动经费也主要来源于主管部门拨款，主要组织会员企业进行学习和培训。由于不向会员企业征收会费，活动经费非常有限，协会组织的活动非常少。

3. 民办非企业单位的发展概况

民办非企业单位是由企业事业单位、社会团体和其他社会力量以及公民个人利用非国有资产举办的、从事社会服务活动的社会组织，分为教育、卫生、科技、文化、劳动、民政、体育、中介服务和法律服务等类型。

（1）登记数量总量不大，发展缓慢。2005 年，南沙新区成立时从番禺区接收管理社会组织 24 个，全部是民办非企业单位。到

---

① 访谈对象：南沙区红十字会负责人，2012 年 11 月 2 日于广州市南沙区民政局。

2011年6月底,南沙区的民办非企业单位发展到55家。2012年开始才加快了发展步伐,当年新增41家。目前,南沙新区民办非企业单位共85家,在南沙区社会组织中占66%。

(2) 民办非企业单位发展不均衡,教育类一枝独秀。在现有的85家民办非企业单位中,幼儿园50家、小学校5家、教育培训类12家、职业培训类3家、社会服务类6家、科技类4家、工商服务类2家、农业服务类1家、民办医院1家、足球俱乐部1家。其中,民办幼儿园占民办非企业单位的59%,在南沙新区公立幼儿园不足的情况下,较好地解决了南沙新区幼儿教育的问题。此外教育培训、职业培训类单位也较多,占民办非企业单位的18%,主要涉及学历培训、中小学生培训、电子商务、软件、外语、企业管理培训、人才培训等。6家社会服务类民办非企业单位是社工机构,承接政府购买服务,如残疾人服务、家庭综合服务中心运营等业务,为政府购买社会服务提供了必要的机构载体。

4. 南沙新区社会组织发挥的主要作用

(1) 促进了市场经济体制的完善。南沙区市场化程度较高,社会组织成为构筑市场体系不可或缺的部分。一是承接政府转移的职能。行业协会履行了政府赋予的部分行业协调管理的职能,在维护企业权益、建立从业规范、促进公平竞争、加强行业自律、解决贸易纠纷等方面的作用日益重要,初步形成了一些"品牌协会"。例如,南沙区安全生产协会通过开办座谈、培训课和调研等活动,负责全区400多家企业的培训等与安全生产相关的工作,运作日益成熟。[1] 二是促进经济技术交流与合作。社会组织在沟通企业与政府部门关系、协调解决企业疑难问题、促进招商引资、提高企业技

---

[1] 访谈对象:广州市南沙区安全生产协会,2012年11月2日于广州市南沙区民政局。

和管理水平等方面的作用日益凸现，成为开展国际经济贸易合作、科技文化交流的重要渠道。如南沙科技创业服务中心在知识产权保护（包括知识产权纠纷投诉、与律师所联系等）、高新技术企业申请、科技资金申请、为企业做研发费加计扣除服务、提供大学生创业孵化基地的服务、高科技产品综合配套服务等方面发挥了积极的作用①。

（2）扩大了社会就业，维护了社会安定。社会组织的发展为社会提供了新的大量的就业岗位，为待业人员再就业提供了更多的就业机会，在一定程度上缓解了就业难的状况，起到了固本强基的作用。特别是社区社会组织的发展，不仅为市民提供了越来越多的生活服务、文化娱乐服务，还开发出了许多新的产业和岗位，为开拓再就业领域创造了广阔的发展空间。如某教育培训中心主要从事职业技能培训，与残疾人园区的相关企业成为配套，在促进残疾人就业方面发挥了非常积极的作用。

（3）促进了社会公益事业发展。社会组织拓宽了社会公益事业的投入渠道，减轻了政府的负担。南沙区各类公益性社会团体，如南沙区红十字会、南沙区志愿者（义工）协会等慈善组织，积极组织开展形式多样的捐资助学、"送温暖"等社会公益活动。如"5·12"汶川特大地震发生后，南沙区各级志愿者（义工）组织紧急行动，发出抗震救灾倡议，发起赈灾义演活动，掀起爱心义卖高潮，全面参与全区性募捐活动，在2009年年底开展的"为汶川灾区青少年捐赠冬衣棉被"活动中，各级志愿者（义工）组织共捐献了全新棉被180床。再比如，针对当前农村青年劳动力转移就业方向的现状，南沙志愿者（义工）协会、黄阁镇、横沥镇、南沙街等志愿者（义工）组织深入开展失业、待业青年情况摸查活动，举办了"南沙区创业就业促进会暨现场招聘会""春风行动现场招

---

① 访谈对象：广州市南沙区科技创业服务中心，2012年11月2日于广州市南沙区民政局。

聘会""高校毕业生创业论坛暨现场招聘会"等近10个场次的招聘活动，提供现场咨询、现场引导、现场信息交流等志愿服务。

（4）促进了社区建设。南沙区从2011年开始，全面推进社区服务管理创新。各镇街家庭综合服务中心采取政府购买或委托的方式，引进公益性社会组织承接提供服务。从居民最需要的服务项目入手，将星光老年之家、居家养老服务站、青少年活动中心、残疾人康复中心、工疗站、志愿者（义工）工作站、文化站、退休人员社会管理服务等社区服务项目和资源整合成"一站式"服务的场所。如南沙家庭综合服务中心是由南沙街道办事处和广州市北达博雅社会工作资源中心建立的"一站式"社区服务站，开展包括低保困难家庭援助服务、老年人文娱康乐服务、儿童青少年综合服务、计生工作与指导、新广州人俱乐部等综合服务。还有如始建于1993年的南沙海韵曲艺社，平时积极参与南沙区的各项文艺活动，宣传南沙、宣传开发，在各项活动中屡获殊荣，2010年还代表南沙区人民政府外事办参加广州市十区文艺会演获得金奖。[①] 成立于2006年的南沙俏夕阳舞蹈队是南沙社区的一支中老年业余文艺队伍，以老有所学、老有所乐、老有所为、服务社会为宗旨，积极编排反映南沙大开发、创建文明城市、迎办亚运等节目深入社区、农村、企业、部队演出，并积极参加街、区、市举办的"水乡生态文化节""天后文化旅游节""荔枝节""庆中华人民共和国成立六十周年""纪念建党九十周年"等喜庆活动表演，为繁荣社区文化、活跃群众文化生活发挥了积极的作用。[②] 社区社会组织通过开展活动、提供服务，在调动社会资源、提供公共服务、活跃文体生活、协调邻里关系、完善社区自治、加强社区管理、开展公益活动、帮扶弱势

---

① 访谈对象：南沙区南沙街道南沙社区居委会主任，2012年11月9日于广州市南沙区南沙街道南沙社区居民委员会。
② 访谈对象：南沙区南沙街道南沙社区居委会主任，2012年11月9日于广州市南沙区南沙街道南沙社区居委员会。

群体、创造就业机会、增强居民归属感与幸福感等方面发挥了重要作用。

三、南沙新区社会组织管理体制改革

近年来,南沙新区围绕落实国家级新区规划、打造社会服务创新试验区,高度重视改革社会组织管理体制,不断加快社会组织培育与发展步伐。

(一)政府高度重视培育和发展社会组织

1. 制定具体方案

南沙区政府已经充分认识到社会组织的重要作用,已将"实施社会组织培育工程"列为落实南沙新区发展规划的社会建设工程,希望通过培育社会组织的发展来进一步扩大政府公共服务供给。2013年4月18日,中共南沙区委和南沙区政府发布《南沙区加快培育和发展社会组织的实施方案》。2013年7月24日,广州市社会工作委员会第二次全体会议选定南沙作为基层社会管理体制改革试点区,明确要在完善基层社会管理体制机制、培育和规范发展社会组织、优化人口服务管理和发展专业社工队伍等方面进行探索。[①]

---

① 参见《南沙区将探索培育发展社会组织》,载《新快报》2013年7月25日。

在《南沙区社会组织发展扶持资金管理办法》中,南沙区明确了重点培育和发展的社会组织是:①直接服务于民生的公益慈善类、社会服务类社会组织;②枢纽型、支持型社会组织;③行业协会商会;④职业及从业者组织;⑤尚不具备登记条件,在区民政部门备案的基层群众生活类社会组织。

2. 建设培育基地

南沙新区将推进培育基地建设列入 2013 年社会管理服务创新重点观察项目,建立"1+9"社会组织培育基地网络。在 2013 年 5 月前制定南沙区社会组织培育基地建设方案及其管理办法,在 2013 年 9 月前区级社会组织培育基地挂牌,为进驻社会组织提供安排办公场地和人员培训、技术支持、管理咨询等服务。通过政府购买服务的形式,将培育引进社会组织的部分具体事务性工作、区社会组织培育基地的运作,委托给相关社会组织实施,所需资金纳入区民政局财政收支预算。各镇街要充分利用家庭综合服务中心、社区综合服务中心等场地,在 2013 年 10 月前建设本级社会组织孵化站,重点培育孵化活动范围在本辖区内的公益慈善类、社会事务类、社区服务类、文化体育类等城乡基层群众生活类社会组织。2013 年 9 月,南沙区社会组织培育基地投入使用,首批共有 22 家社会组织进驻。①

3. 创新资金扶持机制

一方面,南沙区不断拓宽社会组织融资渠道,支持和引导民间力量为初创期的社会组织提供人力、物力和财力支持。设立社会组织孵育专项资金,采取分类扶持方式对符合申请条件的社会组织给

---

① 参见《南沙区加快培育和发展社会组织 深入推进行业自律体系建设》,载《南方日报》2014 年 2 月 14 日。

予补助。创新资金扶持机制，拓宽社会组织融资渠道，支持和引导民间力量为初创期的社会组织提供人力、物力和财力支持。设立社会组织孵化专项资金，采取分类扶持方式对符合申请条件的社会组织给予补助。另一方面，南沙区尽力减轻社会组织税务负担。区财政、税务部门根据相关法律法规，协助社会组织办理非营利社会组织免税资格认定和公益性捐赠税前扣除资格认定，依法落实对社会组织的税务优惠。

4. 启动政府向社会组织购买服务

结合行政审批制度改革，政府的行业管理的事务性职能正逐步向行业协会转移，或者以协议、合同的方式委托给行业协会进行自律管理和提供服务。此外，针对社工服务中心所提供的社区服务，也有成功的政府购买操作。但课题组问卷调查数据分析显示，南沙新区社会组织接受过政府职能转移的比例还是比较低的，仅占9%；但承接政府委托项目以及为政府提供咨询服务的比例则分别占27%和20%，这说明社会组织接受政府职能转移的潜在空间是比较大的，而且具有一定的承接能力（见图3-1）。

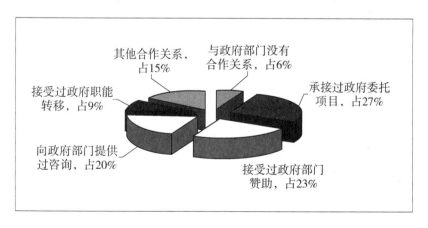

图3-1 南沙区社会组织与政府的合作情况

例如，课题组访谈的南沙区安全生产协会、南沙区润衡教育培训中心、百民社工服务中心等就分别从南沙区安全生产监督局、南沙区劳动局和各镇街那里以购买服务的形式承接了一部分公共服务职能。

2014年1月26日，南沙区民政局印发了广州市南沙区具备承接政府职能转移和购买服务资质的社会组织目录，第一批包括3个社会团体（广州市南沙区社会组织发展促进会、广州市南沙区阳光志愿者促进会、广州市南沙区慈善会）、8个民办非企业单位（广州市北达博雅社会工作资源中心、广州市南沙区同创社会工作服务中心、广州市南沙区百民社会工作服务中心、广州市南沙区广善社会工作服务中心、广州市南沙区康园工疗站服务中心、广州市南沙国际技术合作服务中心、广州市南沙区天使矫治康复中心、广州市南沙区润衡职业培训学校）。2014年4月2日，又公布了第二批社会组织目录，包括3个社会团体（广州市南沙区人力资源协会、广州市南沙区农业生产资料行业协会、广州市南沙技能培训行业协会）和4个民办非企业单位（广州市南沙区星空社会工作服务中心、广州市南沙区善雅社会工作服务中心、广州市南沙区利民社会工作服务中心、广州市南沙区卓才职业培训学校）。

5. 大力发展枢纽型社会组织

一是积极构建以人民团体为核心的枢纽体系。南沙区党委和政府要求区工、青、妇等群团组织加强社会组织的培育和引进服务工作，增强对社会组织的领导和带动作用，构建以自身职能为中心的社会服务网络。二是配合南沙的产业发展和社会建设，由相关职能部门培育发展或引进汽配、建筑、化工、旅游、餐饮、教育、农业、软件外包、房产中介、交通物流等适合区产业发展和行业自律监管的行业协会商会类枢纽型社会组织。三是有序发展民办非企业单位类枢纽型组织。各镇街可以发挥社会力量，培育引进民办非企业单位,为本辖区培育发展的基层群众生活类社会组织提供孵化、托管、培育服务。目前,南沙区社会组织促进会、南沙区团青汇青少年发展促进会、南沙区纳税人协会、南沙区企业联合会、南沙区文化会等枢纽型社会组织已经开始正式运作。

6. 建立联席会议制度

目前,南沙区建立了由区社工委召集,区委办、区委组织部(区编委办)、区委宣传部、区委政法委、区府办(区法制办、区外事办)、区发展和改革局、区经贸科技和信息化局、区教育局、区公安分局、区财政局、区人力资源和社会保障局、区建设局、区卫生局、区质量技术监督局、市工商局南沙区分局、区国税局、区地税局、区联络办等单位和各群团组织、各镇街负责人组成的联席会议制度,定期或不定期召开联席会议,研究协调推进社会组织发展中碰到的重大问题。

(二)改革社会组织登记管理

1. 简化社会组织登记

近年来,南沙区民政局积极贯彻落实广州市民政局《关于进一步深化社会组织登记管理改革助推社会组织发展的通知》(穗民〔2011〕399号)精神,在降低社会组织登记准入门槛、简化社会组织成立登记程序、减轻社会组织办理登记负担、提高社会组织登记工作效率等四个方面支持新开办的社会组织。除民办教育和职业培训机构、医疗机构和社会福利机构等法律法规、政策文件规定须由政府有关部门进行前置审批的组织外,其他社会组织的发起人(举办者)可直接向登记管理机关申请登记为独立法人机构。社会组织的业务主管单位均改为业务指导单位,其他政府部门依照各自职能对社会组织的业务活动实施指导和监督。对以镇（街）和村（社区）为活动范围，未达到登记条件，但能正常开展活动且符合经济社会发展需要的基层群众生活类社会组织，可以向街道办事处、镇人民政府提出申请，报区登记管理机关实行备案管理。对社会组织申请成立、变更、注销登记的审批时限，从收到全部有效文件之日起算，省要求在 30 个工作日内、市要求在 20 个工作日内，而南沙区则压缩至 3 个工作日内完成。[①] 对于南沙区扶持的优势产业、新兴产业、外向型产业，以及经济组织较少的行业，成立行业协会的会员数量不足 50 个的，可根据实际适当放宽到 30 个以上。取消社会团体申请筹备的审批环节。社会团体发起人凭登记管理机关名称核准批复开展筹备工作。

2. 鼓励社会组织充分竞争

从 2012 年 1 月 1 日起，广州市允许同一行业根据实际需要成立多个行业协会；允许慈善、文化、教育、体育、卫生、环境等公益服务性社会团体名称加"字号"，只要名称不相同，就可以在同一行政区域内申请成立业务范围相同或者相似的公益服务类社会团体。监督、指导和促进各类社会组织合理布局和有序准入。登记管理机关可根据实际情况批准成立业务范围相同或近似的社会组织，通过竞争提高社会组织服务质量。

（三）加强社会组织能力建设

1. 健全法人治理结构

2012 年起，广州市民政局推出三项举措，一是规定社会组织

---

① 参见《南沙区深入推进行业自律体系建设》，载《羊城晚报》2014 年 1 月 27 日。

全部设立监事会（监事），形成决策、执行、监督三者互相制衡的治理机制；二是规定社会团体主要负责人实行差额选举，扩大社会组织民主自治范围；三是出台社会组织负责人管理措施，加重社会组织法定代表人和其他负责人的职责，规定凡担任社会组织负责人，该社会组织被撤销登记未满 5 年的，不得再作为社会组织发起人、拟任负责人和负责人，以促使社会组织依法依规依章程认真履职。在此基础上，南沙区民政局在 2013 年出台管理办法，督促社会组织建立以章程为核心的内部管理制度，健全责权明确、运转协调、有效制衡的法人治理结构和机制。完善会员代表大会、理事会、监事会和执行团队等内部运行机制，制定议事规则，明确决策、咨询、执行、监督等各类机构的权责，保障社会组织依法运行、有效治理。推动社会组织去行政化，实现社会组织自愿发起、自选会长、自筹经费、自聘人员、自主会务。

2. 强化社会组织自律管理

南沙区不断加强社会组织信用体系建设，推动社会组织建立健全民主选举、民主决策、民主管理、民主监督、规范运作、诚信执业、信息公开、公平竞争、奖励惩戒、自律保障等各项机制，依法开展活动。杜绝利用职权强制入会、摊派会费等情况，不得擅自制定应由政府定价的收费项目和标准。依托南沙区社会组织发展促进会，为社会组织发展提供信息交流、人员培训等服务，加强社会组织行业自律和合法权益保障。

3. 加强党建工作

中共南沙区党委积极发挥社会组织党组织战斗堡垒作用和党员先锋模范作用，密切联系群众、服务群众、引导群众。按照"五好"（领导班子好、党员队伍好、工作机制好、发展业绩好、群众反映好）的党组织要求，探索符合社会组织特点的党建活动，促进社会组织党建工作规范化、制度化。做好固本强基的基础性工作。登记管理机关应指导具备条件的社会组织在登记成立时同步设置党支部；对没有党员的社会组织，中共南沙区社会组织工作委员会要做好入党积极分子和党员培养发展工作，为建立党组织创造条件。

(四) 加强社会组织监管

1. 转变监管理念

"重登记、轻监督"是我国社会组织监管现状最形象的写照。在此种理念的指挥下，社会组织行政化非常严重，政府干预社会组织的现象也成了常态，这样不仅弱化了政府的监管职能，也阻碍了社会组织的发展。在社会组织登记试行宽门槛后，设立社会组织的门槛降低了，监管如果继续缺位会影响社会组织的健康发展和应有作用的发挥。因此，南沙新区的社会组织管理体制正由现行的"准入监管"向"过程监管"转变。针对目前政府对社会组织的管理我们进行了调查，发现77.1%的组织认为广州市政府部门对组织的管理属于正常（见表3-1）。可见，广州市对社会组织的监管理念已由过去的以行政管理为主转向培育发展和监督管理并重：登记管理的放松，业务干预减少，更加注重对社会组织登记管理之后的监管。为此，建立新型的社会组织监管体制，宽准入后实现严监管，是南沙区社会组织监督执法工作的重心所在。

表3-1　您感觉政府对社会组织的管理符合以下哪种情况

干预多	干预比较多	正常	过问比较少
4.2%	8.5%	77.1%	10.2%

2. 建立健全监管机制

在《南沙区加快培育和发展社会组织的实施方案中》,明确提出了加强对社会组织监督管理的办法。

(1) 落实部门联合监管机制。进一步明确监管职责,落实和完善公安、民政、司法、财政、审计、税务、物价、工商、工商联等相关单位各司其职、各负其责、信息共享、协同监督、齐抓共管的联合监管机制。民政部门负责社会组织的准入登记、年检和评估,业务指导单位(行业主管部门)负责实施业务指导和行业管理,其他部门在职责范围内实施监督管理。

(2) 建立重大事项报告制度。凡社会组织需要开展各类评比、达标表彰以及有重大社会影响的活动,组团出国出境、与境外社会组织交流交往、接受境外捐款等涉外活动,须事先向登记管理机关报告,并按有关规定报批。

(3) 对社会组织开展分类评估。聘请专业评估机构,对南沙区社会组织进行分类评估,将社会组织评估等级作为其参与承接政府职能转移和政府购买服务的资质条件。通过实施社会组织评估,全面提升社会组织能力建设,增强社会组织公信力。

(4) 实行社会组织退出机制。对社会组织出现完成宗旨、自行解散、合并分立、无法按照章程规定的宗旨继续开展活动等情形的,应在进行财产清算后,办理注销手续。对活动不支持、运作能力弱和社会认可度低的社会组织,应引导其合并或注销。对不符合设立条件、弄虚作假骗取登记的,组织机构不健全、管理混乱、超过一年未开展活动、符合注销条件但不办理注销手续的,连续两年或累计三年未年检的,连续两年年检不合格或连续三年年检基本合格的社会组织,实行有序退出。

3. 登记管理机关日益成为社会组织领域的执法者

调查显示，南沙区对社会组织的监管 63.6% 来自登记部门，31.4% 来自业务主管单位（见图 3-2）。南沙区民政局设立了社会组织管理办公室，其中内设了社会组织执法科专门负责执法工作。而对比其他业务主管部门，虽然制度设置的初衷是强调业务主管部门在监管社会组织方面的专业优势，但在实际当中这些业务主管部门无专门的执法机构也无专门的执法责任规定，导致业务部门的执法监督形同虚设。而在实际的监督主体的选择上，登记管理机关的相对地位还要高一些；41.0% 的组织选择了由民政部门作为社会组织监督执法的主体，选择业务主管部门的只有 8.5%（见表 3-2）。目前政府部门联合监督力量只在理论构建中存在，实践当中很少发挥作用。

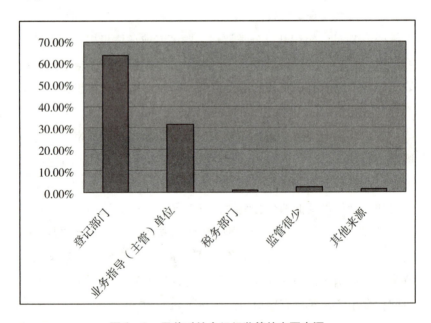

图 3-2 目前对社会组织监管的主要来源

表 3-2　您认为对社会组织监管执法的合理的主体是什么

民政部门	41.0%
重要的不是监管主体，而是统一的监管标准	33.3%
成立专门的社会组织管理部门	12.8%
具体业务主管或指导部门	8.5%
政府部门的联合监管	4.3%

四、南沙区社会组织发展存在的主要问题及其限制性因素

（一）存在的主要问题

（1）社会组织的发展滞后于南沙区经济社会发展。从社会组织自身层面来看，目前，南沙区社会组织数量较少，整体力量较弱，尚未形成有利于公民社会发展的主体力量。

第一，数量偏少。截至 2013 年 12 月，南沙区正式登记的社会组织只有 147 个，以常住人口 73 万人计，平均每 10 万人拥有约 20 个社会组织，低于中国内地地区每 10 万人拥有 24 个社会组织的平均比例。与香港及内地一些城市相比也存在明显的发展差距，每 10 万人中香港有社会组织 283 个，广州市每 10 万人中平均有社会组织 36 个，上海市每 10 万人中则有社会组织 44 个。在总量上也低于广州市各区（见表 3-3）。

表 3-3　广州市各区社会组织发展情况统计①

区（市）	2012年实有社会组织	社会团体	民办非企业单位	基金会	2013年实有社会组织	社会团体	民办非企业单位	基金会
广州市	4789	1619	3187	3	5290	1924	3360	7
市本级	1024	702	319	3	980	747	226	7
白云区	565	63	497	0	564	63	501	0
海珠区	521	74	447	0	561	81	480	0
番禺区	487	142	345	0	526	149	377	0
天河区	464	48	416	0	461	55	406	0
荔湾区	348	130	218	0	515	281	234	0
越秀区	336	71	265	0	399	78	321	0
增城市	303	126	177	0	332	134	198	0
花都区	279	93	186	0	328	107	221	0
从化市	134	75	59	0	161	83	78	0
萝岗区	128	35	93	0	173	55	118	0
南沙区	115	36	79	0	147	52	95	0
黄埔区	115	27	88	0	143	39	104	0

第二，结构不合理，以服务于教育培训的较多，而从事公益服务、生态环保等方面的偏少。

第三，社会组织行政化色彩比较突出，自动力不足。社会组织治理机制不完善，发展能力不强。总体上，南沙新区社会组织发展仍处于政府主导时期，主要依靠政府推动、扶持实现社会组织发展。尤其是在 45 个社会团体中，有 15 个是由区内党政机关主导的，占社会团体总数的 33%，由政府工作人员兼职负责日常工

---

① 数据来源：广州市民政局社会组织管理局，2014 年。

作。① 由于没有专职工作人员，也缺乏资金来源，较少开展活动或活动类型单一，缺乏活力。

（2）部分社会组织素质不高、管理不规范。

第一，依然存在明显的行政化趋向。一些社会组织定位不明确，服务意识差，服务质量低，对政府部门有较强的依赖，特别是那些自上而下成立的社会团体没有从根本上摆脱行政化的倾向。在南沙区，大部分社会团体都是由政府职能部门建立的，其负责人就是政府公务员。这些社会团体由政府工作人员兼职，没有专职人员、缺少组织活动，不能按时进行年检，基本上是依附于政府职能部门生存，没有建立科学的法人治理机制，缺乏发展活力。前几年，南沙区民政局通过推动社会组织"去行政化"改革，进行财事脱钩、政社分离，事实上，虽然"政-社"分离了，但还有一部分社会组织没有完全摆脱原来的行政属性，或多或少还存在着"未断奶"现象，许多社会组织在工作目标、经费落实、事务管理以及组织运转上过于依赖上级部门和街道、乡镇、社区的支持，忽视对自身发展能力的培养，缺乏科学的管理手段和规范的运作制度，随意性大，削弱了组织的凝聚力和号召力，降低了组织的社会公信度，使社会组织难以有效地动员社会资源，加上从业人员总体素质较低，缺乏创新精神，直接影响了社会组织的可持续发展能力。这些社会组织以行政权力为靠山，往往成为"二政府"或行政的附庸，不具备社会组织所必需的社会性、民间性、自愿性和自主性，难以独立自主地发展。

第二，承接政府公共服务的能力不高。从"小政府、大社会"的发展要求来看，社会组织参与社会管理与服务、承接政府公共服务能力方面还有待进一步提高。一些行业协会也存在着过度行政化的问题，缺乏专职人员。有些行业协会虽然很早就成立了，但基本

---

① 数据来源：广州市南沙区民政局，2012 年。

上没办法开展活动。而民办非企业单位在类别上主要集中于教育类和培训类两大领域,而文化、科技、体育等其他类别的民办非企业单位则数量偏少。此外,社会组织内部管理参差不齐、良莠并存。职业化专业人才匮乏,多数领导人缺乏事业激情和远见,创新意识淡薄。筹资渠道单一,资金短缺,相当一部分社会组织忙于维持生存。

第三,有些社会组织营利化倾向严重,有的甚至成为个人和小集体牟取经济利益的工具。

第四,内部治理不完善。一些社会组织表面上虽然制定了较为完善的规章制度,但在实际工作中是一纸空文,领导成员缺乏有效监督,民主决策程序不完善,财务会计制度执行不认真,信息披露不及时,缺乏应有的社会公信力。

这些问题导致目前南沙区社会组织的资源动员能力较低,社会影响力偏弱。

(3)政府支持力度不足。社会组织发展不仅需要良好的法律环境,也需要政府在各方面给予具体扶持。目前,虽然南沙区政府对社会组织制定了一些优惠政策,但总体而言,对社会组织的扶持手段较少,扶持力度也很小,还存在许多政策盲点。例如,由于缺乏鼓励和扶持社会组织发展的优惠政策,社会组织开展一些公益捐赠活动没有依据,导致随意性和短期性行为较多,不利于公益事业发展。再如,虽然2008年12月广州市民政局出台了《广州市社区社会组织管理试行办法》;2011年广州市委、市政府出台了《关于全面推进街道社区服务管理改革创新的意见》(穗字〔2011〕14号);2011年7月22日,中共南沙区委一届十五次全会通过了《广州市南沙区改革创新城乡社区服务管理的实施意见》。但相关的具体优惠政策措施,如员工福利、保险、税收等办法至今仍未出台,造成了对社区社会组织发展的制约。一些政府职能部门作为社会组织的业务指导单位,对社会组织的日常指导不足,也没有系统的扶持性措施。财政、税务机关对社会组织办理非营利社会组织免税资格认定、公益性捐赠税前扣除资格认定、申领财政票据工作指引不足，对社会组织的税务优惠落实不到位。

（4）政府向社会组织授权和购买服务制度未充分实现。根据广东省和广州市关于加快推进社会体制改革建设服务型政府的要求，政府在逐步转变和简化政府职能的同时，要把原来的政府行业管理与协调、社会微观事务管理与服务、技术和市场服务等职能转移给具有资质条件的社会组织来承接。但南沙区大部分社会组织还未承担政府部门转移的职能，或者还未能得到政府的购买服务，社会组织自身的造血功能欠缺，缺乏发展的可持续性。社会组织是伴随着基层社会管理体制改革、和谐社会建设不断深入推进的过程涌现出来的事物。党的十六届六中全会和党的十七大、十八大对社会组织的发展和作用发挥都提出了明确要求，要求各级党委、政府加强对社会组织的培育、规范和管理，把社会可以自我调节和管理的职能交给社会组织，支持社会组织参与公共服务和社会管理。由于种种原因，有的政府部门对社会组织的地位、作用及其发展的必然性认识不足；有的认为仅仅是群众自娱自乐的组织，思想上重视不够，对社会组织缺乏应有的信任感；有的甚至还担心社会组织多了会带来不稳定因素。社会组织承担了部分政府职能和社会公共服务，但没有享受到应有的权益。

（5）社会组织生存条件和发展能力较差，作用发挥有限。

第一，缺乏活动资金、场地、设施等，发展后劲不足。一些实行政府购买服务的社会福利、社会工作类组织和有行政背景、募捐功能、政府重视的社会组织能获得政府在资金、场地、设施、活动等方面的支持，作用发挥和自身发展情况都较好，也能吸引人才。但很多得不到政府帮扶又没有资金来源的社会组织就难免陷入办公无场所、工作无经费、活动无设施、组织无人才的困境。

第二，缺乏专业人才和专职人员，自我管理能力有限。社会组织普遍缺乏专业人才，专职工作人员少，年龄、知识结构不合理。

大多数社会组织内部管理不完善,运作欠规范,随意性强,社会公信力不足,严重制约了自身能力的发挥和提升。

第三,缺乏信息公开渠道,相互之间缺少沟通联系,难以调动整合社会资源。社会组织普遍规模小、力量弱,自发性活动比较多,缺乏信息公开渠道,社会形象难以树立。市民对其了解不够,甚至有防范心理,往往不敢参与其活动或接受其服务。社会组织之间也缺少沟通联系,大多独立活动,难以调动和整合社会资源承接有影响的项目,不利于自身发展壮大。

(6) 登记管理力量薄弱。从登记管理机构的设置来看,广东省与广州市的社会组织登记管理机关都是民政部门的二级局,而南沙区民政局作为全区社会组织的监管部门,其内设的社会组织管理办公室牌子挂在南沙区民政局民政事务科。该科室仅有3个行政编制,实际在编从事社会组织指导和管理的人员只有2名,街道、乡镇无专职工作人员,管理力量非常薄弱,与全区社会组织日益繁重的监管任务格格不入。[①] 除每年一度的年检外,还承担大量的咨询、登记、变更等事务性工作,根本没有时间、精力对社会组织工作进行更加深入的调研和探索。有的政府部门给社会组织布置的任务较多,但相应的"费随事转"的工作经费常常不予拨付,挫伤了社会组织参与公共事务管理与服务的积极性和能动性。区财政每年给民政局的社会组织工作经费有限,连日常的登记、年检经费也无法维持,社会组织管理和指导的工作经费缺口较大。资源匮乏制约了社会组织的发展,有的纯民间社会组织由于没有资源和获取资源的能力,只能苦苦支撑,资源获取问题已经成为制约社会组织发展的一个重要因素。政府购买服务的机制尚未建立,授权合作或互动合作不充分,有些部门对社会组织的服务与管理传统思维定式未改变,

---

[①] 访谈对象:南沙区民政局民政事务科,2012年10月19日于广州市南沙区民政局。

没有形成与社会组织协调互动的工作方式。

（7）社会公信力不高。南沙区多数社会组织规模较小，运作管理还没有形成专门的职业门类，缺乏运作经验，自身的专业化建设能力低下。不少社会组织建立之后，不知如何面对社会组织进入市场，不知如何通过社会实践扩展业务领域，以满足社会各阶层的不同层次的需求。一些社会组织的社会责任意识不强，缺乏自律性，自治程度低，内部管理混乱，削弱了社会组织的社会公信力。一些行业协会的服务能力与水平不能适应行业发展的需要，难以提升会员企业的信誉、诚信形象。社会组织的低水平运作又导致社会公众对社会组织知之甚少，产生认识上的偏差甚至是歧视。

（二）制约社会组织发展的限制性因素

1. 缺乏培育社会组织的核心抓手

（1）政府职能转移面临既得利益者的阻碍。行政审批制度改革背景下的政府职能转移，涉及财政、民政及众多职能部门，其中权力与利益的博弈，政府部门及其人员担心职能被弱化而危及部门和岗位的存在，无疑大大增加了改革推进的难度。在此背景下，虽然历经多次行政审批改革，调查组对社会组织的问卷调查显示，认为南沙新区政府职能转移力度大或比较大的社会组织分别只占2.6%和12.9%，一共才占15.5%（见图3-3）。而表示承接过政府职能转移的社会组织只占9%（见图3-1）。另据问卷调查所示，社会组织认为其发展的制约因素中，有关职能部门授权不足排在资金短缺之后的第二位，占44.1%（见图3-4）。由此可见，一方面是社会组织承接政府职能转移的需求，另一方面是授权不足，两者之间的矛盾还是比较突出的。

（2）社会组织承接政府职能转移的力量有限。政府自上而下推

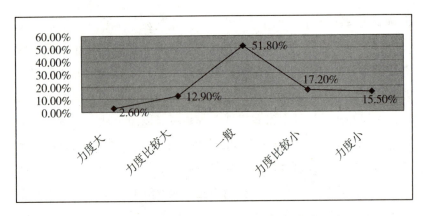

图 3-3 社会组织对南沙区政府职能转移力度的评价

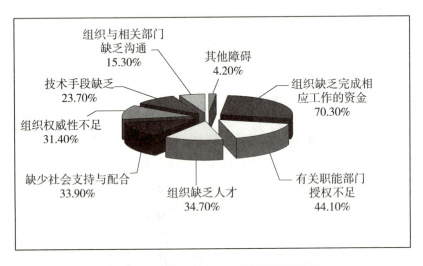

图 3-4 南沙区社会组织发展的障碍因素

动职能转移和下放,政府购买社会服务的意识也开始觉醒和明确,但在开展政府购买服务的过程中,经常出现这样的困境:政府的选择非常有限,竞争难以充分开展,服务的数量和质量就难以保障。课题组对一些社会组织进行访谈,负责人坦言若真要其承接相关政府职能,其在人力、信息系统配套等方面目前都无法满足承接要求。鉴于这样的情况，政府往往因对社会组织不够信任而未能将职能转移出来。

（3）公益创投开展滞后。南沙区开展公益创投还未有具体计划。在导入孵化和公益创投这两大公益平台的过程中，支持性的社会组织将起到非常重要的作用，即通过社会组织发展社会组织。但目前，南沙区支持性社会组织的培育与发展还停留在政府文件上，即便要上马孵化和公益创投，也缺少有实力的本土社会组织的支持。

目前，各地在培育社会组织方面各有其核心、抓手，如深圳、上海、东莞等地都在公益创投、社会组织孵化、职能转移背景下的政府购买等领域不断实践和发展，促进了社会领域的繁荣与发展。而南沙区目前在培育社会组织方面还缺乏核心、抓手。

2. 登记管理依然存在缺陷

（1）缺乏配套政策。实行社会组织直接登记后，与之相配套的政策制度需要抓紧建立和不断完善。特别是登记管理机关、业务指导单位、综合监管部门的职责界定与协作机制尚未完全建立，相关政府职能部门还没有主动将社会组织纳入各自的业务管理、指导范围的意识。社会组织的准入门槛、登记程序、管理方式仍有优化的空间。放宽社会组织直接登记后，民政部门如何加强社会组织监管目前还没有明确的指引，南沙区民政局执法力量也不够。《南沙新区发展规划》提出"鼓励港澳专业社会服务机构参与公共服务合作，积极支持南沙新区开展国家社会管理创新综合试点"。目前也有港澳人士在南沙区成立社会组织的需求，但由于政策限制，现在南沙区民政局不能批准其申请。

（2）草根组织依然难以登记。与广州市政府提出的社会组织人均占有率相比，南沙新区还远低于这一标准。社会组织的短缺不仅阻碍了社会管理的创新，还不利于政府职能的转变。政府转变职能的核心就是要把"全能政府"变成"有限政府"。政府一定要把那些不该管、管不了实际上也管不好的事情交给市场和社会组织。可是，真正能够"接棒"的社会组织少之又少。而那些没有经过登记的草根组织根本不具备存在的合法性又如何谈承担政府的转移。我们在调研和走访中还发现许多未登记的社区服务性或娱乐性社会组织，他们没有长远的组织目标，也无固定场地、无章程或无规范章程、无财务管理制度、无专职工作人员，但此类社会组织却往往具有较高的志愿性、自发性和较好的民众基础和社会需求。这些未登记的社会组织活跃在基层社区，丰富了基层社会的文化生活，融入了居民的生活当中，却因为登记门槛的问题，一直没有合法的身份，成为游离在制度之外的草根组织。造成此种现状，有两个制度壁垒：一是双重管理体制，二是登记条件限制。对于因找不到业务主管部门而导致不能注册的问题，广州市已经通过放开直接登记范围解决了。登记条件虽然有一定程度的降低，但是对于草根组织来说，还是一道难以跨越的障碍。对组织登记时条件是否苛刻的问题，我们通过调查发现有53.0%的组织选择了"一般"，选择"比较容易"的只有18.8%，选择"比较苛刻"的有15.4%（见图3-5）。从整体来上来看，南沙区的社会组织登记条件不在容易的范围

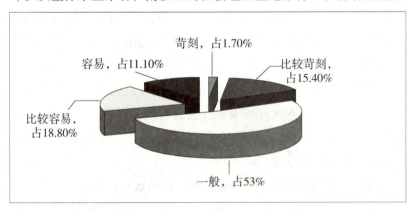

图3-5 社会组织在登记时的难易情况

内。而我们此次调研的对象都是已经经过登记机关登记注册的，相对于没有经过登记的草根组织而言，自然对条件苛刻的接受程度更高一些。调查结果还显示其中位于高门槛前三位的分别是登记程序、场地、注册资金（见表3-4）。参与调查的社会组织分别选择把这三项视为应该降低的门槛。

表3-4 从登记角度看，应从哪些角度降低门槛（多选）

无所谓	7.7%
简化登记程序	76.1%
降低场地要求	28.2%
降低注册资金标准	21.4%
降低会员数量标准	19.7%
降低工作人员数量要求	18.8%
其他方面	5.1%

3. 监管机制不健全

（1）指导思想存在偏差。在我国特定的文化背景和传统习惯下，政府重管理、轻服务，对社会组织的信任度不高，对社会组织的快速发展存在一定的消极抵触心理。调查显示，在社会组织与业务主管单位的关系中，81.2%是检查监督，16.2%是为社会组织推荐领导人（见表3-5）。可见在日常管理过程中，还是较多地使用行政手段去干预社会组织的内部管理，强调政府对社会组织的控制和约束，而对社会组织的引导和培育则显得不足。有关部门对社会组织的监管指导思想存在偏差，注重行政执法和检查监督，却忽视了为社会组织发展提供必要的服务，创造良好的发展环境，这对社会组织的发展制造了一定的障碍和制约着社会组织的成长壮大。

表3-5 社会组织与业务指导（主管单位）的关系（多选）

检查监督相关业务工作	81.2%
出席会议	38.5%
为本组织提供办公用房	34.2%
推荐领导人	16.2%
向本组织购买服务	13.7%
其他关系	4.3%

（2）监管内容和标准不统一。目前，对社会组织监督的内容不统一，社会组织对此的认识也各异。对于年检和财务审查作为监督内容的必要性，在我们的调查中分别有55.9%和53.4%的社会组织表示认同，而在诚信评估、登记评估、信息公开和捐款物资使用情况监管方面也有相当高比例的支持（见表3-6）。但年检内容仅限于是否依法办事、内部制度建设情况、业务活动、财务管理和业务收支、办公场所、专职人员和组织机构等一般性情况的了解，并没有细化、明确年检的标准，使社会组织的行为没有可资借鉴的标准和尺度，导致一些社会组织可以打政策的"擦边球"，进行不当甚至违规操作。例如，不按照章程规定的公益范围开展活动，不按捐赠者意愿使用资金，有的基金会甚至成了企业内设机构，财务不独立，捐赠给基金会的资金变成企业困难时候的周转金。此外，年检内容都是由社会组织自行申报，没有独立的社会中介机构对其进行鉴定和评估，很有可能导致内容的失真，因而使年检流于形式。

表3-6 政府有必要对社会组织进行监督的方面（多选）

年检	55.9%
财务审查	53.4%
诚信评估	48.3%
等级评估	42.4%

续表 3-6

信息公示	38.1%
捐款物资使用情况监管	38.1%
其他方面	1.7%

（3）监管部门多头且无合理分工。从《社会团体登记管理条例》等有关法规中可看出，民政部门、业务主管部门、财政部门、审计机关都是社会组织的官方监督部门。由此可见，政府对社会组织的监督主体比较多且庞杂，并且社会组织执法监督领导机制和执法领导体系尚未建立健全，南沙区社会组织管理工作缺乏一个强有力的领导机构牵头。与其他执法部门在社会上的影响力相比，部分群众甚至政府部门对社会组织执法监督工作既不了解，也不配合；同时，这种监管机构叠床架屋、职能分化不清的现状造成了名为多重监管、实为多重缺位的结果，这不仅严重制约了社会组织自主性的发挥，还极大影响了监管绩效。

（4）社会组织监管机构发展相对滞后。监管机构缺乏基本的威慑力和必要的执法权力。与我们熟知的公安、工商等执法部门相比，民政部门对社会组织的监管缺乏基本的威慑力和必要的执法权力。对于违法的社会组织，社会组织执法机构没有场所检查权、账户检查权，导致执法难度大、执法效率低下。同时，民政部门可适用的行政处罚手段单一、惩戒效力微弱，导致惩罚力度不够。

五、南沙区创新社会组织管理的思路

1. 完善社会组织政策法规体系

目前,南沙区社会组织立法已严重滞后于社会组织的发展。我国没有法律层面的结社法,最高的法律依据只有《社会团体登记管理条例》《民办非企业单位登记管理暂行条例》《基金会管理条例》这三个国务院行政法规,而且前两个条例于1998年实施,已不能满足社会组织发展形势的需要,与其他法律如《中华人民共和国行政许可法》《中华人民共和国民办教育促进法》等有相矛盾和不相衔接之处。《基金会管理条例》对非公募基金会设立的门槛太高,需省级单位双重管理,操作性差,不利于民间慈善事业的发展。尽管2011年7月22日,中共南沙区委一届十五次全会通过了《广州市南沙区改革创新城乡社服务管理的实施意见》;2012年9月6日,国务院印发了《关于广州南沙新区发展规划的批复》(国函〔2012〕128号),原则上同意《广州南沙新区发展规划》(以下简称《规划》)。但在南沙新区,依然缺乏符合南沙区社会组织发展实际需要的相关政策法规体系。《规划》明确提出要"推进社会管理各领域立法进程"并"积极支持南沙新区开展国家社会管理创新综合试点"。因此,应根据南沙区经济社会发展需要,充分运用广东省下放的相关管理权限,研究制定《南沙区社会团体管理条例》《南沙区民办非企业单位管理条例》《南沙区行业协会管理条例》

等。重点明确有关社会组织的优惠政策落实问题和规范管理问题，对一些社会组织发展的瓶颈问题进行大胆突破，先行先试。

2. 深化直接登记管理体制改革

进一步做好社会组织直接登记改革，完善直接登记的程序和方式，协调有关部门依法把好登记注册关。进一步降低社会组织的准入门槛，简化登记程序，为社会组织的成立创造更为宽松的环境。

3. 完善社会组织行政管理体系

（1）完善决策领导体系。作为社会的重要组成部分之一，社会组织涉及面广泛，部门众多，应在区级层面设立南沙区社会组织工作领导小组，从南沙区经济社会发展的总体规划出发，研究制定社会组织发展战略规划及实施方案，决定全区社会组织培育发展和规范管理的重大决策，协调社会组织发展的重大事项，统一领导全区社会组织管理工作。

（2）健全监管体系。一是建立部门联合监管机制。建立和完善公安、民政、司法、财政、审计、税务、物价、工商、工商联等相关单位和银行金融机构各司其职、各负其责、信息共享、协同监督、齐抓共管的联合监管机制。民政部门负责社会组织的准入登记，业务指导单位（行业主管部门）负责实施业务指导和行业管理，其他部门在职责范围内实施监督管理。二是建立社会组织自律监管机制。建立健全规范运作、诚信执业、信息公开、公平竞争、奖励惩戒、自律保障六大机制，推行社会组织监事监督制度，增强监事监督职能，扩大社会监督渠道，提高运作透明度，促进监事专责监督、会员自主监督、社会公开监督相结合的自律监督制度建设。指导枢纽（联合）型社会组织依托健全的组织系统，通过服务引导、竞争合作的方式，整合资源、提高集约化程度，加强对同类型、同性质、同行业、同领域社会组织或聚合在同一服务链的社会组织实行统筹协调、监督指导和自律管理，制定并遵守社会组织行为规范和活动准则，共同履行社会责任。三是建立分类监管机制。形成登记审批、日常监管、税务稽查、违法审查、信息披露、公共服务、行政处罚等各环节信息共享、工作协调的社会组织管理机制。健全社会组织管理制度，根据社会组织宗旨和业务范围建立分类监管机制。对行业协会、商会等工商经济类社会组织侧重于维持市场经济秩序的监管，对社会服务类社会组织侧重于提高服务质量的监管，对公益慈善类社会组织侧重于资金筹集使用情况的监管，对城乡基层社会组织和群众生活类社会组织侧重于引导和服务的监管。四是健全退出机制。健全社会组织负责人管理、资金管理、年度检查、查处退出等制度，对于社会组织出现完成宗旨、自行解散、合并分立、无法按照章程规定的宗旨继续开展活动等情形的，应在进行财产清算后，办理注销手续。对活动不正常、运作能力弱和社会认可度低的社会组织，应引导其合并或注销。对于不符合设立条件、弄虚作假骗取登记的，组织机构不健全、管理混乱、超过一年未开展活动、符合注销条件但不办理注销手续的，连续两年或累计三年未年检的，连续两年年检不合格或连续三年年检基本合格的社会组织，实行有序退出制度。对于违反国家法律造成相应后果的，依照法律追究责任，并予以撤销。五是建立社会监督体系。完善南沙区社会组织管理网站，建立集管理、服务、信息发布、监督功能于一体的南沙区社会组织公众信息平台，增加透明度和公众参与度。建立第三方评估机制，营造社会组织诚信自律氛围，加强与新闻媒体的合作，通过广播电视、报刊、报纸、电子网络等媒体对社会组织进行多层次、多角度的宣传报道，褒扬先进，曝光违规者。建立社会组织信息披露机制，搭建信息管理平台，实现信息共享和社会监督。建立信用信息动态记录、社会评价、诚信公示、失信惩戒和黑名单等信用管理制度，将社会组织公益服务和自律建设情况纳入社会诚信管理体系。六是建立等级评估机制。建立和完善社会组织评估制度和各类社会组织评估指标体系。遵循政府指导、社会参与、分类评定、动态管理、客观公正的原则,通过竞争的方式,推行第三方评估,形成公平公开公正、科学规范有序的评估机制。

4. 扩展社会组织活动的资源和空间

(1)加大政府购买社会组织提供服务的力度,对于确定转移的公共服务及事务性政府管理职能事项,向社会公开购买服务。制定财政扶持社会组织发展专项资金管理办法、政府向社会组织购买服务的方法、本级政府购买社会服务目录,并把所需经费纳入年度预算。例如,对社区社会组织工作经费给予补贴;政府各级组织和公益项目,特别是社区公共事业项目、场地委托给社会组织管理;政府各种科学研究项目给民办研究机构更多的参与机会;通过申请或者竞标方式给予社会组织一定的公共服务项目支持;鼓励社会组织积极争取社会的资助与合作;在公益金项目投放上向社会组织的公益性项目、基层社区项目倾斜;支持社会组织提供服务收取合理费用等,使社会组织资金来源多元化、社会化。

(2)充实社会组织发展专项资金。加大财政支持力度,支持社会组织的培育和发展,落实国家规定的税收优惠政策。坚持政府主导、多渠道筹集社会组织建设所需经费,建立"财政支持为主、费随事转、有偿服务、部门联建、社会赞助"等多元化的社会组织发展资金筹措机制,建立南沙区社会组织发展专项资金。搭建社会组织发展筹资平台,引导社会资助社会组织发展的良性机制。

(3)健全社会组织孵化基地。建设社会组织培育平台和打造多层次、多形式的社会组织培育孵化基地。以场地、资金、能力建设等优惠政策方式,向社会组织提供法律咨询、业务政策指导、项目培育、机构孵化和小额资助等支持;为公益性社会组织无偿或低偿提供办公用房、场地设备等,将社区服务中心、文体设施等公共设施场所,进一步向社会组织开放;各街道(乡镇)每年也应安排一定的资金支持社会组织发展。

(4)加快政府职能转变,进一步拓宽社会组织发展空间。为此,本报告建议合理界定政府、社会与市场三者间的职能边界,进一步梳理和分解政府各职能部门、事业单位承担的职能事项,由相关部门制定本级政府向社会组织转移职能的目录,将行业管理与协调性职能、社会事务管理与服务性职能、技术服务性职能,通过授权、委托等方式依法转移给相关社会组织实施。

5. 加强社会组织能力建设

能力建设是社会组织自立的根本,应坚持民间化方向,着力培养和提高社会组织自愿发起、自选会长、自筹经费、自聘人员、自主会务的"五自"能力,社会组织的负责人由成员自主选举产生,活动由社会组织自己决定,事务由社会组织自己管理。

(1)完善社会组织法人治理结构。建立健全以章程为核心的各项规章制度,健全会员大会或会员代表大会、理事会、监事会制度,推进民主选举、民主决策、民主管理和民主监督,提高组织运作透明度,提高自我约束能力,实行内部民主监督。

(2)保证社会组织非营利性。健全财务会计制度,配备具有一定会计专业基础知识的人员,按有关会计制度、会计准则的规定进行核算,实行对会员的财务公开,加强审计,对接受社会捐赠的建立公示制度,加强社会监督。

(3)加强社会组织诚信建设。以开展诚信与自律建设活动为契机,促进社会组织自律机制的形成,推动社会组织开展形式多样的组织文化建设活动,塑造良好的组织文化,培育组织精神,增强组织成员的集体观念,形成组织成员与组织集体荣辱与共的生存和发展意识,建立相应的约束惩罚机制。

（4）提高从业人员素质，提高职业社会地位。加强对社会组织现有员工的培训工作，逐步推行社会组织负责人、秘书长、财务人员等人员持证上岗制度。抓紧培育专业社会工作者，建立社会工作专业资质评定制度和社会工作者资格等级制度，使社会组织从业人员可以不断得到资质积累；同时，对社会组织实行规范的用工制度，将各类社会组织纳入统一的社会保险范畴，对社会组织专职人员的保障与事业单位人员一视同仁。

（5）加快社会组织去行政化改革。按照社会化、市场化、专业化的要求，推进党政机关与社会组织在主体、机构、职能、人员、资产、住所等方面的"六个分开"，即双方均为独立法人主体，无行政隶属关系，职能准确定位，政府工作人员不在社会组织中兼任领导职务并赋予社会组织自主用人权，社会组织财务独立核算及资产自主运营，社会组织有独立、固定的工作场所，以促进社会组织的自我生存和发展走上正轨，实现社会组织自愿发起、自筹经费、自聘人员、自主管理。严格执行国家机关工作人员不得在社会组织中兼任职务的规定。各部门不得对社会组织的机构、人事和财务进行干预。

（6）加快专业人才培养。内培外引充实社会服务队伍，通过政府财政奖励、村（居）购买服务的方式引入专业的社工机构，着力加强本土社工队伍建设，开发培训本土社会工作人才，支持社会工作者参加职业资格考证。邀请穗港澳社会工作机构、高校、研究院等到南沙开展社工服务的研究、培训和具体业务。扶持推动本地职业学校（院）开设社会组织管理专业，加大对社会组织从业人员的培训力度，逐步实现社会组织职业经理人管理，建立秘书长职业化制度。加大社会工作人才引进力度，研究制定符合社会组织特点的人员流动、入户、工资福利、职称评定、档案管理等政策措施，为社会组织吸纳专业人才创造条件。建立社会组织优秀人才备案制度，各级政府、企事业单位在选拔干部人才时优先考虑。学习借鉴港澳地区社会工作领域的有益经验,加强政策引导,健全社工使用选拔机制和保障激励机制,建立健全职业规范和从业标准,积极引入港澳社工专业人才,加快建设专业化、职业化社会工作人才队伍。加强志愿者队伍建设,推动志愿服务常态化、规范化、社会化发展。

6. 健全社会组织分类指导体系

建立分类管理制度,对于不同类型的社会组织,采用不同的服务管理对策。对于区一级社会组织,坚持以支持和扶持为主,加大以项目形式购买公共服务的力度,充分发挥其对基层社会组织的引领带动作用,使其成为资源、信息、服务平台,凝聚各类社会组织和草根组织,推动他们更好地参与社会治理和公共服务。对于社区社会组织,坚持以培育和发展为主,研究制定促进城乡基层群众生活类社会组织发展的政策,大力培育和发展急需的基层社会组织,特别是志愿服务类、公益慈善类、社区服务类社区社会组织。对草根类社会组织,坚持以引导和规范为主,使其纳入培育管理范畴,进一步规范对草根组织的管理和监督,在筹资、运作、购买服务等方面给予草根类社会组织更多空间,使草根组织逐步发展并带动公民自主参与社会公共事务。

7. 积极开展涉外社会组织创新试点

南沙新区应大力开展国际教育合作试验,探索创新内地与港澳及国际知名高校合作办学模式,在自主招生、课程设置、学位授予等方面给予合作办学高校更大的自主权,并在国家承认方面给予支持。南沙新区应该加强与国外及港澳台地区社会组织的交流合作,明确社会组织外事活动准则,规范境内外社会组织的项目合作。推进港澳服务提供者以独资民办非企业单位形式举办养老机构和残疾人福利机构。应该允许港澳地区的教育、医疗等服务机构和执业人员，持港澳地区许可（授权）机构颁发的证书，按照内地与港澳关于建立更紧密经贸关系安排的规定经备案或者许可后，在南沙新区开展相应业务。南沙新区应适时提请广东省出台涉外社会组织登记管理办法，开展涉外社会组织的登记管理试点工作。

8. 构建政府与社会组织间新型合作伙伴关系

按照"强政府，大社会"的思路，积极培育发展社会组织，推动政府部门向社会组织转移职能，向社会组织开放更多的公共资源和领域。制定政府部门向社会组织转移职能的目录，建立相应的动态调整机制和公示制度。进一步深化行政管理体制改革，逐步将政府及其部门微观层面的事务性服务职能、部分行业管理职能、城市社区的公共服务职能、农村生产技术服务职能、社会慈善和社会公益等职能转移给社会组织。建立政府资助、购买服务机制，通过"购买公共服务""项目化"运作等形式建立公共财政对社会组织的资助、引导和绩效评估机制，实现"管办分开"，构建政府和社会组织间新型伙伴和平等合作关系，全面有效地提供公共服务，促进社会服务专业化发展，真正做到公共服务全覆盖。

附录：南沙区创新社会组织管理体制调查问卷
（社会组织从业人员填写）

各社会组织：

近年来，社会组织在南沙区经济社会发展中的作用日渐显现。为了进一步了解我区社会组织的发展现状、面临问题及政策需求，完善促进社会组织健康发展的政策体系，推动社会组织的市场化、民间化改革和全面健康发展，我们组织了这次问卷调查。

本调查结果只作为课题研究之用，严格保密。希望您能如实填写,并提出合理建议。您和贵单位的意见对我们的课题研究非常重要!

南沙区民政局
中山大学课题组
二〇一二年十一月

组织名称		（请填写，仅用于
联系电话		核对问卷收集情况）

一、登记及内部治理

填答区	调查问题及选项
	1. 贵组织登记类型是什么？ ①联合性社会团体；②专业性社会团体；③学术性社会团体；④行业性社会团体；⑤民办非企业单位
	2. 贵组织在登记时，条件是否苛刻？ ①非常苛刻；②比较苛刻；③一般；④比较容易；⑤容易
	3. 您觉得不登记又开展活动的社会组织是否违法？ ①违法；②不违法；③不清楚
	4. 从登记角度看，您认为应从哪些角度降低门槛？【可多选】 ①简化登记程序；②降低会员数量标准；③降低注册资金标准；④降低场地要求；⑤降低工作人员数量要求；⑥其他；⑦无所谓
	5. 您所在的组织是由谁发起的？ ①政府有关部门；②企业；③个人；④政府和企业；⑤其他
	6. 贵组织的决策机构是？ ①理事会（董事会）；②管理层；③会员代表大会；④其他
	7. 贵组织自成立以来组织章程的修改情况如何？ ①一直没有修改；②有修改，但没有向相关部门汇报；③有修改，而且向相关部门汇报了

二、管理与监督

填答区	调查问题及选项
	8. 您感觉政府对贵组织的管理符合以下哪种情况？ ①干预非常多；②干预比较多；③正常；④过问比较少；⑤完全没过问
	9. 您认为政府有必要采取哪些方式对社会组织进行监督？【可多选】 ①财务审查；②年检；③信息公示；④捐款物资使用情况监管；⑤诚信评估；⑥等级评估；⑦其他
	10. 目前，贵组织与业务指导或业务主管单位属于以下哪种关系？【可多选】 ①为本组织提供办公用房；②推荐领导人；③向本组织购买服务；④出席会议；⑤检查监督相关业务工作；⑥其他
	11. 目前，对贵组织的监管主要来源于什么？ ①登记部门（民政部门）；②业务指导或主管单位；③税务部门；④审计部门；⑤监管很少；⑥其他
	12. 您认为对社会组织的监管执法，合理的主体是？ ①民政部门；②具体业务主管或指导部门；③成立专门的社会组织管理部门；④政府部门的联合监管；⑤重要的不是监管主体，而是统一的监管标准；⑥其他

三、培育与扶持

填答区	调查问题及选项
	13. 贵组织主要的经费来源？【可多选，最多选3项】 ①会费；②服务收入；③企业赞助；④政府项目；⑤利息；⑥财政拨款或补贴；⑦其他
	14. 贵组织与政府部门的合作关系情况？【可多选】 ①接受过政府部门赞助；②承接过政府委托项目；③向政府部门提供过咨询；④与政府部门没有合作关系；⑤接受过政府职能转移；⑥其他合作关系

续上表

填答区	调查问题及选项
	15. 政府委托贵组织相关职能和工作事项的依据有哪些？【可多选】 ①法律条文规定；②本市政策规定；③公开招投标平台；④签署中长期合作协议；⑤签署短期项目合作协议；⑥其他；⑦没有
	16. 您认为目前贵组织在发挥社会管理及公共服务作用方面主要的障碍有哪些？【可多选】 ①有关职能部门授权不足；②组织缺乏完成相应工作的资金；③组织缺乏人才；④技术手段缺乏；⑤组织与相关部门缺乏沟通；⑥组织权威性不足；⑦缺乏社会支持，企业或公众不配合；⑧其他
	17. 贵组织需要政府提供以下哪些支持？【可多选】 ①提供场所；②建立社会组织活动意外事故的保险制度；③提供财政支持和项目经费；④向一般市民及企业进行宣传和普及活动；⑤提供必要的设备和物资；⑥建立和完善社会组织活动评估和表彰体系；⑦开展提高组织能力的培训；⑧提供社保、人事档案保管的政策支持；⑨其他
	18. 您认为下列政府的扶持措施对社会组织发展起到促进作用的有哪些？【可多选】 ①公益事业招投标平台；②"以奖代拨"，设立专项奖励基金；③落实相关税收优惠政策；④各类社会组织的"孵化平台"；⑤引入风险投资和创业投资基金支持社会组织发展；⑥其他
	19. 您对近3年来南沙区政府对社会组织的扶持力度的评价？ ①充分；②比较充分；③一般；④比较不充分；⑤不充分
	20. 目前，贵组织能吸引以下哪些对象购买服务？ ①政府；②事业单位；③企业；④家庭及个人；⑤其他社会组织；⑥其他
	21. 目前，贵组织是否承担过政府的职能转移？ ①非常多；②比较多；③一般；④比较少；⑤非常多
	22. 您感觉目前我市政府职能转移力度如何？ ①非常大；②比较大；③一般；④比较小；⑤非常小

四、社会信用情况

填答区	调查问题及选项
	23. 贵组织向外披露组织财务信息的形式主要有哪些？【可多选】 ①定期向政府监管机构披露；②利用社会组织法人数据库信息共享系统持续披露；③利用所在社区或办公场所的公告栏定期披露；④利用自媒体（如微博）持续披露；⑤定期向第三方评估机构披露；⑥其他
	24. 您是否支持第三方评估机构对社会组织进行评估？ ①支持；②比较支持；③一般；④比较反对；⑤非常反对

五、对于创新社会组织管理体制，您有何具体建议？（希望尽可能详细，最好结合自身情况）

（一）登记方面

（二）政府购买服务

（三）政府职能转移

（四）监管方面

（五）社会信用体系

再次感谢您的支持和配合！

第四章

广东地方政府治理中的公民参与创新

在国家治理体系现代化的话语中，政府治理是政府联合多方力量对社会公共事务的合作管理，以及社会对政府与公共权力的约束的规则和行为的有机统一体，其目的是维护社会秩序，增进公共利益，保障公民的自由和权利。①因此，政府治理主要有两重目标：一是实现政府治理的有效性，包括政府内部管理和政府对公共事务治理的有效性，以治理效率高、治理能力强大的政府治理体系为基础；二是实现政府治理的正当性，以法治和民主为基石性

---

① 参见唐娟《政府治理模式变迁：理论范式和实践绩效》，载《行政与法》2004年第10期。

原则，强调政府治理的民主化和法治化。公民参与政府治理是实现政府治理正当性的基本要义，达尔把公民"有效的参与"和"对议程的最终控制"看作民主过程的基本标准，① 佩特曼也认为"真正的民主应当是所有公民直接的、充分参与公共事务的决策的民主，从政策议程的设定到政策的执行，都应该有公民的参与"②。在政府治理体系现代化进程中，保证和支持人民当家做主，通过依法选举、让人民的代表来参与国家生活和社会生活的管理是十分重要的，通过选举以外的制度和方式让人民参与国家生活和社会生活的管理也是十分重要的。③ 因此，要实现政府治理体系的现代化，除了深化政府治理结构改革并建立健全政府与市场和社会的协作治理体系之外，还应该赋权于公民参与政府治理过程的权利。具体而言，公民除了通过选举实现参与国家治理之外，更应该通过对话、讨论、审议等形式参与政府治理过程，影响立法和决策过程，以修订和完善政策工具，最终实现公共之善。

为此，在不断完善选举制度的基础上，党和政府逐渐确立了"扩展有序的公民参与以回应社会重大关切"以及"建立健全公众参与的公共政策机制"的政治文明建设方略。由于地方政府直接面对民众，地方公共事务与公民福祉息息相关，民众对地方政府施政行为成败得失具有最直接的敏感度，因此地方政府治理自然就成为公民参与的最主要舞台。在既有地方政府治理实践中，一些地方政府不断创新如参与式决策、参与式预算、参与式环境治理、参与式

---

① 参见［美］罗伯特·达尔《论民主》，李柏光译，商务印书馆1999年版，序言。
② ［美］卡罗尔·佩特曼：《参与和民主理论》，陈尧译，上海人民出版社2006年版，第36页。
③ 参见习近平《在庆祝中国人民政治协商会议成立65周年大会上的讲话》，新华网，http://www.xinhuanet.com，2014年9月21日。

绩效评估等治理机制，不仅提高了治理绩效，还增强了治理合法性，① 赢得了广泛赞誉。

近年来，广东地方政府在推进治理体系现代化的进程中，不断探索公民参与地方政府治理的过程，除了规范选举民主之外，以参与式治理为核心的治理民主也在日益扩展。本章将以案例形式回溯近年来广州发展参与式治理的基本实践。

---

① 参见王锡锌、章永乐《我国行政决策模式之转型：从管理主义模式到参与式治理》，载《法商研究》2011 年第 4 期；赵光勇《政府改革：制度创新与参与式治理——地方政府治道变革的杭州经验研究》，浙江大学出版社 2013 年版。

第一节　广州市政府创新中的参与式治理趋向①

改革以来,"为增长而竞争"的地方政府管理模式在拉动经济持续高速增长的同时,也使地方政府忽视民生建设。② 而缺乏辖区居民对地方政府的实质性约束又使地方政府不能有效回应民众诉求,从而导致民众与地方政府之间的矛盾不断积累与深化。于是,在地方政府管理实践中,一些关涉民众切身利益的民生问题,如土地征用与拆迁安置补偿、环境综合整治、公共设施建设等,往往成为引发民众维权抗争的导火索。日益增多的维权抗争事件折射出民众对地方政府管理的不满甚至怨恨,不仅挑战着传统的地方政府管理模式,还使地方政府承受着越来越大的维稳压力,维稳支出节节攀升。③ 经济与政治上的双重维稳压力迫使一些地方政府开始探索创新政府管理模式,寻求降低维稳压力的可行办法。近年来,广州在推进发展与转型进程中,一方面传统的政府管理模式弊端日益凸显,另一方面公民权利意识日益觉醒与公民社会不断成长。为了缓解压力,广州市政府通过创新政府管理,尝试着将日益扩展的公民

---

① 原文以《地方政府创新中的参与式治理趋向:以广州为例》为题发表在《人文杂志》2013年第10期。

② 参见傅勇、张晏《中国式分权与财政支出结构偏向:为增长而竞争的代价》,载《管理世界》2007年第3期。

③ 广州市2007年社会维稳支出44亿元,比社会保障就业资金35.2亿元还要多出许多。参见熊培云《每个人都是自己利益的最后判断者》,载《新京报》2010年3月27日。

参与诉求吸纳进政府主导的政策过程,呈现出参与式治理的趋向,在相当程度上缓解了民众与政府的冲突,初步实现了从刚性维稳向柔性维稳的转变。而从国内已有的相关研究来看,研究者主要关注的是地方政府创新的动因、创新的主要内容、创新的方式以及创新的绩效,①显然对地方政府创新中如何吸纳公民参与以缓解政府管理的压力及其所蕴涵的意义缺乏应有的关注。虽然有研究者注意到公民社会的发展会推动地方政府创新,②但显然也缺乏深入研究。本文认为,虽然广州的政府创新依然任重而道远,但其参与式治理趋向中显现出的政府改革与公民社会成长之间的互动格局可能既有助于化解既有的地方政府创新缺乏可持续性的难题,又可能在改善治理绩效的基础上推进民主政治的发展。

一、广州市政府创新的动因

西方研究者往往将政府创新归因于"公众期望与组织绩效之间的落差以及政治领袖的构想"③。国内的相关研究则发现"环境所

---

① 参见吴建南、马亮、杨宇谦《中国地方政府创新的动因、特征与绩效》,载《管理世界》2007年第8期;陈国权、黄国威《地方政府创新研究的热点主题与理论前瞻》,载《浙江大学学报》2010年第3期。
② 参见杨雪冬《简论中国地方政府创新研究的十个问题》,载《公共管理学报》2008年第1期。
③ [美]丹尼斯·A.荣迪内利:《人民服务的政府:民主治理中公共行政角色的转变》,贾亚娟译,载《经济社会体制比较》2008年第2期。

迫、内在和外在的种种压力是地方政府创新的首要原因"①。广州近年来的发展实践也证实了这一点。

（1）处于转型与发展双重压力下的广州逐渐呈现出传统政府管理模式的弊端。改革开放以来，广州始终保持经济持续高速增长的发展态势，现代化水平显著提升，民生明显改善。但是，迈入"万亿 GDP 俱乐部"后的广州依然面临着诸多挑战：在经济高速增长的同时，环境污染问题依然形势严峻；作为外来工高密度聚集的城市，虽然积分入户等新政最早破冰，但由于相应公共服务的缺位，社会融合的难度依然巨大；虽然近年来高度重视民生建设，但公众对医疗、教育、就业、出行等基本民生需求供给相对短缺依然"怨声载道"。具体而言，这种挑战主要表现在以下两点。

第一，公众对政府公共服务供给的满意度不高。2011 年 11 月 23 日，新加坡南洋理工大学和上海交通大学联合发布了"连氏中国城市公共服务质量指数及 2011 中国城市服务型政府调查"，结果显示，厦门、青岛、杭州名列前三，京沪广深四个一线城市仅上海上榜，而且仅排名第九。②近年来，广州市社情民意研究中心③也多次围绕相关议题对市民展开科学的民意调查，民调结果也凸显了市民对政府公共服务供给的满意度低下。2012 年 2 月，广州市社情民意研究中心的民调显示：市民对"医疗服务""社会治安"评价下行，对"物价水平""社会公平"不满凸显。2012 年 8 月，广州社情民意研究中心围绕"市场交易、消费安全、劳动用工、交通管理、环境保护、市容卫生"6 个领域，展开了民意调查。调查发

---

① 吴建南、马亮、杨宇谦：《中国地方政府创新的动因、特征与绩效》，载《管理世界》2007 年第 8 期。
② 参见《一线城市民众对服务型政府建设不满意》，一财网，http://www.yicai.com，2011 年 11 月 25 日。
③ 参见广州市社情民意研究中心：http://www.c-por.org/index.php?c=main&a=index，2013 年 2 月 6 日。

现，市民对"餐饮行业不卫生的执法""查处有污染的装修材料""查处不买职工社保的单位""查处不签劳动合同的单位""对违规排放污水的执法"等部分事项满意水平同比 2011 年有所下降。而对于事关消费安全的 6 个执法事项，不满意度均明显高于满意度。对非法运营执法不满的市民仍多达 38%，远多于满意者，评价依然负面。对于"违规排放污水的执法"的评价，满意者较 2011 年明显下滑 8 个百分点，只有 18%；不满者仍多达 41%，仅次于问题食品执法。2012 年 12 月，广州市社情民意研究中心围绕"广州发展 10 年"的民意调查显示：市民认为消费安全、生态发展、缩小贫富差距的状况越来越差，民众最为期待改善医疗服务和缩小收入差距。

第二，政府一直承受着巨大的维稳压力。广州市作为中国改革开放的南大门，在经济飞速发展的同时，新的社会矛盾与社会管理问题层出不穷，始终面临着严峻的维稳压力。2005 年 1—5 月，广州市共发生群体性事件 300 多宗。① 2009 年 3 月，时任中共广州市委书记朱小丹坦承，因经济发展困难引发的不稳定因素也同时增多，群体性事件时有发生，"维稳形势已经可以用险峻二字形容"。据介绍，2009 年前两月，群体性上访事件已有 221 批次，上升 99.2%，涉及 8447 人次，上升 15.5%。② 2013 年 1 月，时任市长陈建华在政府工作报告中也直陈"维护稳定的任务十分艰巨"。前些年，广州一直是群体性事件的高发地带。比较典型的群体性事件有：2005 年 7 月，广州市番禺区鱼窝头镇太石村村民对在任村主任提出罢免，从而引发了激烈的冲突。③ 这起因于村民要求罢免贪腐

---

① 参见《广州占重大群体性事件 12%　物业管理纠纷上升》，载《羊城晚报》2005 年 7 月 15 日。
② 参见《广州市委书记朱小丹：压力超预期维稳形势险峻》，载《羊城晚报》2009 年 3 月 6 日。
③ 参见《番禺太石村事件：村民依法罢村官》，载《南方都市报》2005 年 9 月 12 日。

村干部而引发的群体性事件在相当程度上暴露出了基层治理的乱象。2009年11月23日,数千番禺市民聚集在广州市人民政府门口,反对政府单方面强力推进建设垃圾焚烧发电厂项目,最后迫使政府宣布暂停该项目建设。2010年8月12日夜晚,广州市天河区城中村冼村发生一起村民阻挠政府拆迁事件,20多名村民持棍打伤2名拆迁人员,并破坏多个拆迁器械,警方当晚派出数百警力赶到现场,14名滋事人员被带离现场审查。① 2011年6月10日晚约9时,广州增城大敦村,挺着大肚子的孕妇王联梅和丈夫摆地摊时,与大敦村治保队的人员发生冲突,其间王联梅倒地。随后,围观民众与当地治保队员及之后赶到的警察发生冲突,自此引发了一起持续三晚的严重打砸抢烧的骚乱事件。② "增城事件"凸显地方政府漠视为他们的经济腾飞带来动力的外来人口利益以及基层组织采用粗暴"执法方式"产生的恶果。维稳压力的不断加大与相关政策项目的"被迫暂停"在相当程度上折射出传统政府管理模式的局限性与不可持续性。

(2)改革开放以来的广州在经济持续高速增长的同时,公民社会也在不断成长。在学理意义上,公民社会通常是指一个与政治国家相对应,并与之构成结构性关系的独立领域。所以,查尔斯·泰勒将公民社会定义为"一个自治的社团网络,它独立于国家之外,在共同关心的事务中将公民联合起来,并通过他们的存在或行动,能对公共政策发生影响"③。而希尔斯(Edward Shils)将其定义为

---

① 参见《广州城中村清拆引发村民暴力阻挠》,中国新闻网,http://www.chinanews.com,2010年8月14日。
② 参见魏一平《广州增城"6·11"事件追踪调查》,载《三联生活周刊》2011年7月22日。
③ 汪晖、陈燕谷:《文化与公共性》,生活·读书·新知三联书店1998年版,第171页。

"社会成员相互之间的行为体现公民精神的社会"①。其中，公民精神是公民社会的价值基础，公共舆论是公民社会的表达形式，而承载公民精神的社会组织则构成公民社会的组织基础。改革开放以来，公民社会已经在广州逐步成长，并正在"完善市场经济体制、转变政府职能、扩大公民参与、推进基层民主、推动政务公开、改善社会管理、促进公益事业等方面发挥着越来越重要的作用"②。近年来，时有发生的公民维权运动，如环保、社区自治、粤语保护等，犀利的媒体言论、层出不穷的公众论坛、学术研讨等都清晰地记录了广州公民社会的茁壮成长，具体体现在以下三点。

第一，公民行动的蓬勃开展。在广州这样一个公民社会日益成长的城市，越来越多的政府行为受到公民监督。2010年1月，广州市为迎接即将举办的亚运会而大规模进行的城市环境整治工作受到市民质疑，被市民质疑为"浪费"与"扰民"，广州市政府随即紧急叫停相关改造项目。2011年2月，因对广州市人力资源和社会保障局的调查结果不满意，"乙肝斗士"雷闯将一篮5千克重的"鸭梨"当场送给该局工作人员。2011年4月以来，广州普通市民欧伯多次向有关部门实名举报政府公职人员公车私用，其举报行为被媒体誉为凸现了公民监督权意识兴起的"欧伯现象"。2011年4月以来，广州拟投巨资提升光亮工程项目，广州市民发起"征集光头"与"征集大拇指"的行动，以此督促当局征询市民意见，并公布工程的可行性报告。2011年5月4日，广州市16中的高一学生陈逸华在多个公共场所举牌，呼吁众人反对花巨资统一改造地铁

---

① Edward Shils. The virtue of civility: selected essays on liberalism, tradition, and civil society. edited by Steven Grosby. Liberty Fund, 1997: 322.
② 俞可平：《中国公民社会：概念、分类与制度环境》，载《中国社会科学》2006年第1期。

车站。① 除此之外，还有戴口罩、送闹钟、送垃圾等种种旨在表达民意的行为艺术在短时间内时有出现，成为广州街头一道"独特的风景线"。与过往的诸多民意表达行为如上访、跳桥、堵路等主要是表达个人利益诉求不同的是，这些公民行动在形式上似乎都有行为艺术的特征，而在实质上则是公民对公共利益的诉求。

第二，公共舆论空间的扩展。所谓公共舆论，是指公众围绕共同关心的社会事件和问题，通过一定方式公开表达和传播的，对政府管理产生直接或间接影响的，具有相对一致性和持续时间的信念、态度和意见的总和。公共舆论既是"社会道德的法庭，又是社会控制的机器"，是一种"普遍的、隐蔽的和强制的力量"②。作为相对独立于政治国家的私人自治领域，公民社会通过报刊、广播、电视、书籍等传媒，以"公众舆论"的形式与政府进行沟通和对话，进而实现公民社会与政治国家之间的良性互动关系。在这种互动关系中，公民可以借助于公共舆论评议和监督政府行为、对国家公职人员的滥权与不作为现象进行揭露、谴责和控诉，从而影响公共政策过程。因此，以传媒为主要载体的公共舆论是公民社会制约国家权力以及维系公民社会自主性的"盾牌"。改革开放以来，广州经济的高速成长在全面提升市民物质生活水平的同时，也从客观上推进了广州公共舆论空间的发展。作为改革开放的前沿地，广州官方对公共舆论的相对包容为公共舆论空间的不断扩展提供了较为宽松的政治环境，而相对成熟的公民意识则使广州的公共舆论的发展也走在全国前列。公共舆论空间的扩展让广州的公民意识有了生根发芽的可能，让民意能找到向上释放的途径。如《南方周末》被认为是敢于针砭时弊、关注民生的评论媒体，而《南方都市报》也

---

① 参见雷辉《广州民意"行为艺术"：官民良性互动 权力尊重权利》，载《南方日报》2011年6月21日。
② 《马克思恩格斯全集》（第1卷），人民出版社1956年版，第237页。

因"孙志刚事件"和"非典"等一系列报道而闻名全中国。公共舆论空间的扩展也使广州市政府相对节制与内敛，在遭到公共舆论强有力的反对时，往往会放下身段、倾听民意。时任中共广州市委书记朱小丹、广州市市长张广宁曾先后就交通堵塞、"工程扰民"等公开向市民道歉，并且"闻过即改"。① 因此，公共舆论空间的不断扩展是广州这个城市颇具吸引力的一个缩影。

第三，社会组织的成长。统计数字显示：广州全市登记在册的社会组织共4279家，其中社会团体1458家、民办非企业单位2821家，② 这还不包括大量没有在民政部门核准登记的草根非政府组织。虽然在人均非政府组织的数量上远远落后于上海，但广州社会组织发展有更强的民间性色彩。广州不仅活跃着一些劳动维权与环境保护的非政府组织，还是中国志愿者服务和草根非政府组织的发源地。1987年，广州就开通了全国第一条志愿服务热线——"中学生心声热线"，成为全国志愿者服务的雏形。"番禺打工族服务部"就是国内最早的草根非政府组织之一，而国家民政部批号"001"、第一个国家级民营基金会——"香江社会救助基金会"也诞生于广州。③ 这些社会组织既能通过自身的组织运作来弥补政府与市场缺位，以促进市场经济发展和政府职能转变，还通过有效的社会整合促进和谐社会建设。在此基础上，以志愿者、社会组织和政府共同组成的公民社会的治理结构在广州已然成型。

---

① 参见《广州有理由为自己的公民意识自豪》，载《南方日报》2011年9月23日。
② 参见《广州八大类社会组织可直接申请登记》，载《广州日报》2011年11月24日。
③ 参见何雪华《广州"志愿之城"已现雏形》，载《广州日报》2011年12月6日。

二、广州市政府创新的相关实践

在广州的转型发展进程中,日益呈现出两种发展态势:一方面是传统地方政府管理模式的局限性与缺陷日益暴露,另一方面是公民社会的不断成长。正是在这样的背景下,广州市政府开始尝试着创新政策过程,逐步通过吸纳公民社会的力量来缓解传统政府管理的不足,彰显出参与式治理的创新趋向。

1. 垃圾处理事件

随着广州市南拓发展战略的实施与快速的城市化,迅速带动了番禺的经济增长与人口的快速增加,生活垃圾产量也与日俱增。据统计,截至2008年,番禺区居住人口250多万人,年产垃圾近60万吨。到2010年,每天将产生垃圾约2000吨。日处理1200吨的火烧岗生活垃圾填埋场当时预计将于2012年填满封场,按照那时垃圾处理设施的容量和日处理量,在2~3年内,将无法应付每日2000多吨生活垃圾的处理,番禺将面临垃圾围城的困境。为此,广州市番禺区生活垃圾处理系统规划于1999—2001年编制完成,2001年通过专家评审,2002年由番禺区人大常委会审批通过。在规划中,包括大石镇现有的会江垃圾场在内的11个地点被规划作为未来生活垃圾处理设施的可能选址。2006年8月,大石镇会江村与钟村镇谢村获得广州市规划局批准用于建设番禺区生活垃圾综合处理厂。① 2009年2月4日，广州市政府发出《关于番禺区生活垃圾焚烧发电厂项目工程建设的通告》，选址周边的部分业主开始在网上获知政府通告并开始关注项目情况。很长时间内，垃圾焚烧发电厂选址事件只有零星的网络转贴而并未产生太多公众反响。2009年9月中旬之后，周边多个小区的业主论坛中关于该项目的讨论数量开始增长。业主们开始质疑"政府怎么可以在人群这么密集的地方建垃圾焚烧厂"。但一直到2009年9月下旬之前，由于政府并没有建设垃圾焚烧发电厂的实际动作，所以这个时期的公众关注基本上局限于在网络上表达怨言。

到2009年9月下旬，政府开始推进在规划地点建设垃圾焚烧发电厂事宜。2009年9月23日，时任广州市容环境卫生管理局（以下简称"环卫局"）局长的吕志毅在接访日对媒体表示，近日将对焚烧发电厂项目进行环境影响评价（以下简称"环评"），一旦通过将立即开工，当时预计在2009年建成。2009年9月24日，番禺区市政园林局局长周剑辉告诉媒体，"垃圾围城"形势严峻，当前选址经过充分考虑，垃圾焚烧发电厂已经基本完成征地工作，下周将完成征地补偿工作，项目环评工作正在进行。这些官方信息犹如重磅炸弹"袭击"了周边楼盘的业主，相关信息被"转贴"到多个小区论坛，引起了轩然大波。小区居民自发组织，通过收集签名、集体上访、行为艺术等多种方式发出抗议声音，广州本地及全国媒体亦积极介入，连续报道，使"番禺垃圾门"事件引发了全国关注。②

到2009年10月，番禺垃圾焚烧事件进入高潮。10月中旬以后陆续有几批番禺业主前往广州北郊的李坑垃圾焚烧厂实地走访，现

---

① 参见林劲松《番禺垃圾焚烧发电厂选址大石会江村始末》，载《南方都市报》2009年11月4日。
② 参见《番禺垃圾焚烧入选政府网民对话十大事件》，载《南方日报》2010年1月14日。

场难闻的恶臭、路边的污水以及周边居民的诉说的种种情况让他们深受震动并感到莫名的恐惧。10月下旬，一场"反对焚烧厂建设"的集体签名活动在多个小区同时进行。10月23日，多名业主相约前往上访，向广州市环卫局和华南环境科学研究所（以下简称"华南环科所"）递交了"请尊重30万番禺人民民意，停止兴建垃圾焚烧发电厂"的书信，要求公示环评过程和结论。高涨的反对声浪以及集体陈情行动引起了政府的高度关注。为了取得居民理解，10月30日、11月22日，广州市、番禺区两级政府先后召开媒体通报会，反复表示：焚烧发电是目前唯一可行的垃圾处理技术手段；番禺垃圾焚烧发电厂排放达到欧洲标准，安全无害，不会制造一个新的污染项目；会江村选址符合国家规范。同时反复承诺：广州市政府将"依法依规"推进焚烧发电项目建设，环评不通过决不开工；积极推进垃圾分类，减少居民生活排放。① 政府的承诺与专家的论证显然不能打消番禺民众的疑虑。2009年11月23日，一场大规模的街头抗议在广州市政府门口爆发。当天是星期一，大量市民自发来到新成立的广州市城管委要求反映意见，在接访没有得到满意答复的情况下，市民来到市政府大楼前聚集并要求与负责官员对话。在抗议现场，集结民众进行了各种各样的自发的抗议表演。时任中共广州市委常委、常务副市长苏泽群获悉后立即来到市信访局接访，表示若环评不过关、大多数市民反对，该项目就不会动工。②"集体散步"的抗议成效无疑鼓舞了业主们的斗志，网络上关于进一步"闹大"的讨论开始展开，这迫使政府不得不做出妥协。11月25日，番禺区政府向全区市民发出《举全区之力集全区之智创建番禺垃圾处理文明区》倡议书，并出台五条意见，其中包括垃圾

---

① 参见《如何破解"垃圾围城"困局？——番禺垃圾焚烧发电厂风波调查》，新华网，http://www.xinhuanet.com，2009年11月26日。

② 参见《广州市常务副市长苏泽群：若环评不过关、大多数市民反对该项目不会动工》，载《南方都市报》2009年11月24日。

焚烧厂选址拟进行重新审视和论证，建立科学、民主的政府决策机制，"不排除进行全区群众投票"①。2009年12月10日，番禺区政府发布《创建番禺区垃圾处理文明区工作方案（征求意见稿）》，表示项目选址工作将推迟到2011年1月后，并通告开展为期半年的"全民大讨论"。2009年12月20日上午，时任中共番禺区委书记谭应华在业主代表座谈会上表示，垃圾焚烧发电厂项目已停止，"以后垃圾处理以某种方式落在什么地方，要形成共识，要大多数周边的人同意才行，这个比例要达到75%"②。

2010年，广州市重启垃圾处理议题。吸取了2009年政府单方面强力推进垃圾焚烧发电厂项目建设遭遇公众维权抗争的教训，广州市政府的垃圾处理在决策过程便开始吸纳民意。一是开放咨询渠道。2010年1月13日，广州市人民政府决定从即日起，在南方网、金羊网、大洋网、奥一网等四家网络媒体上广泛开展以"广州垃圾处理政府问计于民"为主题的公众意见网络征询活动，欢迎广大市民和专家建言献策。相关部门在对这些意见和建议进行汇总综合后，报广州市人民政府常务会议决策。③ 二是吸纳民间精英参与。2010年4月9日，广州的网名为"巴索风云"和"阿加西"的两位网民作为2009年反对垃圾焚烧的业主代表受广州市番禺区人民政府邀请，到澳门参观考察垃圾焚烧厂。④ 三是吸收公众倡导的垃圾分类主张。2011年2月17日，广州正式发布国内首部垃圾分类条例，不分类者将罚50元。相关规定从2011年4月1日起施行。按照广州市人民政府的计划，2011年垃圾分类率力争达到50%，

---

① 陶达侯：《广州番禺或对垃圾焚烧项目去留进行全区公决》，载《南方日报》2009年11月25日。

② 《广州番禺区委书记表示垃圾焚烧项目已停止》，载《广州日报》2009年12月21日。

③ 参见赖伟行《听民声、疏民意、纳民智、解民忧》，载《广州日报》2010年4月24日。

④ 参见单光鼐《官民良性互动》，载《南方周末》2011年2月25日。

2012年建立完善的垃圾分类收集处理系统。① 四是成立公众咨询监督委员会。2012年8月4日，广州市城市管理委员会成立了由30名社会人士担任委员的广州市城市废弃物处理公众咨询监督委员会。② 该委员会的成立有助于保障市民对广州城市废弃物或生活垃圾分类处理的知情权、表达权、参与权、监督权，并有利于进一步提高城市废弃物或生活垃圾分类处理民主决策、科学决策水平。五是开展各种论坛活动。2012年8月10日，广州市科技协会和广州市城管委联合举办了名为"直面垃圾围城：现在与未来"的讲坛，邀请专家和市民参与讨论。③ 2012年10月14日，广州市科学技术协会（以下简称"科协"）、广州市城市废弃物处理公众咨询监督委员会、南方都市报联合举办了"生活垃圾分类处理：从政府战略到公众参与"论坛，探讨垃圾分类处理的可行路径。④ 六是市长主持召开专题座谈会。2012年5月，时任广州市市长陈建华先后两次主持召开垃圾处理工作座谈会，与专家学者以及市民代表讨论垃圾处理问题。⑤

正是在这样的官民互动中，广州市垃圾处理再决策的路线图逐渐明确：一方面，政府继续坚持建设垃圾焚烧发电厂的思路，但选址会充分考虑民意。2012年4月18日，广州市城管委正式对外公布了有关生活垃圾焚烧发电厂项目和餐厨垃圾资源化处置利用设施建设计划实施方案，未来3年广州市将新建6座垃圾焚烧发电厂，

---

① 参见《广州出台国内首部垃圾分类条例不分类罚50元》，载《广州日报》2011年2月18日。
② 参见《广州城市废弃物处理公众咨询监督委员会召开成立大会》，载《广州日报》2012年8月4日。
③ 参见《广州举办讲坛讨论"垃圾围城"解决办法》，载《羊城晚报》2012年8月12日。
④ 参见《南都、市咨委会、市科协联合主办垃圾分类论坛》，载《南方都市报》2012年10月15日。
⑤ 参见罗艾桦《广州市政府连续举行两场座谈会 邀网友问计"垃圾围城"》，载《人民日报》2012年5月23日。

名称统一称为"资源热力电厂"。① 另一方面，政府也吸纳了公众提出的关于推进垃圾分类以实现垃圾减量的建议。2012年7月10日，广州市人民政府正式下发《关于推进全民垃圾分类处理工作意见》，对垃圾源头减量、垃圾分类投放普及、分类收运规范、回收利用等各方面环节做出明确规定和指引。② 至此，广州垃圾处理事件，以市民保卫家园始，以为垃圾处理寻找出路结束，从简单的抗议到理性的博弈，广州市民和政府为外界谱写了一份公民理性维权、官民良性互动的样本。③

2. 同德围整治④

同德围位于广州市西北角，常住人口近30万人，但长期以来只有双向四车道的西湾路和西槎路贯穿"围城"南北，居民出行之路被称为"华山一条路"，"痛得威"之名即由此而来。因此，同德围亟须建设另外一条贯穿南北的通道。但同德围居民复杂，历史遗留问题多，如何平衡各方利益，让治理措施得到当地居民的支持，成了摆在广州市面前的一道难题。

2012年2月26日，同德围地区综合整治工作咨询监督委员会（以下简称"咨监委"）成立，就《同德围地区综合整治工作方案（征求意见稿）》广泛征求并收集居民的相关意见。

2012年3月，曾从事建筑设计工作多年的退休工程师何世江老伯向咨监委提出设想：沿石井河边建设一座高架桥，解决同德围南北通行问题。3月18日，时任广州市市长陈建华来到同德围开座谈

---

① 参见全杰《3年建6座资源热力电厂》，载《广州日报》2012年4月19日。
② 参见全杰、何颖珊《2015年底前基本实现垃圾分类》，载《广州日报》2012年7月11日。
③ 参见《垃圾处理建言群体 官民互动探路垃圾分类》，载《新快报》2013年3月29日。
④ 参见《"同德围模式"破冰邻避现象：起承转合四部曲》，载《南方日报》2012年9月18日。

会，听取咨监委代表的意见，咨监委代表郭文峰转达了何老伯建设高架桥的建议，被称为"西线"方案。4月2日，陈建华坐船沿着石井河实地考察后，认为方案具有可行性。

然而，这一方案却遭遇一些专家和沿途小区居民的反对。在2012年4月20日左右的一次座谈会上，有专家认为，西线方案可能影响到石井河的生态建设，方案设计的6个上下出入口拆迁量太大，很难落地。周边居民担心高架桥项目会对他们产生不良影响而更是强烈反对这一项目。在讨论碰撞过程中，有专家和居民提出了"东线"方案。

2012年4月29日，同德围9项工程开工仪式结束后，陈建华又召集相关部门召开现场调研会，就高架桥东线方案进行讨论。在讨论中，"东线"方案获得了大多数与会人士的赞成。广州市住房和城乡建设委员会（以下简称"建委"）、市规划局等部门在多次踏勘现场的基础上，听取和书面征得铁路、同德围地区综合治理工作咨询监督委员会、同德街道办事处、沿线各村民委员会以及部分居民代表等各方面意见，最终制定了2个沿新市涌修路的"东线"方案，并于5月30日起正式向公众征求意见。

但是，"东线"方案规划立即引发了唐宁花园业主们的争议与反对。在如潮的反对声中，政府部门选择了认真倾听并耐心解释。在了解了更为详细的方案后，唐宁花园的业主们逐渐接受了"东线"方案。

2012年6月30日，时任广州市建委主任侯永铨就同德围东线高架桥方案组织召开了首场座谈会，向同德围居民和同德围咨监委征求意见。对于高架桥方案最初的东、西两个方案，在经过比较论证后，原则上同意采用东线方案。而东线方案又有穿越北站货场和绕行北站货场两个方案。越秀区矿泉街瑶台村沙涌南经济合作社的2000余名社员建议采用绕行方案，坚决反对穿越货场方案。他们还提出了沿着铁路修建高架桥的第三种方案，并表示如果采取此方案，将帮助协调货场进行部分搬迁。很快，广州市建委将居民提出的第三种方案也纳入考虑范围之中，设计单位就沿铁路建高架的方案做了一个初步设计。

2012年7月14日，市建委再次就同德围南北高架桥三个方案召开了座谈会。座谈会上，设计单位认为，第三方案需拆迁大量房屋，实施难度极大，工程费用很高，而且铁路上列车装卸会使道路交通中断，对同德围地区的交通能力和西槎路的分流能力较低。绕行货场的方案是设计单位认为最安全、实施难度最小的方案。6月30日的座谈会后，设计单位对绕行货场的高架设计方案做了一些修改。然而，修改后的绕行方案仍然不能得到白云区政府、同德围街道办事处以及同德围当地居民代表的支持。而大多数人支持的穿越货场方案在越秀区矿泉街瑶台村居民看来是最难接受的。当天的协调会由于各方分歧太大，最终不欢而散。

面对挫折，广州市建委并未放弃，而是继续组织人员对方案进行完善，并继续和当地政府一起，耐心地与当地居民沟通。自2012年7月14日后，市建委组织了多场协调会，长时间的沟通终于取得了成效。2012年9月2日，广州市建委又一次征求同德围高架桥方案意见，这次15名代表都提出了建设性的改善建议。最终，经过闭门投票，参加当天沟通会的28名咨监委成员和沿线群众代表全票通过，一致同意新修改的方案。2012年9月5日至2012年9月14日，修改后的同德围南北高架桥工程建设方案进行第二次公示，进一步征求并吸纳群众意见。经市政府同意后，高架桥工程将进入实施阶段。

在同德围整治中，政府与民众初步实现良性互动，同德围地区的居民作为直接利益相关者有了一个表达意见的渠道，一改过去都是政府单方面主导、公众被动服从的局面。①

三、参与式治理开启了地方政府创新的新方向

上述两个事件尽管所反映的问题不尽相同，但仍然可以看到一些共同点。

1. 广州市民具有较强的公民意识

所谓公民意识是指公民个人对自己在国家中地位的自我认识，也就是公民自觉地以宪法和法律规定的基本权利和义务为核心内容，以自己在国家政治生活和社会生活中的主体地位为思想来源，把国家主人的责任感、使命感和权利义务观融为一体的自我认识。与完全依附于政治系统的"臣民意识"不同的是，公民意识下公民拥有独立的人格并能自主地向政治系统输入政策诉求。与纯粹关注个人权益的市民意识不同的是，公民意识更多地关注公共利益。在广州的公共生活中，市民的公民意识主要体现在两个方面：一是日渐明确的公民主体意识，如权利意识和参与意识等；另一方面是比较理性的公共意识，如法律意识和协商意识等。前者如人大代表和政协委员敢于给政府挑刺，充分利用"两会"等制度平台发出"令政府刺耳的声音"，孟浩以不剃须"逼迫"广州市人民政府公

---

① 参见《同德围整治要成"模式"，还需继续创新》，载《新快报》2012年3月24日。

开 39 号文①和韩志鹏对一些镇街公共财政支出不合理问题的持续追踪②就是其典型代表；而已经日渐成为广州亮丽城市生活风景线中一部分的媒体善意批评政府与普通市民公开站出来对政府决策说"不"则凸显出公众强烈的权利意识。后者则在上述两大事件中体现得淋漓尽致，利益相关的市民不仅公开表达自己的利益诉求和积极理性地参与，还愿意与政府协商解决面临的分歧。不管是在垃圾处理事件还是同德围整治事件中，市民虽然一开始是基于特定的社区利益而发出自己的"反对声音"，但很快就调适成为"建设性的反对"。最终，这种"建设性冲突将冲突转变成为建设性的商议过程"③。因此，公民意识的发育成熟不仅为公共事务的有效治理提供了可资利用的社会力量，更重要的是，明确的公民权利意识与理性的公民参与意识也在相当程度上有助于消解多元主体参与公共事务治理的风险。

2. 政府与公众分享公共政策过程

在传统的公共政策过程中，政府基于"公共利益代理人"的基本假设以及"运行效率最大化"的价值原则等，将公众完全排除在公共政策过程之外。虽然诚如王绍光所言"行政机关越来越难以独自垄断政策议程"④，一些地方政府开始选择性地公开政务信息、做出咨询民意的姿态、频繁上演各种"听证秀"等，但显然是想将公民参与限制在政策执行之中，力图通过这种"政治沟通机制"将

---

① 参见苏少鑫《39 号文即将公开，追问仍需努力》，载《南方日报》2013 年 1 月 25 日。
② 参见韩志鹏《从化鳌头镇业务接待费"整容"125 万缩至 38 万》，载《羊城晚报》2013 年 5 月 14 日。
③ Maria Veronica Elias, Mohamad G Alkadry. Constructive conflict, participation, and shared governance. Administration & Society, 2011, 43（8）：869–895.
④ 王绍光：《中国公共政策议程设置的模式》，载《中国社会科学》2006 年第 5 期。

自己的意志传输下去,以寻求公众的理解、认同和支持。[1] 最终却使公民参与成为"在场的缺席"以及使形式化的协商蜕变成为一种管理工具。[2] 不过,在广州,政府开始逐渐愿意与公众分享政策过程。2010年5月,广州市人民政府印发了《重大民生决策公众征询工作规定》,明确提出:凡涉及民生的重大决策,都必须在决策前充分听取市民意见。2013年3月11日,《广州市重大民生决策公众意见征询委员会制度(试行)》获市政府常务会议审议通过。该制度明确,日后广州将遵循"一事一会"原则,每一个重大民生项目和计划决策之前,都将成立一个单独的公众意见征询委员会,而且市民代表和直接利益代表的人数不得少于1/3;同时,应当成立公众征询意见委员会而没有成立的,相关项目将不得提交领导集体决策。[3] 所以,在垃圾处理事件中,当政府强力推进的垃圾焚烧发电厂建设项目遭遇民意反对时,项目被暂时搁置;而在后来重启垃圾如何处理的政策过程中,公众倡导的"垃圾分类"也被政府吸纳。而在同德围整治事件中,政府在相关方案的选择中也充分与民众进行协商。这种政府与公众分享公共政策过程的情形在相当程度上体现了公众与政府在公共事务治理中的协作。

比较上述两个事件的处置,尽管垃圾处理事件中,政府开放政策过程是在"维稳压力下的被迫性反应",但政策过程的修正的确开启了政府与公众对话与协商的平台。而在同德围整治事件中,政府从一开始就搭建了一个充分吸纳公民参与诉求的制度化平台——公众咨询监督委员会,而后又在方案设计中持续地展开官民互动,

---

[1] 参见麻宝斌、马振清《新时期中国社会的群体性政治参与》,载《政治学研究》2005年第2期。

[2] 参见[英]弗兰克·布里迪《恐惧的政治》,方军译,江苏人民出版社2007年版,第104页。

[3] 参见《重大民生决策均须成立公众委员会》,载《南方都市报》2013年3月12日。

创造了堪称典范的"同德围模式"。因此，这两个案例都体现了在地方政府创新过程中，通过建立政府与公众的对话协商机制，既积极回应了公民参与的诉求，又初步实现了公共事务的有效治理，体现了参与式治理的发展趋向。在参与式治理中，"尽管在一定程度上相对延缓了政府的决策速度，但在民主基础上增强了政策对社会各方利益的统筹考虑，有效降低了公共政策过程的成本，提高了决策效益"①。

众所周知，在既有的公共管理理论中，公民参与是受到排斥的。在威尔逊-韦伯范式的公共管理典范中，公民参与与管理过程对效率最大化的追求是不相容的，因为"当公众评论直接关注政府的日常琐事和政府对日常工作方法的选择时，像是一个乡下人在操作一部难以驾驶的机器"②。"允许公众参与就等于是对行政管理采取了不必要的干预。"③虽然新公共行政思潮极力倡导"民主行政"，但也只是作为倡导性议题而并未付诸广泛的实践。20世纪70年代末的新公共管理运动尽管也强调"顾客至上"，但公民被界定为顾客或者消费者，公民参与主要是对公共服务做出回应而不是进入公共决策。"这种界定既是授权给公众，同时也可以说贬低了公众的身份……把公民贬低为消费者，似乎降低了公民作为与国家相对的权利和合法地位的拥有者的作用"，"如果治理退化成十足的经济行为，那么在政治理论中公民就变成了微不足道的人物"④。正是在反思既有公共管理典范的基础上，主张政府与社会、公共部门

---

① 褚松燕：《民主恳谈：政府创新的维度与限度》，载《甘肃行政学院学报》2007年第3期。

② 彭和平、竹立家：《国外公共行政理论精选》，中共中央党校出版社1997年版，第19页。

③ [美]约翰·克莱顿·托马斯：《公共决策中的公民参与：公共管理者的新技能与新策略》，孙柏瑛译，中国人民大学出版社2005年版，第12页。

④ [美]B.盖伊·彼得斯：《政府未来的治理模式》，吴爱明、夏宏图译，中国人民大学出版社2001年版，第51页。

与私营部门协作的治理理论①开始兴起,但治理理论关注的核心依然在于改善公共管理绩效。而以"竞争性选举"为核心的代议制民主也或多或少地背离了古典民主的理想,它认为民众受知识和能力的制约而根本无法参与政治生活,公民的政治冷漠因此成为美德和民主有效运作的前提。② 正是在直面选举民主危机中,"强调参与是民主的基本精神"③ 的参与式民主以及协商民主理论相继问世。因此,参与式治理是治理理论与参与式民主以及协商民主理论的有机结合,既强调了以公民理性参与为核心的治理的合法性,又强调了通过政府与公众良性互动进而实现有效协作的可治理性。参与式治理允许公民广泛参与利益相关的政策过程,是公民分享权力、责任和资源的过程。④ 通过参与式治理,公民参与到公共政策过程中来,从而影响公共资源的配置,实现公民与政府的合作共治。在发达国家,"参与式治理"正在成为地方政府创新的基本趋势。公共讨论、参与式预算、协商会议、协商投票以及公民陪审团等许多形式正在使越来越多的公民积极地参与到公共政策过程中来。参与式治理的出现,既是民主政治的实践,又适应了政府创新的需要,更有助于解决日益复杂的社会政治难题。

改革开放以来,中国社会转型所带来的社会结构变迁、权利时代公民意识的觉醒、现代社会对公共生活的"公共性"诉求,分别从自上而下和自下而上两个方向推动了公民参与的兴起。⑤ 但是,由于制度化参与渠道狭窄、参与成本太高、民意表达机构功能虚化,非制度化政治参与就成了现阶段诸多弱势群体利益表达和诉求

---

① 参见俞可平《治理与善治》,社会科学文献出版社2000年版,第6页。
② 参见彭怀恩《精英民主理论评析》,正中书局1983年版,第43页。
③ 陈家刚:《协商民主引论》,载《马克思主义与现实》2004年第3期。
④ 参见[英]弗兰克·布里迪《恐惧的政治》,方军译,江苏人民出版社2007年版,第39页。
⑤ 参见王锡锌《公众参与:参与式民主的理论想象及制度实践》,载《政治与法律》2008年第6期。

的主要途径和方式。①而非制度化政治参与不仅使维权与维稳成本居高不下,还加剧了官民对抗而危及基本政治秩序。因此,通过地方政府创新,使日益扩展的公民参与诉求得以进入有序表达的轨道,既能实现民主治理,又能保障有效治理。正是基于此,党的十六大与十七大政治报告都强调要发展"公民有序的政治参与"。而从广州的探索性实践来看,参与式治理显示的积极意义在于:一方面,重塑了政府与公众的关系,增进了彼此之间的理解与信任,最终也改善了公共事务的治理绩效并促进了和谐社会建设;另一方面,近期发生的"白云山开凿隧道"事件因民意的反对而被搁置②以及相关政府部门在信息公开上的"瑕疵"而遭遇公共舆论"无情挞伐"等,则表明公民社会的成长在相当程度上正在成为推动地方政府持续创新的动力。正如有媒体所评论的那样,"一旦市民正常生活被打乱,是会与政府商量的,而广州的政府部门与官员不敢乱来"③。

因此,如果能够将上述两个事件中地方政府吸纳公民参与而实现管理创新逐步程序化与制度化,即推进参与式治理的发展,那么它就不仅仅意味着为有效化解特定的公共事务治理困境开辟了新路,更重要的是它应该成为当代中国地方政府创新的新趋向。

---

① 参见江浩、王立京《公民政治参与扩大与政治制度容纳》,载《江汉论坛》2009年第12期。
② 参见《广州暂缓白云山隧道项目 网友忧暂缓不是叫停》,载《羊城晚报》2013年1月19日。
③ 田川:《60万志愿者"全民亚运""2.0版"广州现公民社会雏形》,载《民营经济报》2010年11月19日。

四、结　　语

地方政府创新一向被认为是中国改革的试验田,"百花齐放和百家争鸣"的地方政府格局也在相当程度上成就了当代中国的发展道路。为增长而竞争的地方政府管理模式不仅付出了高昂的发展代价,还承受越来越大的维稳压力,因此通过创新地方政府管理既是降低发展成本的明智之举,也是缓解压力的理性选择。不过,检视20世纪90年代以来的中国地方政府创新,却很容易发现其存在着日益明显的困境:一方面,基于政治改革的复杂性、发展竞争性选举民主可能隐含的巨大风险以及在中国实践中选举改革的创新往往无法破解治理困局的教训等,因此行政体制改革成为20世纪90年代以来政府创新的主旋律。① 另一方面,在既有的地方政府创新中,政治改革主要带来了公民的公平感的提高并在一定程度上维护了程序公平,行政改革主要是降低了政府的行政成本并提高了行政绩效,而公共服务创新则更多地体现在公众满意度的提升和行政效果的改进上。② 但是,从整体上观察,地方政府创新的"快速消亡"和"人走政息"的问题是一个常态。③ 这在一定意义上削弱了"整

---

① 参见张廷君《我国地方政府管理创新的路径模式与抉择规律分析》,载《经济学家》2011年第9期。
② 参见王勇兵《地方政府创新:制度空间与路径选择》,载《学习时报》2006年2月27日。
③ 参见韩福国《地方政府创新:困境与抉择》,载《人民论坛》2013年1月。

体性社会治理危机的地方化解构"机制的有效性,也使得中国的经济持续高速增长而政治发展相对滞后所产生的社会问题日益严峻。在这种背景下,广州市以参与式治理为基本趋向的地方政府创新就具有特别重要的意义。

在宏观层面上,民主政治的确需要通过竞争性选举来获得国家权力的形式合法性。但在微观层面上,尤其是在两次选举之间,民主政治更需要关注作为国家权力所有者的人民如何通过各种各样的、持续性的参与行动,来影响、管理、控制与他们的生活密切相关的公共事务。而如何通过地方政府创新,将公众纳入公共生活的领域,培育富有激情、理性和责任心的公民精神,实现政府与公众的协作治理,相对于发展选举民主而言,应该更具备可操作性和紧迫性。因此,从广州的实践来看,尽管参与式治理没有触及竞争性选举这一所谓的现代民主的核心命题,但却凸显出其对公民参与这一民主政治的实质性命题的关注,在一定程度上适应了公民日益增长的参与公共事务管理的诉求,促进了公民对政府决策的接受性,从而增进了政府的合法性。而广州公民社会的成长也在相当程度上给地方政府施加了持续性的理性"压力",使其创新并不完全依赖于地方政府官员的"开明与民主意识",既为地方政府创新中发展有序的公民参与提供了组织化机制,又在相当程度上化解了地方政府创新不可持续的时代难题。

基于此,以参与式治理为基本趋向的地方政府创新在当代中国无疑具有广阔的发展前景。在环境保护、基层自治、社区治理、公共决策等直接关涉民众切身利益的领域,都需要通过参与式治理来引入有序的、有效的公众参与,从而实现公共事务的有效和民主治理。但是也应当看到,在广州实践中,既存在着政府主动公开信息不足、公共政策过程中"话语—权力"的垄断性结构、参与式治理的制度供给不足等制约因素,也因为公民社会还处于成长过程之中而使公民参与的组织化程度与有序性和有效性不足,从而导致广州以参与式治理为趋向的政府创新远未成为一种制度化的习惯，而更多地体现为一种应对外在危机与风险的选择性反应。因此，参与式治理的成长既有赖于公民精神与公民社会的成长，也有赖于国家的积极回应和相应的制度保障，更有赖于公民社会与国家之间的良性互动。

第二节　广州市政府治理邻避冲突的制造同意策略[①]

一、问题的提出与文献回顾

早在 20 世纪 70 年代，奥黑尔（1977）开始使用"邻避"（NIMBY）来描述那些兴建能够带来整体性社会利益，但会对周围居民产生负面影响的设施。而邻避运动是指因为邻避设施建造而引起的当地居民与政府或者邻避设施建设者之间的冲突。近年来，伴随着城镇化进程的狂飙突进，我国邻避运动呈高速发展态势，如 2007 年厦门 PX（对二甲苯）事件、2009 年番禺垃圾焚烧厂事件、2011 年大连 PX 事件、2013 年昆明 PX 事件、2014 年余杭中泰垃圾焚烧厂事件、2015 年罗定垃圾焚烧厂事件、2016 年仙桃垃圾焚烧

---

① 原文以《制造同意：广州市政府治理邻避冲突的策略》为题发表在《武汉大学学报》（社会科学版）2017 年第 3 期。

厂事件等。由于缺乏行之有效的邻避运动治理措施，不仅导致 PX 项目被抗议声浪相继搁浅、高铁线路在众生喧哗中被迫改线、垃圾焚烧厂在舆情汹涌里夭折停建，甚至危及社会和谐稳定，因此地方政府往往面临邻避运动治理危机。

  从既有相关研究来看，无论是基于风险沟通还是公共政策过程中的协商参与，大部分研究者都是在总结既有邻避运动教训与借鉴外部经验的基础上进行应然性对策设计（陶鹏等，2010；陈宝胜，2012；吴翠丽，2014；张乐等，2014；马奔等，2014；杜健勋，2016；王佃利等，2016；田亮等，2016；唐庆鹏，2017；等等）。而在数量有限的基于地方政府应对邻避运动实践的研究中，研究者发现地方政府预料到邻避设施选址容易遭遇抵制，因而采取封闭式专断决策，让公众对城市总体规划、环境影响评估等过程不充分参与等（郑卫，2011），最终导致公众知情权、参与权和监督权得不到满足，以致他们不理解、不支持政府决策（汤汇浩，2011）。而由于地方政府作为邻避运动中非中立的一方常常使其对民众的安抚与调解能力大打折扣，与此同时，抗议者起初常常通过体制内管道表达诉求，然而政府却常常施以"拖延术"，即长时间不予回应；除此以外，政府还通过传唤、拘留和大量警察维持"秩序"等方式压制民意表达，进而"突袭式"建设或复建"邻避设施"，但这一过程往往导致激烈的暴力冲突（何艳玲，2006；2009）。熊炎等指出，政府面对邻避抗争存在无法充分回应公众诉求、没有引入第三方介入技术性问题评判、没有发挥社区组织整合群众利益的功能以及回馈与补偿机制的不合理等问题（黄岩等，2010；熊炎，2011；等等）。不过，关于中国邻避冲突治理的研究仍然集中于冲突为何发生以及地方政府为何治理失败，却很少探讨地方政府如何成功治理邻避冲突。① 近年来，一些地方政府在应对社会抗争中开始倾向于采用"刚柔并济"的"摆平"策略而非"完全刚性"的"压制"策略（钟伟军，2011；郁建兴等，2016）。陈峰等（2016）发现基层政府解决中国式抗争常用"三板斧"：联合制度安排、个案调停机制以及社区监视。张永宏等（2012）发现基层政府在应对公众抗议时采取了"制造同意"的三种具体手法：一是"花钱买稳定"，即从物质利益上对公众让步和妥协；二是"打综合战"，即让抗议者陷于纷繁复杂的法律程序中，从而不堪程序的"拖"与"磨"，其中，有些时候政府会以"调解代替诉讼""抓把柄"予以推进；三是以"为人民服务"的名义加强"社会管理"，最重要的是通过设置诸如社区工作站等基层机构收集信息，同时对不满者做情感工作。但是，邻避运动中的环境和健康问题常常超越具体的物质利益而涉及个人价值理念、生活方式（爱德华·沃尔希等，1993；弗兰克·费希尔，2003），不是一个简单的利益交易。而且，这种"制造同意"其实是柔性压制与强力压制的两手并用，如借助抗议者关系网络，以其作为做通思想工作（如亲友劝说、领导施压等）的方式实现"关系型压制"（邓燕华等，2013），或者使用"政治化"（如"扣帽子""定性"等）、武力处理等刚性手段（蔡永顺，2008）。显然，这样的"制造同意"并没有超越"摆平理顺"的"权益式治理"，而"摆平-妥协"二元策略、以维稳为治理底线的治理模式也无益于邻避冲突的解决（鄢德奎等，2016）。

总之，在实践中，"地方政府宣布建设—居民强烈反对—邻避设施被迫搁置"已然成为近年来中国特色邻避运动治理的"样板戏"。虽然广州市政府在2009年强力推进的垃圾焚烧发电厂建设项

---

① 邻避运动的普遍结果是地方政府迫于维稳压力回应公众诉求，不管是迁址另建、搁置还是原址重建，都止步于偶发性的危机处理，但广州案例的独特之处在于其初步构建了公众持续参与的治理框架（张紧跟，2014）。

目在遭遇番禺市民的激烈反对时也一度搁置，但2010年重新启动后逐步完成了重新选址并力图通过政府吸纳公众制度化参与走出既有邻避运动治理的困境。①

因此，回顾广州市政府治理邻避运动的实践，有必要回答两个问题：② ①广州市政府在治理邻避运动时采取了什么策略？或者说，广州市政府为何能成功治理邻避运动？②广州市政府治理邻避运动的策略意味着什么？

本研究使用的资料来源于一手调查和二手文献。一手资料收集基于我们2009年以来在广州的田野工作，资料获取主要通过参与式观察和访谈；二手文献来源于政府政策文本、媒体对事件的报道与讨论、中国知网上的学术论文等。

二、案例描述

1. 选址遭遇邻避抗争

2009年2月4日，广州市政府发出通告，决定在番禺区大石街

---

① 从历时性来看，没有2009年的邻避抗争故事自然就很难有2010年后的邻避运动续集，因此应该将其作为一个完整的故事而不应该将其人为肢解。而在这个研究众多的旧案例中，研究者要么聚焦于2009年公众如何抗争（郭巍青等，2011；袁光锋，2012；曾繁旭等，2013；等等），要么聚焦于2010年后的发展来进行应然性政策参与设计（黄小勇，2010；胡燕等，2013），缺乏解释性"深描"。

② 既有关于邻避冲突治理的研究文献虽然都强调公民参与和协商治理的重要性，但皆由于过分强调对策导向而忽视了应有的学理性解释。

会江村与钟村镇谢村交界处建设生活垃圾焚烧发电厂，计划于2010年建成并投入运营。2009年9月起，大石居民从媒体、网络等民间渠道得知这一信息。从2009年10月份开始，这一选址引发了距离垃圾焚烧厂选址1千米到10千米不等的几十个番禺区商品房小区业主的邻避抗争。在这些小区中，住户少则近万人、多则几十万人，"白领""中产阶层"是他们的共同身份特征，拥有私有住房产权以及追求优质生活让业主们非常在意生活空间的环境状况，不少业主更有维权抗争的经历，如抗议市政路穿过小区。正因为如此，垃圾焚烧厂选址信息一经网络曝光便引发争议和抵制。2009年10—11月，业主们通过网络陈情、秘密聚会、集体签名、媒体发声、街头行为艺术等方式开展抵制行动。同时，业主们搜索和公布焚烧厂决策的闭门专断、既有焚烧厂的污染"证据"（如"产生一级致癌物二噁英""导致癌症高发"）和垃圾焚烧的"产业利益链条"，质疑垃圾焚烧的行政违法、技术风险和政商勾连。舆情部门监测到公众的不满并迅速上报给广州市政府，市政府的回应随之而来。11月22日，广州市政府召开媒体通报会，试图通过向公众说明情况来避免集体上访事件发生。但是，在这个通报会上，时任广州市环卫局局长、市政府副秘书长吕志毅关于"垃圾焚烧是广州市垃圾处理坚定不移的发展方向"的强硬表态成为"更大规模抗争的'动员令'"。2009年11月23日，一场近千人的街头抗议在广州市政府门口爆发且和平收场，引起了多级政府和国内外媒体的关注。2009年12月20日上午，应邀参加华南板块业主代表座谈会的时任中共番禺区委书记谭应华公开表示"垃圾焚烧发电厂项目已停止"。

2. 2010年重启议程后的"自我修正"

一是调整政策议程。2010年1月13日开始，广州市政府在南方网、金羊网、大洋网、奥一网等四家网络媒体上广泛开展公众意见网络征询活动,相关部门在对这些意见和建议进行汇总综合后,报市人民政府常务会议决策。① 二是着力修补"样板工程"李坑焚烧厂。"(李坑焚烧厂)是目前领导、市民和媒体关注度极高的一项工作,要全力以赴打赢'李坑保卫战',用最严格、最有效的标准,提升垃圾焚烧发电厂的运营水平……以此全面推进生活垃圾处理设施规划建设。"② 从 2012 年开始,除了广州环保投资集团有限公司、广州市城市管理委员会(以下简称"城管委")、环保部门、村民监督组等的四重监督外,还设立了由公众监督委员组建的监督团,定期对李坑焚烧厂的运营、维护、监管等状况实施社会监督,并定期向社会公布。③ 2015 年,针对投诉,广州市城管委提出了非常严厉的监管措施。④ 2016 年,广州李坑垃圾焚烧厂运营方表示,李坑烟气排放数据是实时更新的,并提供给市城管委和市环保局,"只要条件允许,烟气数据挂上网完全没有问题"⑤。三是搭建吸纳公众参与的制度平台。2012 年 8 月 4 日,广州市城市管理委员会成立了由 30 名社会人士担任委员的广州市城市废弃物处理公众咨询监督委员会。⑥ 四是进行政策营销。一方面,邀请专家为"垃圾焚烧""正名"。2010 年 2 月 23—24 日,应邀参加广州市生活垃圾处理专家咨询会的绝大多数专家认为对未能回收利用的生活垃圾

---

① 参见赖伟行《听民声、疏民意、纳民智、解民忧》,载《广州日报》2010 年 4 月 24 日。

② 市城管委主任、书记、市城管局局长在市城管委和市城管局工作部署会议的讲话:《抓住重点,突破难点,统揽全局,整体推进全面提高城市管理水平》,广州市城管网,http://www.gzcg.gov.cn/site/public/archive.aspx?CategoryId = Mjg4LDMyOA--&DocumentId = Njg4MzM-,2010 年 3 月 5 日。

③ 参见访谈:广州市城管委办公室,2012 年 11 月 18 日。

④ 参见《李坑垃圾焚烧厂垃圾未烧透被处罚》,载《广州日报》2015 年 3 月 25 日。

⑤ 访谈:广环投集团副总经理陈文旭,2016 年 9 月 20 日。

⑥ 参见《广州城市废弃物处理公众咨询监督委员会召开成立大会》,载《广州日报》2012 年 8 月 4 日。

进行现代化的焚烧处理符合环境友好型和气候友好型的技术要求。①另一方面,营销"变废为宝"的政策观念。2012年7月,时任广州市市长陈建华提出:经过分类、减量、无害化处理,除了可直接回收垃圾以及科学处理后每天可产生5000吨优质有机肥料的餐厨垃圾外,每天7000吨可焚烧垃圾可以产生总发电量280万度,相当于10个西村发电厂。②

3. 项目落地

2011年4月12日,番禺区政府公布"五选一"选址方案,即选取五个备选地址(包括原会江选址、沙湾镇、东涌镇、榄核镇和大岗镇等五处),最终厂址将通过广泛讨论,根据群众意见、环评分析和专家论证来确定,计划在2014年建成投产。2011年4月25日,来自番禺区一些楼盘的业主再次造访广州市城管委表达意见并要求官方加快垃圾分类工作。而在南都网2011年6月16日组织的网上投票中,超过57000张投票中大约有53000张票被投给大岗,因为那里既远离居民区又已经完成了征地。③ 2011年6月22日,负责环评工作的华南环科所根据对规划内容的环境合理性与各层次规划协调性等两个方面的初步分析,将番禺垃圾焚烧发电厂的初步选址进行如下排序:大岗装备基地、东涌三沙、榄核八沙、大石会江、沙湾西坑尾。2011年8月15日,环评报告建议取消沙湾西坑尾作为垃圾处理基地选址,按环境可行性将选址依次排序为大岗、东涌、大石和榄核。2012年7月10日,番禺区政府公示了《广州

---

① 参见《广州宜采用"以焚烧为主、填埋为辅"垃圾处理模式》,载《广州日报》2010年2月25日。
② 参见《先分类垃圾再变废为宝 99%的垃圾可回收再利用》,载《广州日报》2012年7月11日。
③ 参见《番禺垃圾焚烧厂五选一意见收集截止》,腾讯新闻,http://news.qq.com,2011年6月11日。

市番禺区生活垃圾收运处理系统规划（2010—2020）》（以下简称《垃圾处理规划》），确定了番禺区生活垃圾综合处理厂（广州市第四资源热力电厂，原番禺垃圾焚烧发电厂）推荐选址为大岗，备选点为东涌镇三沙和大石会江。2013年5月19日，选址于大岗的广州市第四资源热力电厂项目正式通过环评审批，并准备开工建设。

至此，广州因兴建垃圾焚烧厂而引发的邻避冲突，以"不要建在我家后院"以及"应该建在市政府大院"始，以"寻求如何走出垃圾围城"结束，从邻避抗争到理性博弈，市民和政府共同谱写出了公民理性抗争、官民良性互动的样本。① 简而言之，在广州市政府的策略性治理下，垃圾焚烧发电项目赢得了公众的认可。

三、广州市政府如何制造公众同意

1. 营造公众的认知性同意

在邻避运动中，抗争者利益诉求除了"我家后院"之外，还有"我的身体""我的河流""我的景观""我的空气"等（贝克，2003）。也就是说，在邻避冲突中，公众抗争呈现出的是对邻避设施可能产生风险的担忧与对地方政府"一再承诺"的不信任。因此，地方政府在兴建垃圾焚烧发电厂的进程中，往往以"技术安

---

① 参见《垃圾处理建言群体　官民互动探路垃圾分类》，载《新快报》2013年3月29日。

全"为核心,同时辅之以"依法行政"和"民心工程",力图营造一套"不怕"的认知体系。其逻辑在于:技术是安全的,所以不怕;即使怕,也是"依法行政",所以必须支持;如果不支持,就是对抗公共利益,因为这是"民心工程"。但是,在广州案例中,这套官方话语并未奏效。

2010年广州市重启议程后,政府重新营造了公众的认知性同意。

第一,迂回论证垃圾焚烧的"正当性"。首先,广州市公开相关数据,营造"垃圾围城"图景。按照官方文件,由于容量所限,兴丰生活垃圾卫生填埋场将于2011年填满封场,番禺生活垃圾填埋场也将于2012年填满封场。如果不加快生活垃圾处理设施建设,将面临"垃圾围城"的危机。[①] 然后,官方强调"生活垃圾因你我而生,也需要你我共同面对、共同解决"[②]。其次,为垃圾焚烧"正名"。一方面,为垃圾焚烧去"污名化"。2010年2月23—24日在广州市未来垃圾管理战略专家讨论会上,支持垃圾焚烧的专家继续宣称人与二噁英共存没有危险,认为以现有的二噁英存在水平,一般人需要24万年才能达到中毒状态。[③] 另一方面,强调垃圾焚烧是必需的选择。2013年4月23日,广州市人大代表、市人大城乡建设环境与资源保护委员会委员、市环境保护科学研究院党总支书记罗家海认为,"每日产生1.4万吨生活垃圾,广州垃圾填埋场将在2015年前陆续封场,广州土地资源稀缺,3年后将无处可填"[④]。"相比垃圾填埋占用大量土地资源、较长降解时间、高昂的生态恢复成本,垃圾焚烧的确有其优点,比如焚烧后可使垃圾体积

[①] 参见《政府问计垃圾如何处理》,载《羊城晚报》2010年1月14日。
[②] 《广州市政府就垃圾处理问题向网民征集意见》,载《广州日报》2010年1月14日。
[③] 参见赵章元《关于此次广州之行需要澄清的问题》,搜狐博客,http://zhaozhangyuan.blog.sohu.com/145097621.html,2010年3月1日。
[④] 《广州垃圾亟需焚烧》,载《新快报》2013年4月24日。

减小 80%～90%，每吨生活垃圾焚烧还可产生 300～400 多度电。"①

第二，为垃圾焚烧设施"脱敏"。以缓解公众将"采用国际先进技术"的垃圾焚烧设施与"看到的是恶心、闻到的是恶臭、听到的是吵闹"以及"癌症、二噁英"等画等号导致的心理紧张。一方面，"垃圾焚烧发电厂"因此"改名换姓"为一般公众闻所未闻的"资源热力电厂"。2012 年 4 月 19 日，广州市人民政府报送市人大常委会审议的城市废弃物品处置利用实施方案已明确：未来 3 年广州新建的 6 座垃圾焚烧发电厂名称将统一为"资源热力电厂"②。改名原因就是为了减轻项目推进时将会遭遇的阻挠，把"恶名远播"的垃圾焚烧厂"化妆"成"资源热力电厂"，使人耳目一新、增加公益感，不雅"垃圾"及其处理过程被置换为生产生活必需的"电力"和"变废为宝"的回收事业。空气污染、二噁英、黑烟和粉尘都隐匿在了幕后。对于远离焚烧厂的更多数市民来说，这样一个积极向上的名称足以让公众从焦虑中找回平衡，大大减轻了政府的压力。③ 另一方面，向公众开放相关设施。2014 年 6 月，广州市开放公众参观番禺火烧岗填埋场和李坑焚烧厂二期。这样做，既让直面垃圾填埋的公众能直观地"否定垃圾填埋"，又使公众对"堪比星级酒店"的焚烧厂降低疑虑。到 2014 年 7 月 4 日，已有超过一万名各界人士前往垃圾焚烧厂，通过参观对比，更多市民开始接纳垃圾焚烧理念。④ "以前总认为垃圾焚烧厂应该是漫天臭气，常人一般都不敢轻易靠近，去了之后却让我有种大吃一惊的

---

① 访谈对象：广州市环境保护科学研究院罗书记，2010 年 4 月 20 日。
② 《广州生活垃圾焚烧发电厂统一更名资源热力电厂》，载《羊城晚报》2012 年 4 月 19 日。
③ 参见《建垃圾焚烧厂，公众参与价值几何》，载《羊城晚报》2012 年 4 月 21 日。
④ 参见《广州一个月内上万名市民参观垃圾焚烧厂》，载《广州日报》2014 年 7 月 9 日。

感觉。封闭式的处理方式,高技术的机械化流程,每个过程都严格监管,并且排放的气体都进行处理使其达到排放标准,让我很诧异,在现场闻不到一丝异味,跟广州其他一般场所差不多。"①

显然,广州市政府充分考虑了公众主体性,在认知层面重建"不怕"话语体系的配套系统信任机制(何艳玲等,2012)。

2. 修补操作程序

2009年邻避冲突起因就在于公众认为缺乏民意表达的基本程序,信息不公开且缺乏正当性公开性的决策程序(范少虹,2013;王伟民,2016)。2010年3月,番禺业主联合多位广州市民在给全国人大的"万言建议书"中认为"规划资讯不公开是反对垃圾焚烧争议升级的导火索",最关键问题是"政府在推动垃圾焚烧项目时,出现了程序不合法、违背民意、假造民意、信息不公开甚至利益输送等问题"②。为此,重启议程后的广州市修补操作程序,以化解公众对邻避设施选址程序不公平的不满。

第一,公开基本操作流程。2011年4月12日,广州市番禺区政府公布了备选点的产生和审批程序:第一步,由区城管局委托广州市城市规划勘测设计研究院,编制《广州市番禺区生活垃圾收运处理系统规划(2010—2020)》初稿。第二步,公布《垃圾处理规划》中的5个备选点及其选点依据。第三步,6月15日前收集垃圾焚烧厂备选点供市民和人大代表、政协委员提出意见和建议,同时对《垃圾处理规划》初稿(包括5个备选点)进行规划环评。待人大、政协、市民的意见汇总后,连同规划环评审查意见,供专家论证会进行最终评审、论证。第四步,完善后形成《垃圾处理规划》报审稿送区规划分局组织评审,然后送市城管委审查、出具审

---

① 访谈对象:广州市番禺区丽江花园业主,2014年8月9日。
② 《透视番禺垃圾焚烧背后的互动与博弈》,载《南方日报》2011年4月15日。

查意见。最后报市规划局审查、审批，按相关程序纳入市控制性详细规划统一管理，确定垃圾焚烧厂选址。从番禺区公布的决策流程来看，政府修补了过去忽视的环节并试图让整个决策更民主、科学，这有助于社会、民众更好地了解整个决策及其机制，从而推进垃圾处理事务的有效治理。①

第二，选址"多选一"。2011年4月12日，番禺区公布了垃圾焚烧发电厂的5个备选地址，并表示选址最终结果将根据群众意见、环评分析和专家论证结果来确定。2011年8月15日，番禺垃圾焚烧厂项目选址取消了沙湾西坑备选点，从"五选一"变成"四选一"。选址"多选一"改变了"领导定调子、专家做文章、领导定盘子"的"传统剧目"，有助于落实公众参与的自主选择权（陈宝中，2014）。

第三，环评跟进。作为一种治理技术，环境影响评价提供了项目信息公开途径和公众参与平台，提高了受影响群体参与邻避设施的决策程度，在规避邻避效应中十分重要（何羿等，2013）。2012年7月23日与8月15日，广州市第四资源热力电厂（原番禺生活垃圾焚烧发电厂）环境影响评价项目先后进行了两次公示。2013年5月16日，广州市环保局重大建设项目审批委员会经集体审议通过（南沙大岗）项目（原番禺垃圾焚烧厂）环境影响报告书，广州市环保局承诺要"实行清洁生产、确保烟气排放达标、严格控制恶臭气体、优化设置水收集处理系统、妥善处置各类固体废物、防治噪声污染、加强施工期环境管理、做好污染源监测和环境监测、明确环保责任制等"②。基于此，设施规划开始回归到理性的公共利益分析与管理中，公共利益界定、利益保护和程序这三个关

---

① 参见访谈对象：中山大学政治与公共事务管理学院A教授，2011年4月20日。
② 《原番禺垃圾焚烧厂通过环评审批　穗环保局作12项承诺》，人民网，http://www.people.com.cn，2013年5月19日。

键问题被充分考量，这无疑有利于促进规划顺利实施（郑卫，2011）。

3. 吸纳公众参与

作为邻避冲突治理的核心议题，通过理性对话对化解邻避冲突具有重要作用（迈克尔·卡夫特等，1991；凯特·柏林罕，2000；李万新等，2012；魏娜等，2015；等等）。与其他邻避冲突迥异的是，市民一开始就强调"质疑的是焚烧这种不科学的方法，不是在哪里建的问题，无论在哪里建都会面临环境问题"[①]。而在逼停项目后，他们也并未停下脚步，邻避话语开始向"环保""公益"话语转变，如持续在媒体上宣传环保的垃圾处理理念、搜集和整理发布世界范围内的垃圾处理信息并倡导垃圾分类，实现了从市民向公民的华丽转型。对此，广州市政府不断调适，开始了政府与公众的持续互动。

第一，积极听取民意。2012年3月27日，《羊城晚报》开设"垃圾处理问题"专栏，吸引了专家学者和广大市民的关注和热议，纷纷为广州垃圾处理出谋划策。与此同时，广州市城管委也积极回应市民的建言献策。[②] 2012年8月10日，广州市科技协会和广州市城管委联合举办了名为"直面垃圾围城：现在与未来"的讲坛。[③] 2012年10月14日，广州市科协、广州市城市废弃物处理公众咨询监督委员会、南方都市报联合举办了"生活垃圾分类处理：

[①] 2009年11月26日，"肥老雕"发表在"江外江"论坛的帖子：《警惕偷换概念：是不能烧，不是在哪里烧》，http://www.rg-gd.net/forum.php?mod=viewthread&tid=178394。
[②] 参见《请你为垃圾处理献良策》，载《广州日报》2012年3月27日。
[③] 参见《广州举办讲坛讨论"垃圾围城"解决办法》，载《羊城晚报》2012年8月12日。

从政府战略到公众参与"论坛。① 2012年5月17日下午和5月22日上午,时任广州市市长陈建华分别主持召开了两场专题座谈会,围绕广州垃圾处理的疑点难点以及垃圾处理技术路线等展开积极"对话",力图达成共识。② 最终,市民倡导的生活垃圾源头分类获得了政府认可。

第二,让民意制度化地表达。2012年6月,由2009年反垃圾焚烧运动的核心成员发起的非政府组织"宜居广州"成功注册,跻身广州最早一批合法注册为"民办非企业"的环保非政府组织,得以用合法身份持续参与广州垃圾治理。2012年8月3日,由36名委员组成的广州市城市废弃物处理公众咨询监督委员会召开了成立大会,③ 其中就有当年番禺反垃圾焚烧的意见领袖。作为市政府重大民生决策征询民意制度的重要实现形式,公众监督咨询委员会通过"收集民意、化解矛盾、过程监督、工作评价"来增进市民与政府的沟通而化解冲突。

---

① 参见《南都、市咨委会、市科协联合主办垃圾分类论坛》,载《南方都市报》2012年10月15日。

② 参见《凝聚共识明确垃圾处理技术路线 科学规划建设合理垃圾处理体系》,载《广州日报》2012年5月18日;罗艾桦《广州市政府连续举行两场座谈会 邀网友问计"垃圾围城"》,载《人民日报》2012年5月23日。

③ 参见《广州城市废弃物处理公众咨询监督委员会召开成立大会》,载《广州日报》2012年8月4日。

四、结论与讨论：制造同意的潜力与限制

在《制造同意：垄断资本主义劳动过程的变迁》一书中，美国社会学家布若威（2008）用"制造同意"来解释为何产业工人自愿依照资本家的意愿来参与生产，认为恰恰是工人自发的同意与资本主义微妙的强制二者的结合塑造了生产行为，是工人自愿与国家运作不知不觉地塑造了这种"同意"的状况。

而在本案例中，广州市政府在邻避运动治理中采取了三管齐下的方式：①通过论证焚烧垃圾的必要性和正当性以及为垃圾焚烧设施"去污名化"来营造公众对政府决策的同意；②不断完善操作程序，通过将单一选址改为"五选一"以扩展公众的"想象与思考空间"、将政府决策与民意表达进行连接、增补环境评价信息等来塑造"程序公平"；③回应并吸纳公众诉求，将邻避冲突的"反建垃圾焚烧厂"成功置换为公众参与政府主导下的"垃圾治理"。其中，通过消解公众疑虑与"去污名化"营造了公众对政府政策目标的认知性同意，在操作程序上的"查漏补缺"则营造了公众对政府政策目标的同意，而通过开放政策过程吸纳公众参与则完全将公众纳入了政府主导的政策过程。正是在这种策略运作下，不仅基本上走出了邻避冲突的困境，还逐步塑造了公众有序参与政府主导的垃圾治理制度。因此，我们借用"制造同意"来概括广州市政府的治理策略。

显然，广州市政府的"制造同意"策略不同于既有研究中的

"制造同意"。张永宏等（2012）主要考察的是以物质利益为诉求的抗争，而邻避运动则发端于弥散性的个体化风险焦虑，邻避设施选址也是地方政府的治理刚需，而且抗议者诉求的是安全和健康等抽象利益。因此，既有基层维稳中的"制造同意"策略难以解释邻避运动过程中的地方政府如何实现有效治理。不仅如此，广州市政府的"制造同意"策略也不同于既有"柔性维稳"机制中的"摆平理顺"。在以"摆平"策略应对社会抗争的过程中，地方政府往往是较为被动、消极地履行社会管理职能；根据对特定社会抗争事件是否超出管辖范围的可能性估计，选择性进行应对；在应对社会抗争事件时，运用拖延、收买、欺瞒、要挟、限制自由等方式，尽量实现属地社会表面上的暂时性稳定（郁建兴等，2016）。而在广州市的"制造同意"中，政府直面"垃圾围城"问题，通过策略性行动来营造公众认同、通过完善程序和吸纳公众参与来推进政府主导的政策目标，不是完全出于维稳需要而"摆平理顺"，而是策略性地走出了邻避运动治理困境。

更重要的是，总结广州市政府治理邻避运动的"制造同意"策略，我们可以发现：正是在公众邻避抗争的压力下，地方政府开始创新政策过程；公民参与从被排斥到被吸纳，公民参与同政府管理创新持续互动，也产生了良好收益。至少从 2011 年番禺重新选址来看，垃圾处理厂选址提前公开征求市民意见并且是一个"多选一"方案，而最终定址于远离人口聚集的地区，这对于政府与民众而言显然是一个双赢结果。在"制造同意"的过程中，地方政府与公众都在进行调适。地方政府开始改革管理方式，主动公开相关信息、修补相关操作程序，并主动提供平台与公众进行沟通。民众则从纯粹的反对政府政策转向政策倡导，主动参与并寻求与政府理性对话的机会。一方面，广州市政府逐步从"排斥公民参与走向吸纳民意"，从单方面强力推进垃圾焚烧走向与公众商量如何处理垃圾并通过吸纳公众力量来推进政府主导的垃圾处理事业；另一方面，民众从邻避抗争逐步走向政策倡导,公众针对垃圾处理监管、培养环保意识以及通过垃圾分类达到减少垃圾数量等提出了许多政策性建议。最终双方分歧得到缩小,官民对话取代了官民对抗,协商治理基本格局初步形成。与国内已有的邻避冲突治理相比,广州没有止步于应急维稳,而是力图构建更有利于防范邻避风险的政府、市民与公民社会协商治理的新型治理制度框架(王伟民,2016)。更重要的是,这种新的尝试表明:政府单方面制定政策并辅以强制力推行的行政运作方式即将终结,只有充分吸纳公众有序参与、获得公众同意并能构建出官民协作的政府才能实现对公共事务的有效治理。

那么,这种"制造同意"的治理策略意味着什么?

众所周知,在治理邻避运动过程中,"基础性权力"弱化的地方政府依然拥有相当大的"专断性权力"[①]。然而,广州市政府在面对市民"正常"的邻避抗争时,虽然保留了"坚定不移地推进垃圾焚烧"的"强制力量",但没有一味地"迎难而上",而是综合运用"交换、权威和说服"(林德布洛姆,1994)三种治理技术来"抚慰并诱导"不满的公众"同意"政府主导的政策过程,最终确保了预期政策目标顺利实现。最后,在本案例中,公众同意与政府强制之间形成了微妙的、不确定的、有伸缩性的平衡。一开始,参与者就商定"用一种守法的、合理的方式去向政府传达意见,因为盲目地跟政府对抗,受伤的只会是自己甚至是家人"[②]。通过"无组织有纪律"的自我约束,广州市民的邻避抗争始终规避了"无序化和暴力冲突"。通过自我调适,广州市民由主张"将垃

---

① 迈克·曼(1998)根据国家与社会不同的互动方式将国家权力区分为两个层面:一是专断性权力,指国家可以在不必与市民社会进行例行化、制度化讨价还价的前提下自行行动,即国家依自身意志单方面地表达和行动的权力;二是国家基础性权力,指国家渗透进市民社会,在事实上有效贯彻实施其意志的权力,即通过社会获得的权力。

② 访谈对象:广州市番禺区海龙湾、丽江花园业主,2011年12月30日。

垃圾焚烧厂建在市政府大院"走向"做好生活垃圾源头分类的政策倡导",初步实现了向现代公民的"华丽蜕变"。诚如郎友兴等言,走出中国式"邻避运动"治理困境有赖于从"私民"走向"公民",走出"私民社会"而走向"公民社会"(郎友兴等,2015)。对此,面对公众的公益诉求,相对理性的广州市政府容忍了这种"日益成长的公民社会"发起的正常社会抗争,将其与需要用暴力解决的、严禁的政治抗议相区分,政府实际上把正常的邻避抗争吸收进了政治结构中,消解了其挑战性与破坏性。在这些"同意与强制达成平衡"的可容忍邻避抗争空间中,地方政府策略性的"柔软姿态"不断消解了最初"怒气冲天"的市民的"拒绝与对抗",最终从官民对抗走向了官民协作。因此,"制造同意"策略的最主要意义在于可以引导我们去看待地方政府治理邻避运动中如何以及为何实现良性的官民互动。实际上,在广州这样一个公民社会相对发达的城市,葛兰西(1971)依然提醒我们注意:一是政府必须对民众做出经济上的牺牲或让步;二是同意是作为"程序正确性的内在原则",并保持向参与者开放的一种"方法"而出现的;三是政府还要提供道德和知识上的领导,代表民众利益并使他们确信这一利益就是普遍利益。这意味着:在邻避运动治理中,地方政府依然可以借助于修复"基础性权力"来实现有效治理,或者是以类似审议式民主的实践运用"回应、参与和协商"来说服公众(何包钢、沃伦,2011),抑或应该从"决定—宣布—辩护"模式转化为"参与—协商—共识"模式以及摒弃单一的"强制"而综合运用"权威、交换与说服"。而要使其成功运作,显然取决于地方政府与公众能否实现良性互动。

总之,在邻避运动治理中,地方政府必须在冲突性的目标之间找到可能的平衡点(梅尔塔,2009;邓、杨,2013;郎、许,2010)。而邻避抗争的规模与形式、上级乃至中央政府的态度、满足公众诉求的成本是影响地方政府策略选择的关键变量(蔡,

2010；李延伟等，2016）。就本案例而言，公众的理性抗争与地方政府的理性应对，使地方政府可以低风险地"制造同意"，再次呈现威权体制下的韧性治理（黎安友，2003）之可能性与可行性，而其中的关键是相对开放的政治机会结构与积极理性的公众参与最终改变了既定政策过程（王伟民，2016），再次呈现广州这样一个公民意识比较发达和公民社会日益成长的城市之特殊性。此外，在本案例中，卷入邻避冲突的公众一方多为具有共同身份特征的中产阶层，他们不仅能够掌握较多的媒体资源和媒体使用能力，还能充分利用相对开放的地区政治结构扩展"统一战线"。而纵观整个事件，该区域原有的社区维权抗争经验塑造了特殊的抗争文化并培育了一批擅长抗争的精英（欧伯文、李连江，2005），他们一方面坚守"踩线而不越限"策略并适时调适邻避抗争目标和诉求，另一方面强调理性维权，并且主动与政府沟通互动（曾繁旭等，2013）、接受政府的"组织吸纳"。于是，在实践中，有些地方政府可以成功运用"制造同意"的策略而另一些地方却以失败告终，广州不仅能成功运用"制造同意"策略，还能初步构建新型公共治理制度框架，因此"制造同意"的治理策略有其内在的限度。具体而言，一方面，"制造同意"受到了邻避抗争者媒介素养、行动策略、公民意识的限制；另一方面，"制造同意"还取决于地方政府能否理性应对和有效吸纳公众的邻避抗争诉求。因此，成功"制造同意"，除了基于宏观的体制空间外，还取决于地方政府治理创新与公民社会成长的良性互动。

参考文献：

［1］ Feng C, Yi K. Disorganized popular contention and local institutional building in China: a case study in Guangdong [J]. Journal of Contemporary China, 2016, 25 (100).

［2］ CAI Y S. Local governments and the suppression of popular resistance in China [J]. The China Quarterly, 2008, 193.

[3] CAI Y S. Collective resistance in China: why popular protests succeed or fail [M]. Stanford: Stanford University Press, 2010.

[4] DENG Y H, YANG G B. Pollution and protest in China: environmental mobilization in context [J]. China Quarterly, 2013, 214.

[5] DENG Y H, O'BRIEN Kevin J. Relational repression in China: using social ties to demobilize protesters [J]. The China Quarterly, 2013, 215.

[6] ANTONIO GRAMSCI. Selections from the prison notebooks [M]. [S. l.]: International Publishers, 1971.

[7] HE B G, MARK WARREN. Deliberative authoritarianism: the deliberative turn in chinese political development [J]. Perspectives on Politics, 2011, 9 (2).

[8] O' BRIEN K J, Li L J. Popular contention and its impact in rural China [J]. Comparative Political Studies, 2005 (38).

[9] O'HARE M. Not on my back, you don't: facility sitting and the strategic important of compensation [J]. Public Policy, 1977, 25 (4).

[10] GRAEME LANG, XU Y. Anti-incinerator campaigns and the evolution of protest politics in China [J]. Environmental Politics, 2013, 22 (5).

[11] LI W X, LIU J Y, LI D D. Getting their voices heard: three cases of public participation in environmental protection in China [J]. Journal of Environmental Management, 2012, 98.

[12] LI Y W, KOPPEN JAN JOOP, VER WEI J STEFAN. Governing environmental conflicts In China: under what conditions do local governments compromise [J]. Public Administration, 2016, 94 (3).

［13］ MERTHA A. Fragmented authoritarianism 2.0：political pluralization in the Chinese policy process［J］. The China Quarterly, 2009, 200.

［14］ WALSH EDWARD, WARLAND REX, Clayton Smith D. Backyards, NIMBYs, and incinerator sitings：implications for social movement theory［J］. Social Problems, 1993, 40（1）.

［15］ KRAFT MICHAEL, CLARY BRUCE. Citizen participation and the NIMBY syndrome：public response to radioactive waste disposal［J］. Western Political Quarterly, 1991, 44（2）；

［16］ BURNINGHAN KATE. Using the language of NIMBY：a topic for research, not an activity for researchers［J］. Local Environment, 2000, 5（1）；

［17］ MANN MICHAEL. States, war, and capitalism［M］. Oxford：Blackwell, 1998.

［18］ NATHAN ANDREW. Authoritarian resilience［J］. The Journal of Democracy, 2003, 14（1）.

［19］ WONG NWM. Environmental protests and NIMBY activism：local politics and waste management in Beijing and Guangzhou［J］. China Information, 2016, 30（2）.

［20］［意］葛兰西. 狱中杂记［M］. 曹雷雨, 等译. 北京：中国社会科学出版社, 2000.

［21］［美］弗兰克·费希尔. 公共政策评估［M］. 吴爱明, 李平, 译. 北京：中国人民大学出版社, 2003.

［22］［德］乌尔里希·贝克. 风险社会［M］. 何博闻, 译. 南京：译林出版社, 2003.

［23］［美］迈克尔·布若威. 制造同意：垄断资本主义劳动过程的变迁［M］. 李荣荣, 译. 北京：商务印书馆, 2008.

［24］［美］查尔斯·林德布洛姆. 政治与市场：世界的政治—经

济制度［M］．王逸舟，译．上海：上海三联书店、上海人民出版社，1994．

［25］陈宝中．以改革精神推进城市规划公众参与［N］．学习时报，2014-03-17．

［26］陈宝胜．公共政策过程中的邻避冲突及其治理［J］．学海，2012（5）．

［27］杜健勋．交流与协商：邻避风险治理的规范性选择［J］．法学评论，2016（1）．

［28］范少虹．论"邻避冲突"中的政府依法行政［J］．暨南学报，2013（3）．

［29］郭巍青，陈晓运．垃圾处理政策与公民创议运动［J］．中山大学学报，2011（4）．

［30］何艳玲．邻避冲突及其解决：基于一次城市集体抗争的分析［J］．公共管理研究，2006（4）．

［31］何艳玲．"中国式邻避冲突"：基于事件的分析［J］．开放时代，2009（12）．

［32］何艳玲，陈晓运．从"不怕"到"我怕""一般人群"在邻避冲突中如何形成抗争动机［J］．学术研究，2012（5）．

［33］何羿，赵智杰．环境影响评价在规避邻避效应中的作用与问题［J］．北京大学学报（自然科学版），2013（6）．

［34］胡燕，孙羿，陈振光．邻避设施规划的协作管治问题——以广州两座垃圾焚烧发电厂选址为例［J］．城市规划，2013（6）．

［35］黄小勇．公共决策的公众参与困境及其管理策略——以广东番禺区垃圾焚烧发电厂风波为例［J］．国家行政学院学报，2010（5）．

［36］黄岩，文锦．邻避设施与邻避运动［J］．城市问题，2010（12）．

[37] 郎友兴, 薛晓婧. "私民社会": 解释中国式"邻避"运动的新框架 [J]. 探索与争鸣, 2015 (12).

[38] 马奔, 王昕程, 卢慧梅. 当代中国邻避冲突治理的策略选择——基于对几起典型邻避冲突案例的分析 [J]. 山东大学学报, 2014 (3).

[39] 汤汇浩. 邻避效应: 公益性项目的补偿机制与公民参与 [J]. 中国行政管理, 2011 (7).

[40] 唐庆鹏. 邻避冲突治理: 价值契合与路径优化——基于社会主义协商民主视阈简 [J]. 学习与实践, 2017 (1).

[41] 陶鹏, 童星. 邻避型群体性事件及其治理 [J]. 南京社会科学, 2010 (8).

[42] 田亮, 郭佳佳. 城市化进程中的地方政府角色与"邻避冲突"治理 [J]. 同济大学学报, 2016 (5).

[43] 王佃利, 邢玉立. 空间正义与邻避冲突的化解——基于空间生产理论的视角 [J]. 理论探讨, 2016 (5).

[44] 魏娜, 韩芳. 邻避冲突中的新公民参与: 基于社会建构的过程 [J]. 浙江大学学报（人文社会科学版）, 2015 (4).

[45] 吴翠丽. 邻避风险的治理困境与协商化解 [J]. 城市问题, 2014 (2).

[46] 熊炎. 邻避型群体性事件的实例分析与对策研究——以北京市为例, [J]. 北京行政学院学报, 2011 (3).

[47] 鄢德奎, 陈德敏. 邻避运动的生成原因及治理范式重构——基于重庆市邻避运动的实证分析 [J]. 城市问题, 2016 (2).

[48] 郁建兴, 黄飚. 地方政府在社会抗争事件中的"摆平"策略 [J]. 政治学研究, 2016 (2).

[49] 袁光锋. 互联网使用与业主抗争: 以番禺反垃圾焚烧维权事件为案例 [J]. 中国地质大学学报, 2012 (3).

[50] 张紧跟. 从抗争性冲突到参与式治理：广州垃圾处理的新趋向 [J]. 中山大学学报, 2014 (4).

[51] 张乐, 童星. "邻避"冲突管理中的决策困境及其解决思路 [J]. 中国行政管理, 2014 (4).

[52] 张永宏, 李静君. 制造同意：基层政府怎样吸纳民众的抗争 [J]. 开放时代, 2012 (7).

[53] 郑卫. 邻避设施规划之困境——上海磁悬浮事件的个案分析 [J]. 城市规划, 2011 (2).

[54] 钟伟军. 地方政府在社会管理中的"不出事"逻辑：一个分析框架 [J]. 浙江社会科学, 2011 (9).

[55] 曾繁旭, 黄广生, 刘黎明. 运动企业家的虚拟组织：互联网与当代中国社会抗争的新模式 [J]. 开放时代, 2013 (3).

第五章

珠三角区域治理创新

20世纪70年代以来,随着经济全球化与区域经济一体化的加速,全球城市与周边次级中心城市的经济联系不断深化,区域界限日趋模糊,加强跨界问题的协同治理显得更加迫切。在这个背景下,纽约、伦敦、巴黎等城市积极推动构建区域协同治理体制,形成了组建大都市区政府、签订政府间服务协议或州际协定、成立区域委员会等不同形式。尽管从形式上看,这些区域治理体制各有不同,但都基于特定的区域实际情况,在跨界公共事务的决策和执行中扮演着重要角色。

当代中国的政府治理体系是一个由多层级、多行政单位构成的复杂体系。这个复杂体系在运行过程中,除了依据行政隶属关系和行政辖区的治理行为之外，还有大量的跨行政层级和跨行政区的治理活动，即区域治理。20世纪90年代以来，随着长江三角洲、珠江三角洲和京津冀区域经济一体化的发展，三大城市集群发展也越来越呈现出跨行政区趋势，出现了大量跨界的公共事务和公共问题，如生态环境保护、污染治理、公共基础设施建设等问题，需要相关地方政府展开区域协作治理，共同进行基础设施建设规划、协同治理环境污染，对共同边界上的公共资源共同规划、开发、保护。因此，区域治理创新也是政府治理体系现代化的必然组成部分。

从国内既有三大城市群的治理实践来看，尽管以联席会议制度、区域规划、部门间协作等为主要内容的政府间协作机制基本上都得以建立并运作，但仍然不足以解决城市群治理中的关键性问题。[①] 在党的十八届三中全会上，推进国家治理体系与国家治理能力现代化被确定为新时期全面深化改革的总体目标。因此，城市群治理作为国家治理在城市群场域的具体化，应该深化城市群治理体系创新。

珠江三角洲作为改革开放以来的"先行者"，通过促进区域发展模式转型、探索区域治理机制创新等来突破"行政区经济"影响，对探索构建跨区域治理体制机制，进一步促进区域一体化发展，增进区域间资源共享、优势互补，促进发展方式的转变，增强区域总体实力和竞争力进行了卓有成效的试点探索，积累了丰富的经验和教训。

本章的主要内容就是通过回溯广东地方政府在促进珠江三角洲区域一体化进程中加强区域整合、探索区域治理创新的实践，以思考未来区域治理的发展方向。

---

① 参见张紧跟《从区域行政到区域治理：区域经济一体化的发展路向》，载《学术研究》2009年第9期。

第一节　珠江三角洲城市群发展模式的转型[①]

20世纪80年代以来，珠江三角洲群雄并起。1994年广东省委、省政府开始规划珠江三角洲经济区时，其城市群发展模式已然成型，各城市崛起的原因与动力各有不同、城市间缺乏内在的紧密经济联系、没有严格意义上的区域中心城市。在这种背景下，城市群发展呈现出多中心[②]竞逐态势。毋庸讳言，这一多中心竞逐发展模式在促进珠三角地区经济和市场化高速发展中发挥了至关重要的积极作用。但是，面对日趋激烈的外部竞争以及碎片化的多中心竞逐模式不断暴露出的问题，面向21世纪的珠江三角洲城市群要重振雄风和提升竞争力，必须走联动整合的新型发展之路。

[①]　原文以《从多中心竞逐到联动整合——珠江三角洲城市群发展模式转型思考》为题发表在《城市问题》2008年第1期。
[②]　"多中心"一词最早出自迈克尔·波兰尼的《自由的逻辑》，是相对于单中心或一元中心秩序的另一种组织秩序。在多中心秩序下，公共物品的供给中存在着许多决策中心，它们在形式上是相互独立的；多中心政治体制的重要含义是许多官员和决策结构分享着有限且相对自主的专有权，来决定、实施和变更法律关系。参见文森特·奥斯特罗姆《多中心》，见〔美〕迈克尔·麦金尼斯《多中心体制与地方公共经济》，上海三联书店2000年版。

一、多中心竞逐模式的形成

在地理上，珠江三角洲是指广东省三水——石龙一线以南至滨海的冲积平原地区，其由珠江水系的西江、北江、东江及其支流潭江、绥江、增江带来的泥沙冲积而成。1994年10月，广东省政府提出"建立珠三角经济区，让这一地区在广东率先实现现代化，以此为龙头，实现全省'中部地区领先、东西两翼齐飞、广大山区崛起'的梯度发展战略和力争20年基本实现现代化的目标"。这里的珠江三角洲经济区包括两个副省级市（广州市和深圳市）、两个经济特区市（深圳市与珠海市）、五个地级市（珠海市、东莞市、中山市、佛山市、江门市）以及两个地级市的部分县市（惠州市区以及惠阳区、惠东县、博罗县，肇庆市的端州区、鼎湖区、高要区和四会市）。

20世纪80年代以来，在改革开放的背景下，珠三角实现了经济的跳跃式发展，并逐渐形成了先行一步的发展优势，基本上具备了实现现代化的条件。2004年地区生产总值13572亿元，比上年增长19.0%，高出全省4.7个百分点。人均地区生产总值5206美元，是全省的2.2倍。全社会固定资产投资和社会消费零售总额分别为4486.9亿元和4598.7亿元，占全省的75.0%和72.2%，分别增长

21.0%和15.6%。① 珠江三角洲不仅是中国在经济全球化进程中率先融入世界经济的重要区域，还是中国对外开放的窗口和诸多政策创新的试验田，在全国经济发展格局中具有相当重要的地位。经过20多年的发展，畅通便捷的信息、交通、科技、物质、人才网络将珠三角融为一体，城市发展正向法国学者戈特曼所提出的"城市带"的城市化高级形态发展。②

改革开放之前，广州是全省的中心城市，与周边城市的关系属于绝对核心——边缘的格局，是典型的单中心发展模式。改革开放之后，先是深圳的崛起使之成为与广州并肩的中心城市，以广州与深圳为双中心的城市群体成为珠三角城市群的结构特征。近年来，珠海、佛山、东莞、江门、惠州等相继获得发展而进入大城市之列，城市群体功能呈多样化，交流更加密切，发展成为城乡一体、类型完备的多层次城镇体系，网络化、多中心的发展模式逐渐演化成型。所以，在《珠江三角洲城镇群协调发展规划（2004—2020年）》中，对未来珠三角城市群发展的规划思路是珠三角地区要形成三大都市圈，呈网络状发展，即中部都市圈（广州、佛山）、东岸都市圈（深圳、东莞、惠州）、西岸都市圈（中山、珠海、江门）。

珠三角城市群是改革开放以来的产物。在这个过程中，一方面，在珠三角各个城市崛起与发展的同时，广州这个原有的城市群中心地位相对下降；另一方面，对于广东来说，香港的地区经济中心角色并未得到认可与确定，从而造成了珠三角的重新洗牌和相互角逐龙头的竞争。广州是珠三角传统的中心城市，但香港资本的进入和经济影响力的扩散，以及深圳政策的优惠和经济的超高速发

---

① 上述数字来自广东省人民政府门户网站：珠三角经济区，http://www.gd.gov.cn，2006年6月11日。
② 参见左正《CEPA框架下大珠三角都市区域的整合与发展》，载《学术研究》2004年第2期，第14～16页。

展，令广州的中心地位在 20 世纪 80 年代至 90 年代中期急速衰落。在国际化方面，广州无法与香港相比；在优惠政策方面，广州无法与深圳相比；在民间经济方面，广州无法与东莞、佛山相比。一旦广州的地位衰落，其他城市势必要分担它原来承担的一些功能，为了承担这些功能，它们就会积极兴建基础设施。这一点与长江三角洲有着根本的不同。在长三角，上海的经济中心地位是无人能够质疑并且客观存在的。① 长三角迄今为止没有出现大量浪费资源与时间于内耗的竞逐中心之争。1998 年后，尽管随着广州在市政建设方面的大胆突破、南沙开发计划的实施等，其地位重新回升，但多中心竞逐格局并未改变。形成这种多中心竞逐的原因主要在于以下三个方面。

1. 珠三角城市群兴起的主要拉动力是香港

无论是历史还是现实，珠三角都不能离弃香港。尤其是在珠三角经济崛起的 20 余年里，香港通过产业转移、吸引外资、交通枢纽、金融服务等，发挥了区域性中心城市的作用。由于具有显著的地理区位优势，随着香港与珠三角经济联系的全面打通，香港寻求经济转型与珠三角谋求工业化的历史契合，带来了香港劳动密集型轻型产品加工制造业向珠三角大规模"倾泻式"转移以及港资的大量投入，由此迅速带动了珠三角地区的城市化。过去 20 余年的数据显示，广州这个原有的城市群中心并没有在珠三角区域的兴起与城市群的发展中真正起到带动作用。在已经展现雏形的大珠三角城市群中，居于龙头地位的是香港。在外来投资方面，港资占全部外商投资的 70% 左右；在贸易方面，珠三角和香港的贸易（包括通

---

① 参见纪晓岚《长江三角洲区域发展战略研究》，华东理工大学出版社 2006 年版，第 311～313 页。

过香港转口）在珠三角对外贸易中的份额高达八成以上。① 所以，有学者研究指出："从一定意义上讲，珠江三角洲的农村工业化和城镇化是香港部分经济要素扩散和跨国资本流动的结果，香港及外资在珠江三角洲空间结构的变动中具有主导性空间引力的作用。"② 因此，迄今为止在珠三角内部，并没有形成城市之间强有力的经济联系，更没有在其中形成一个由其他城市包围并配合其活动的城市群中心。也就是说，中心城市通过价格高低、生产率高下与生活标准的不同对城市形成压强，从而吸引资源流入成为区域中心城市这个现象并未发生；相反，随着各个城市的兴起，广州的中心地位是相对下降的。虽然广东省政府近年来强调了要建设广州和深圳两个经济中心，但基本的发展态势仍然没有改变。在承接香港制造业转移的过程中，珠三角经济区打破了原有的城市布局，城市群格局从单中心、双中心向多中心模式演化。

2. 珠三角城市群崛起的原因与动力殊异

目前，珠三角存在着形态各异的经济发展模式。从外向型经济的形态比较，由跨国公司主导的全球生产网络的两个系统和四种基本形态在珠三角都可以看到。其中由跨国公司销售商主导的轻型消费品的转包生产网络（港商投资为主），和由跨国公司生产商为主导的电子通讯产业的零部件转包生产网络（台商投资为主），主要分布在珠三角的东部地区。而由跨国公司母公司与外国分支机构和合资机构组成的全球生产网络，例如汽车（以日资为主）则主要分布在广州和珠三角的西部，东部地区是以出口为主的电子通讯产业，而西部则主要是内销的家用电器产业。

---

① 参见朱文晖《走向竞合——珠三角与长三角经济发展比较》，清华大学出版社2003年版，第102～116页。
② 宋栋：《中国区域经济转型发展的实证研究》，经济科学出版社2000年版，第211页。

珠三角东西部的差异除了区位因素外，主要是由东西部的历史与经济基础差异决定的。历史上，珠三角东部地区是没有工业基础的农业地区，是广东省的大粮仓。而西部，尤其是佛山与江门，一直以来都是广东省的工业重镇（自清代起，南海九江就逐步成为中国的纺织业基地），因而有着深厚的工业技术和文化积淀。因此，改革开放后，东部地区由于没有商品经济发展的历史基础和技术基础，只能选择以外资带动经济发展的模式。而西部虽然在改革开放初期开始一直没有放弃引进外资的努力，但在发展模式上则以自我为主进行建设。东部地区的产业是由没有地区根植性的外资企业（尤其是东莞）构成的，而西部则是由带有深厚地区根植性的产业（尤其是顺德）构成的。所以，在广东省的支柱产业中，电子通讯产业集中在东部的三个市，而传统的纺织业集中在广州与西部的两个市。

正因为各个城市发展的原因与动力各不相同，各地产业之间没有形成经济关联。因此，各个城市对自己产业发展的基础设施、技术平台与信息平台的需求十分强烈，这就必然导致多中心竞逐发展之势。

3. 地方政府主导的城市化

改革开放后，中央政府实行向地方政府分权让利的政策。这种分权部分地改变了地方政府的地位与利益导向：①决策分权允许地方政府在中央给定的约束线内发挥自主创造性，进行不同方式的政策试验；②财政分级核算、收入分成，在经济上使地方政府有了追求经济绩效的动力。这两项变化为地方政府带来了双重身份：一方面，它是中央政府在一个地区的"代理人"，它要服从于中央的利益；另一方面，它在一定程度上又是一个地区的"所有者"，通过组织和运用经济资源可以增进自己的利益。① 地方政府自主性的增强,使地方政府在财政压力和政绩需求的驱动下,发挥出空前的组织和管理地方经济的积极性和主动性:一方面,充分利用和挖掘本地区的发展潜力和优势,形成各具特色的发展道路;另一方面,通过积极向中央争取优惠政策来发展本地经济,甚至创造条件来演绎现有政策。② 珠三角各城市政府为发展本地经济,普遍通过灵活变通使自己的权力得到实际放大。再加上珠三角区域特殊的行政格局(广州与深圳是副省级市,深圳与珠海是经济特区)和经济格局(珠三角的地级市吸纳外资能力强,外贸出口量较大,人均GDP多在1万元以上)。所以,珠三角的主要决策权集中在市级政府,珠三角城市群的形成以及20余年工业化和城市化的发展,具有强烈的地方政府主导色彩。由于地方政府主导的城市化与工业化取得了巨大的成效,因此强化了地方政府的地方利益与地方政府主导的观念。在当下中国这种分割性的行政区划体制和自上而下的压力型体制下,珠三角势必形成行政性的分割局面。

二、多中心竞逐模式面临的挑战与存在的问题

进入21世纪,珠三角城市群未来发展的挑战将主要来自国内

---

① 参见周伟林《中国地方政府经济行为分析》,复旦大学出版社1997年版,第3~4页。
② 参见胡荣涛《地区利益:我国产业结构失调的深层次原因及对策分析》,载《新华文摘》2001年第5期,第25~27页。

其他区域的竞争与区域内的产业升级和经济融合。

从国内其他区域的发展态势与国家扶持的政策供给力度来看，未来长三角区域与京津唐区域的发展将对珠三角未来的发展提出严峻的挑战。近年来，国家战略发展重点和发展思路的转变，使得珠三角丧失了改革开放以来一直支撑其快速发展的政策优势和制度优势。另外，以浦东开发为始端的国家对长三角区域的扶持以及以天津滨海新区开发为标志的国家对京津唐区域的重视，都凸显出珠三角区域未来发展面临的严峻挑战。

在面临外部严峻挑战的同时，珠三角城市群内部也存在诸多问题。在多中心竞逐发展模式下，珠三角各个城市政府自主发展，形成了整个珠三角群体化竞争性发展格局，拉动了珠三角经济的迅速繁荣。这种城市间的相互竞争，使各城市努力将传统的计划审批制对企业发展的限制降到最低点。与此同时，则必然体现为各城市间的恶性竞争。

尽管有广东省的积极协调，1994年为统一规划和引导珠江三角洲地区的发展，广东省委、省政府还专门牵头成立了专门的珠江三角洲经济区规划协调领导小组，对珠江三角洲地区诸多发展事项的协调也起了相当大的积极作用。但由于珠江三角洲区域经济发展呈现出明显的"行政区经济"特征，这种"板块经济"模式使珠三角城市群的发展备受现行行政管理体制的制约和束缚。珠三角城市群各级行政区划层次较多、分割繁细（珠三角横跨9个地级市），一个城市群分属不同的行政区，在发展目标、产业结构、产业布局、环境保护等方面，城市群区域与各行政区域之间、城市群内部各城市之间都有可能存在明显的冲突，集中表现为区域行政壁垒对要素自由流动的限制，导致要素流动与进入成本偏高，致使区域资源要素不能顺畅流向优势区位——城市，从而影响和制约了城市群的发展。同时，由于区域内城市不根据区域经济一体化的大局来正确定位，导致城市之间缺乏整体规划与协调，在珠三角经济生态格局里,出现了争资源、争项目、争中心的现象,在一定程度上造成资源浪费、重复建设、产业同构。

在现行地方政府政绩考核体制的压力下,珠三角各城市政府在基础设施建设、产业结构、吸引外资等方面都存在相当明显的恶性竞争。具体表现在以下四个方面。

1. 不合理的重复建设

集中在一些利润潜力较大的产业领域,以及像港口、机场这样的基础设施领域。不仅表现为数量多,还表现为对这些资源的利用效率不高,在利用的方法上还缺少协调。机场方面,在珠三角方圆200多千米的面积内,共有五个机场,分别位于香港、广州、深圳、澳门及珠海,合称"A5"。港口方面,深圳港已对香港港口形成了巨大冲击,而广州在此之后仍启动其"南沙大港"计划,东莞也不甘示弱,要斥巨资建设虎门港;在两侧,珠海港和惠州港从来就不相信自己不能成为华南大港。会展场馆方面,珠三角一些市镇近年来由于缺少规模和布局,互相攀比、抢建滥建会展场馆,有的市有三四个大型会展场馆,造成了资源浪费和会展业的过度竞争。据有关调查,目前全省较具规模的会展场馆有200多个,而利用率却只有40%左右。

2. 产业结构雷同

有数据显示:珠三角九城市间非农业结构的相似系数为0.9963,产业结构高度雷同。[①] 珠三角各城市从20世纪80年代开始均实行"赶超战略""逆向开发战略",即市场需要什么就生产什么,导致经济区各地把投资的重点集中在投资少、见效快的少数

---

① 参见罗必良《城市化:珠三角面临的问题与道路选择》,载《珠江经济》1996年第3期,第15~17页。

几个行业上，使区内产业结构雷同，减弱了经济区内分工和规模的双重效益，并引发区内竞争的白热化。20 世纪 80 年代中期的"彩电大战""冰箱大战"就是由各地产业结构严重呈趋同态势而引起的。到了"八五"时期，各地投资热点又惊人地相似：广东沿海等地受香港产业转移以及珠江三角洲出口导向战略等因素影响，加之利益驱动与信贷、财务等约束机制不完善，珠江三角洲内产业结构严重趋同。目前，珠三角的工业结构大部分集中在纺织、成衣、食品加工、塑胶、家电等部门。①

3. 不少地方在开放引资上竞相出台优惠政策，在外贸出口上竞相压价，导致过度或恶性竞争

由于省市之间、城市之间及县域之间存在高低不等的一道道行政性障碍，隶属于不同行政主体的产业开发区实施的是背靠背的招商政策，各城市的招商条件并不透明，商务成本缺乏正常的梯度。本应是成本导向下的企业投资经营行为与追求地方利益的政府行为合在了一起，使同类产品及上下游生产能力难以相对集中，产业链的分工协作关系出现断裂，或者不经济地扩大了空间距离。在这种背景下，外商投资企业不论其产业属性和专业特长，一概成为各城市政府部门的争夺对象。

4. 城市功能定位上的恶性竞争

在珠三角地区，广州和深圳各有所长，没有谁是绝对的中心。龙头之争不只是表现在口头上或意识上，有些甚至已经进入政府的工作计划或设想。如对华南金融中心的争夺，广州与深圳之间近年来也引发了多次争论，甚至将问题"升级"到广东省"两会"的

---

① 参见魏达志、邓雪丽、曾祥炎等《城市群与城市国际化》，海天出版社 2006 年版，第 187 页。

代表那里。① 正因为群龙无首，各有算盘，珠三角地区同质发展的恶性竞争后果正日益显现出来。在珠三角地区，可发现相同的东西是如此集中地挤在一起。比如说不大的珠三角地区居然集中了五个大型机场、七个港口，甚至连城市的面貌都大同小异，几乎每一个城市都遍布着大草坪、道路两旁都是花坛绿篱。为了争夺自己在整个珠三角区域的中心地位，激化了各个城市间的竞争。由于争得了大项目就争得了排位上升的事实，各个城市纷纷投入大量的资源建设各种基础设施与大型项目。进入21世纪后，扩大城市版图成为珠三角各城市相互效仿的做法。在这一思路引导下，2000年，由广州市代管的县级市番禺和花都撤市改区，大广州将版图一下子扩张到了珠江口，从而摇身变为沿海城市；2003年2月，国务院批复同意撤销原佛山辖区的城区、石湾区以及县级南海市、顺德市、三水市和高明市，同意设立佛山市禅城区、南海区、顺德区、三水区和高明区五个区，"大佛山"把顺德市、南海市、三水市、高明市尽收"囊中"，雄心勃勃地欲打造广东第三大城市；几乎与此同时，大惠州"合并"了惠阳市，"圈住"了大亚湾，城市空间一下子扩大了五倍；江门市"合并"了新会市；珠海市"合并"了斗门县；等等。最近，东莞新一轮的行政区划调整也正在酝酿之中。

正是由于上述种种问题，导致了珠三角城市群整体竞争力的相对下降，在一些经济发展指标上逐渐落后于长江三角洲地区的发展。②

---

① 参见《转型：珠三角竞争力2006年度报告》，载《南方日报》2006年12月29日，特10版。
② 参见《长三角与珠三角经济发展比较分析》，中国统计信息网，http://www.stats.gov.cn，2003年8月12日。

三、联动整合：新的区域发展思路

改革开放的发展历程显示，珠三角城市群是一个竞争大于合作，竞逐多于协调的区域。毋庸置疑，这种多中心竞逐的城市群发展模式也是带动整个珠三角经济起飞的重要动力。但是，当代区域发展之间的竞争已经进入了区域整合的竞争，"单打冠军"并非直接意味着"团体冠军"。因此，加强区域整合，走联动整合的新型发展之路，是珠三角城市群继续保持优势和提高竞争力的关键。正如《中共中央关于制定国民经济和社会发展第十一个五年规划的建议》中所强调的那样，珠江三角洲城市群要继续发挥对内地经济发展的带动和辐射作用，必须加强区域内城市的分工协作和优势互补，以增强城市群的整体竞争力。

1. 联动整合是城市群发展的基本趋势

城市群的形成过程也是各城市之间关系越来越密切的过程，一个内部经济发展协调的城市群可以使地理位置、生产要素和产业结构不同的各等级的城市承担不同的经济功能，在区域范围内实现单个城市无法达到的规模经济和集聚效应。城市只有顺应区域经济全方位整合的潮流，在城市群中找到自己的位置，调整城市产业布局，把单个城市融入城市群的整体中，才能在配置和利用生产要素方面实现优势互补，在发展中共享利益。未来城市的竞争不再是简单的个体竞争，而是城市群间的竞争，是区域与区域间的竞争。因此，对同处于一个区域范围内的相关城市，相互间的竞争是客观存在的，但更重要的是要解决好城市之间的分工与协作问题，调整自身发展定位，尤其是产业定位。①

2. 珠三角城市群正在呈现联动整合发展的趋势

（1）基础设施建设推进珠三角融合。根据规划，到2010年总长255千米的广州城市轨道交通线网络将与周边轨道线路相衔接，使广州与佛山、东莞等周边地区的交通时间基本控制在1小时内；2020年珠三角城际快速轨道网的建成，将实现包括港澳在内的珠三角城市群"1小时生活圈"。这些发达的交通网络在珠三角城市群内形成了巨大的物流、人流、资讯流、技术流，对促进本区域的经济发展起到了十分重要的作用。②

（2）加强区域统一规划。20世纪90年代末以来，在长江三角洲地区咄咄逼人的发展态势以及全球化进程加快所带来的竞争压力下，广东省政府也开始强化政府替代，逐渐开始加强对珠三角地区经济社会发展的整合规划，如明确广州和深圳是本地区的中心城市、全力支持广州成功申办亚运会和开发南沙、联合整治珠江流域环境治理、重新规划珠三角地区城市化建设和城市功能定位、组建大佛山和大广州等一系列城市行政区划调整等。2004年9月，《珠江三角洲环境保护规划》经广东省人大审议通过并付诸实施。2005年1月，《珠江三角洲城镇群协调发展规划（2004—2020年）》经广东省人大常委会审议通过并付诸实施。当然规划的制定只能说是适应了区域经济发展的趋势，在实际操作过程中还应该加大协调力度，务求取得实效。

---

① 参见徐康宁等《长三角城市群：形成、竞争与合作》，载《南京社会科学》2005年第5期，第22～26页。

② 参见《转型：珠三角竞争力2006年度报告》，载《南方日报》2006年12月29日，特10版。

(3) 联动整合发展已经成为基本共识。近年来，珠三角地区的整合力度不断加大，主动融入区域发展已经成为基本共识。如深圳市委领导人明确指出，"深圳要加强与广州的合作，加强与东莞、惠州、佛山、珠海以及珠三角其他城市的合作，实现优势互补、共同发展"①。而在广东省政府准备重新规划珠三角后，广州、深圳、珠海、东莞4市的主要负责人都表示，即使"新蓝图"的实施会让他们做出暂时牺牲，也将以大局为重。② 在2003年的广东省人大会议上，来自珠三角地区的各个地方政府负责人不约而同地表达了一个共同的心声和主张，即建立珠三角地区市长联席会议制度，加强区域合作，提高珠三角的综合竞争力，实现共同繁荣和发展。③

(4) 区域公共事务合作逐步深入。在发展旅游业方面，从2001年起广州、深圳与珠海就结成了紧密的伙伴关系，三市以整体旅游形象出现在国内外的旅游推介会上。④ 在流域治理方面，2002年10月8—9日，广东省委、省政府在广州召开了全省综合整治珠江工作会议，要求各市党委、政府把珠江综合整治纳入重要议事日程，要求珠江沿岸各地市、县、镇及区域之间，尤其是河流交界区域之间要互相支持和合作，齐心协力，整体推进珠江整治工作。⑤ 在公共安全方面，2006年8月25日，深圳、东莞和惠州三地警方在深圳市公安局指挥中心共同签署了《深莞惠三市警务协作框架协议》，协议各方同意建立合作协调机制，包括建立警务协作

---

① 田川、张凡：《大珠三角淡化龙头之争，区域整合迎来引人注目的转机》，载《粤港信息日报》2003年1月6日。
② 参见《广州深圳东莞珠海同意整合 珠三角要重新规划》，载《南方都市报》2003年1月15日。
③ 参见《建立珠三角市长联席会议制度》，载《南方日报》2003年1月15日。
④ 参见林丹《广深支联手旅游 创汇占全国两成》，载《羊城晚报》2006年1月10日。
⑤ 参见《广东14城市联手整治珠江 水环境有望得到根本改善》，新华网，http://www.xinhuanet.com，2002年10月11日。

联席会议制度、设立三市公安局指挥中心（办公室）主任协调制度、建立各业务部门衔接落实制度。此举标志着深莞惠三市警务大协作框架正式建立并付诸实施。① 在人力资源领域，2007年3月13日，珠三角城市群8市人才交流服务中心主任签署了《珠三角城市群人才交流一体化合作框架协议》，各方将在市场信息共享、人事代理、人才租赁、人才测评、高校毕业生就业等领域开展合作。②

3. 建立健全珠三角城市群的协调制度

跨地区的区域发展如何整合相关利益主体在各种问题上的多元价值取向，使其形成联动整合的发展理念和实际行动，离不开各种形式、各个层面的协调。

（1）继续强化市场机制的协调作用。市场机制就像一只看不见的手，沿着比较利益规则引导资源要素的区域流动，通过资源互补、产品互补、产业互补链条，实现区域优势的共增与传递。珠三角城市群之所以能迅速发展壮大，要诀就在于充分利用了毗邻港澳的地缘优势和20世纪80年代的先发优势，迅速聚集了经济发展所需要的各种要素资源。可以说，珠三角城市群的发展就是市场各种要素快速流动、互相补充的结果。今后，在继续推进珠三角区域统一市场建设和城市间经济技术合作、通过协同调整形成产业结构的梯度发展和层次开发态势等方面，仍然要继续强化市场机制的协调作用。

（2）强化广东省政府的协调作用。尽管近年来广东省政府不断加强对珠三角城市群整合的力度，如相继统一规划珠三角的环境治理和城镇发展、明确广州与深圳的中心地位等。但是，与长江三角洲的整合发展相比，珠三角城市群同属于广东省统一管辖的行政资源比较优势仍未能得到充分发挥。在推进珠三角城市群多中心联动

---

① 参见《深莞惠警务协作遏制跨市犯罪》，载《南方日报》2006年8月26日。
② 参见《珠三角八市联盟一体化人才交流》，载《羊城晚报》2007年3月15日。

整合发展中,对于珠三角城市群内市场分割、各行政区经济画地为牢、产业同构、日趋激烈的以争夺资源资金和市场为目标的区域竞争、产业结构的升级换代、日趋严重的环境与资源约束、自主创新投入不足导致的区域竞争力相对弱化等都需要继续强化省政府的协调。

(3) 建立健全城市群政府间协调制度。从长三角的发展来看,相互间高层沟通的渠道和机制(包括长江沿岸中心城市经济协调会、长江三角洲城市经济协调会、长江流域发展研究院、长江开发沪港促进会、长江三角洲市长联席会议等),对推进区域经济整合、加快区域发展发挥了重要作用。① 而从近年来发展迅速的泛珠三角区域政府间合作来看,由论坛和合作洽谈会、高层联席会议制度、日常办公制度与部门衔接落实制度组成的系统合作制度安排也非常成功,不断推进着泛珠三角区域合作深入发展。对此,珠三角城市群政府间协调可以借鉴其成功经验,并将这种城市群政府间的协调机制逐步制度化。通过建立健全珠三角城市群政府间协调制度,各方在户籍制度、住房制度、就业制度、医疗制度、教育制度、社会保障制度等改革方面加强行政协调,联手构建统一的制度架构和实施细则,以此协调各城市的政策行为,在招商引资、土地批租、外贸出口、人才流动、技术开发、信息共享等方面,营造无特别差异的政策环境。

(4) 培育和发展城市群内的区域非政府组织。区域一体化的实质是市场一体化,市场一体化要求政府逐步退出微观经济领域,在宏观管理层面进行经济调控、市场监管、社会管理和公共服务。而从发达国家的成功经验来看,从宏观层面到微观层面之间需要有一个中观层面,即各种行业协会与民间组织。城市群内的行业协会应加强联系,通过相互联合以实现城市群产业发展的互动与融合,最

---

① 参见荣跃明《区域整合与经济增长:经济区域化趋势研究》,上海人民出版社2006年版,第281页。

终推动城市群内产业结构和资源配置的优化、避免重复建设。此外，还要鼓励建立各种跨地区的民间组织。民间组织的主要职责是研究城市群发展战略和推进区域协作，这些组织的建立主要以城市群内的学术方面的代表人物和专家学者为主体，为珠三角城市群的联动整合发展献计献策，为在各种重大问题上形成共识提供讨论空间，为解决各种合作问题提供经过科学论证、考虑互惠互利的方案。如中山大学的"港澳和珠江三角洲研究中心"、暨南大学的"特区港澳经济研究所"等组织。这些民间组织可以在促进珠三角城市群多中心联动整合中成为政府的咨询参谋机构。

第二节 珠江三角洲区域治理制度创新[①]

一、引　　言

在全球化和区域一体化加速发展的国际背景下，当代中国的区

---

① 原文以《区域公共管理制度创新分析：以珠江三角洲为例》为题发表在《政治学研究》2010年第3期。

域一体化进程也初露端倪。随之而来的是，诸如长江三角洲、珠江三角洲的区域一体化进程都不同程度地产生了诸多区域性公共问题，最终损害了其健康发展和区域竞争力。为了化解区域一体化进程中的治理困境，区域公共管理应运而生。① 但是，从现有的区域公共管理制度来看，显然还不足以有效应对区域一体化进程中的种种问题。因此，必须适时推进区域公共管理制度创新，以适应区域一体化发展需求。

珠江三角洲是我国改革开放的先行地区和重要的经济中心区域，在全国经济社会发展和改革开放大局中具有突出的带动作用和举足轻重的战略地位。改革开放以来，珠江三角洲一体化不断发展，实现了经济社会发展的历史性跨越，为全国改革开放和社会主义现代化建设做出了重大贡献。尤其是 2008 年年底《珠江三角洲地区改革发展规划纲要（2008—2020）》（以下简称《规划纲要》）经国务院批复实施以来，区域一体化进程大大加快，为检验区域公共管理制度的成效以及论证区域公共管理制度创新与发展绩效之间的关系提供了丰富的实证资料。因此，以珠江三角洲为例来探讨当代中国的区域公共管理制度创新，对于有效实施系列国家战略层面的规划纲要②和实现国家统筹区域发展战略，都具有重要的理论与实践意义。

本项研究所使用的资料主要来自于近几年在珠江三角洲所进行的调研以及相关课程教学中所积累的资料，主要包括以下内容：①对珠江三角洲相关政府官员的访谈；②珠江三角洲地方政府的相

---

① 区域公共管理是指由区域内的各级地方政府组织、非营利组织和市场主体所构成的区域公共问题的治理主体的组织形态，也包括这些主体在治理区域公共事务过程中所共同遵循的治理理念和相关制度设计。参见陈瑞莲《区域公共管理的缘起与发展》，载《政治学研究》2003 年第 4 期。

② 2009 年以来，一共有 12 个区域规划上升为国家战略。来源：《人民日报》2010 年 1 月 25 日。

关政策性文件；③媒体与网络对相关问题的报道与讨论；④学术界相关的研究文献。

本文的组织方式如下：首先，对已有的相关研究文献进行综述；其次，对已有的区域公共管理制度及其发展绩效进行分析；再次，剖析现有区域公共管理制度的困境；最后，提出区域公共管理制度创新的思考。

二、文 献 综 述

20世纪90年代以来，随着当代中国区域一体化进程中各种区域性公共问题的出现，区域公共管理的研究逐渐成为当代中国社会科学研究中一个重要的新兴研究领域，已经积累了非常丰富的研究文献。① 其中，相当多的研究者注意到现有制度无法有效应对层出不穷的区域性公共问题，必须诉诸制度创新。从相关研究来看，研究者主要从三个不同学科角度切入：

（1）经济地理学。研究者注意到，当代中国区域公共管理面临的主要挑战是"行政区经济"这一堵"看得见的墙"阻碍了区域一体化进程。② 在此基础上，研究者提出了适度的行政区划改革、强化区域规划、实现跨行政区协同发展、建立区域管治制度等政策

---

① 参见陈瑞莲、孔凯《中国区域公共管理研究的发展与前瞻》，载《学术研究》2009年第5期。

② 参见刘君德等《中国行政区划的理论与实践》，华东师范大学出版社1996年版，第93页。

性思路。①

（2）区域经济学。研究者认为，为适应区域一体化需要，必须从现有地方政府主导的区域合作模式向企业主导的区域合作模式转型。②

（3）政治学与公共行政学。研究者提出：一是由于大量区域性公共问题的出现，必须要实现区域公共管理制度创新；③ 二是改变现行的行政区行政模式④，从行政区行政向区域行政⑤转变，或者

---

① 参见宁越敏等《长江三角洲都市连绵区形成机制与跨区域规划研究》，载《城市规划》1998年第1期；周克瑜《走向市场——中国行政区与经济区的关系及其整合》，复旦大学出版社1999年版；刘君德、汪宇明《制度与创新——中国城市制度的发展与改革新论》，东南大学出版社2000年版；汪宇明等《上海大都市区行政区划体制研究》，载《人文地理》2000年第6期；崔功豪《都市区规划——地域空间规划的最新趋势》，载《国外城市规划》2001年第5期；张京祥等《都市密集地区区域管治中行政区划的影响》，载《城市规划》2002年第9期；王学锋《都市圈规划的实践与思考》，载《城市规划》2003年第6期；魏立华、阎小培《快速城市化中城市规划和行政区划的关系研究——以珠江三角洲为例》，载《城市规划》2004年第2期；张京祥、吴缚龙《从行政区兼并到区域管治——长江三角洲的实证与思考》，载《城市规划》2004年第5期；Tingwei Zhang. From intercity competition to collaborative planning, the case of the Yangtze river delta Region of China. Urban Affairs Review, 2006, 42（1）: 26-56；陶希东《转型期中国跨省市都市圈区域公共管理：以"行政区经济"为视角》，上海社会科学院出版社2007年版。

② 参见张可云《区域大战与区域经济联系》，民主与建设出版社2001年版。

③ 参见陈瑞莲《论区域公共管理的制度创新》，载《中山大学学报》2005年第5期。

④ 所谓行政区行政，简单地说，就是经济区域各地方政府基于行政区划的刚性界限，以行政命令的方式，对本地区社会公共事务进行的垄断管理，具有相当程度的封闭性和机械性。参见杨爱平、陈瑞莲《从"行政区行政"到"区域公共管理"——政府治理形态嬗变的一种比较分析》，载《江西社会科学》2004年第11期。

⑤ 区域行政就是在一定区域内的政府（两个或两个以上），为了促进区域的发展而相互协调关系，寻求合作，对公共事务进行综合治理，以便实现社会资源的合理配置与利用，提供更优质的公共服务。参见陈瑞莲、张紧跟《试论我国的区域行政》，载《广州大学学报》2002年第4期。

是从行政区行政向区域公共管理转变，以实现区域合作；① 三是由于现有的区域行政发展还没有制度化，因此区域合作的实践绩效不彰。由此，改革发展的思路应该是进一步完善区域行政，实现区域行政制度化，以提高区域合作绩效。②

毋庸置疑，从已有的研究文献来看，已经形成了许多有相当影响力的解释框架，对扩展该领域的知识积累也具有重要意义。但是，这些研究文献并未能充分解释为何当代中国现有的区域公共管理制度仍然无法有效解决区域一体化进程中的诸多深层次问题，因而也就无法有效化解当前所面临的各种区域公共管理困境。不仅如此，我们还应该注意到：一方面，从国外的相关经验来看，根本就不存在万能的单一治理机制，不应去寻求一种唯一正确的组织模式，而应关注各种可能的治理模式以及治理是如何通过地方公共经济结构来和绩效发生关系的；③ 另一方面，区域公共管理制度是一个由区域公共管理的制度环境、治理机制和治理主体三者互动的统一整体，只考虑治理机制创新而忽略了制度环境改革与规范治理主体显然是缺乏解释力的。因此，如何实现当代中国区域公共管理的制度创新仍然是一个需要继续研究的重大理论与实践问题。

---

① 参见陈剩勇、马斌《区域政府间合作：区域经济一体化的路径选择》，载《政治学研究》2004 年第 1 期；陈国权、李院林《论长江三角洲一体化进程中的地方政府间关系》，载《江海学刊》2004 年第 5 期；杨爱平、陈瑞莲《从"行政区行政"到"区域公共管理"——政府治理形态嬗变的一种比较分析》，载《江西社会科学》2004 年第 11 期；杨爱平《论区域一体化下的区域政府间合作——动因、模式及展望》，载《政治学研究》2007 年第 3 期；金太军《从行政区行政到区域公共管理——政府治理形态嬗变的博弈分析》，载《中国社会科学》2007 年第 6 期。

② 参见张荣昌《打造长三角公共行政体制一体化》，载《中国行政管理》2004 年第 8 期；杨小云、张浩《省级政府间关系规范化研究》，载《政治学研究》2005 年第 4 期；汪伟全《论我国地方政府间合作存在问题及解决途径》，载《公共管理学报》2005 年第 3 期。

③ 参见［美］罗纳德·J. 奥克森《治理地方公共经济》，万鹏飞译，北京大学出版社 2005 年版，第 161～162 页。

三、区域公共管理制度的演进

在地理上，珠江三角洲是指广东省三水—石龙一线以南至滨海的冲积平原地区，其由珠江水系的西江、北江、东江及其支流潭江、绥江、增江带来的泥沙冲积而成。1994年10月，广东省政府提出"建立珠三角经济区，让这一地区在广东率先实现现代化，以此为龙头，实现全省'中部地区领先、东西两翼齐飞、广大山区崛起'的梯度发展战略和力争20年基本实现现代化的目标"。珠江三角洲经济区包括两个副省级市（广州市和深圳市）、两个经济特区市（深圳市与珠海市）、五个地级市（珠海市、东莞市、中山市、佛山市、江门市）以及两个地级市的部分县市（惠州市区以及惠阳区、惠东县、博罗县和肇庆市的端州区、鼎湖区、高要区和四会市）。20世纪80年代以来，在改革开放的背景下，珠三角实现了经济的跳跃式发展，并逐渐形成了先行一步的发展优势，基本上具备了实现现代化的条件。

1994年之前，整个珠三角并没有作为一个统一体明确加以协同。在广东省政府特殊的"放权型政府操作模式"作用下，珠三角各市群雄并起，很快实现了珠三角经济的腾飞。但是，珠三角内部，在地方独立利益主导下，并没有形成城市之间强有力的经济联系。① 20世纪90年代以来，这种局面逐渐发生变化：首先，伴随经济发展和城市化水平的提高，珠三角发展逐步走向融合，区域内商品、资本、人力资源的流动日益频繁，现代化基础设施不断完善，优势产业的跨地域发展使得珠三角经济活动的内在联系不断加强，推动了资源的优化配置和经济结构的互补。其次，20世纪90年代以来，国家战略发展重点和发展思路的转变使珠三角丧失了改革开放以来一直支撑其快速发展的政策优势和制度优势。同时，以浦东开发为始端的国家对长三角区域的扶持以及以天津滨海新区开发为标志的国家对京津唐区域的重视都凸显出珠三角发展面临的严峻挑战。最后，在面临外部严峻挑战的同时，珠三角内部也面临诸多区域性公共问题。改革以来，珠三角各市政府自主发展，形成了群体化竞争性发展格局，拉动了珠三角经济的迅速繁荣。但由于区域内各城市不根据区域一体化的大局来正确定位，导致城市之间缺乏整体规划与协调，在珠三角经济生态格局里，出现了争资源、争项目、争中心的恶性竞争现象，在相当程度上造成了资源浪费、重复建设、产业同构和区域性公共事务治理失灵等困境。

在这种情况下，广东省政府开始注重珠三角经济发展的规划和秩序问题。1994年，广东省委七届三次全会首次正式提出"珠江三角洲经济区"这一概念并着手对珠江三角洲经济区进行规划。广东省政府成立了珠三角经济区规划领导小组，组织了上百名专家研究论证，完成了《珠江三角洲经济区现代化建设规划纲要》，并建立了珠三角经济的数据库；初步协调了一些重大问题，如基础设施、产业布局、环境保护、社会发展和城市群等五个重点专题；提出了30多项重大工程，由规划协调领导小组统一进行规划和协调，由省、市、县分工建设等。这一构想希望通过珠三角规划协调领导

---

① 参见朱文晖《走向竞合——珠三角与长三角经济发展比较》，清华大学出版社2003年版，第169～172页。

小组的工作，使珠三角经济区由各地原来的"单打冠军"转变为"团体冠军"。1995年6月，广东省有关部门根据珠江三角洲经济区发展战略，完成了《珠江三角洲经济区城市群规划》的制定工作。该规划明确了珠三角的都市圈发展战略布局："以珠三角有机协调的城市群为整体，以广州为核心，以广州至珠海和广州至深圳的发展线为主轴，建设大广州和珠江口东岸、西岸三个大都市地区，建立都会区、市镇密集区、开敞区和生态敏感区4种用地类型的空间协调发展模式。"① 但是，从后来的实践来看，在广东特殊的经济发展模式（高度外向型经济）与特殊的行政格局（如深圳和珠海是有高度自主权的特区，广州是副省级城市）背景下，由于缺乏行之有效的区域公共管理制度，省政府很难协调各方的利益，这一构想基本上没有达到预期的目标。实际上，到20世纪90年代后期，珠三角经济区发展在广东省已经不再作为重点政策被提出了。②

进入21世纪后，鉴于珠三角的先发优势、地缘优势有所弱化，中共广东省委、省政府提出，对珠三角的生产要素要重新进行整合，包括土地资源、水资源，城市之间的交通、信息、污水处理乃至文化体育设施，都要协调发展。与此同时，面对珠三角一体化进程中的种种问题，各级地方政府也逐步意识到"珠三角要争当团体冠军，不能个个都只想着当单打冠军"，因此都积极参与这一区域协调与合作，不但区域合作的意识开始确立，而且在越来越多的领域开始实现了初步合作，区域公共管理制度的基本框架已然形成。

1. 区域一体化的意识开始确立

近年来，珠三角地区的合作力度不断加大，主动融入区域发展

---

① 广东省建设委员会：《珠江三角洲经济区城市群规划》，中国建筑工业出版社1996年版。
② 访谈对象：广东省发展和改革委员会一官员，2009年4月20日。

已经成为基本共识。如深圳市委领导人明确指出,"深圳要加强与广州的合作,加强与东莞、惠州、佛山、珠海以及珠三角其他城市的合作,实现优势互补、共同发展"①。而在广东省政府准备重新规划珠三角后,广州、深圳、珠海、东莞 4 市主要负责人都表示,即使"新蓝图"的实施会让他们做出暂时的牺牲,也将以大局为重。② 2008 年 6 月,经过了新一轮全省范围的思想大讨论,广东省委、省政府形成了《关于争当实践科学发展观排头兵的决定》(以下简称《决定》),为珠三角一体化总结出了一条更为科学的发展之路。《决定》第一次明确提出"要加快推进珠三角经济一体化,提高珠三角区域辐射引领能力。为此,要统筹区域发展重点,科学引导产业布局。加强统筹协调、优化分工合作、促进资源共享、增进互利共赢,推进城市规划、基础设施、产业发展、生态环保一体化,推动同城化发展,进一步增强珠三角的竞争力和综合实力,为全省经济发展发挥引擎作用,增强促进区域协调发展的动力"。

2. 在诸多方面实现了初步的制度合作

(1) 加强区域统一规划。区域规划不仅是国家实现区域协调发展的重要工具,也是政府介入区域发展最具影响力的工具。特别是对涉及区域发展的公共性议题,任何单一地方政府的权限都是无法有效处理的,因此加强上级政府的统一规划是刻不容缓的事情。进入 21 世纪以来,在长江三角洲地区咄咄逼人的发展态势以及全球化进程加快带来的竞争压力下,广东省政府也开始强化政府替代,逐渐加强对珠三角经济社会发展的合作规划。2004 年 9 月,《珠江三角洲环境保护规划》经广东省人大审议通过并付诸实施。2005

---

① 田川、张凡:《大珠三角淡化龙头之争,区域整合迎来引人注目的转机》,载《粤港信息日报》2003 年 1 月 6 日。
② 参见《广州深圳东莞珠海同意整合 珠三角要重新规划》,载《南方都市报》2003 年 1 月 15 日。

年1月,《珠江三角洲城镇群协调发展规划(2004—2020)》经广东省人大常委会审议通过并付诸实施。2008年12月,经国务院批准,《珠江三角洲地区改革发展规划纲要(2008—2020)》(以下简称《规划纲要》)正式开始实施。《规划纲要》明确提出"珠三角九市要打破行政体制障碍,遵循政府推动、市场主导,资源共享、优势互补,协调发展、互利共赢的原则,创新合作机制,优化资源配置"。不仅如此,《规划纲要》还提出了具体的"一体化时间表":到2012年,基本实现基础设施一体化,初步实现区域经济一体化;到2020年,实现区域经济一体化和基本公共服务均等化。2009年9月,广东省正式启动了《珠江三角洲地区产业布局一体化规划》的编制工作,希望由此改变珠三角城市之间定位不清、产业同构、无序竞争的状况,构建圈层清晰、错位发展、互补互促的区域产业发展格局,推进产业协同发展。不过,在此过程中,既要强调规划的统一,也要强调规划的严肃性。

(2)都市圈规划。早在1995年的《珠江三角洲经济区城市群规划》中,就确立了三大都市圈即中部都市圈(广州、佛山)、东岸都市圈(深圳、东莞、惠州)和西岸都市圈(中山、珠海、江门)的发展规划。2009年6月10日,广东省政府在《关于加快推进珠江三角洲区域经济一体化的指导意见》中提出"近期以推进广佛肇、深莞惠和珠中江经济圈一体化为重点,推进城市群规划建设一体化,实现各经济圈内部及相互之间基础设施的共建共享"。都市圈规划有别于传统意义上的城镇体系规划,它突破了行政区划的限制,并遵循城市与区域发展的规律,对空间规划的创新与指导产生了积极的效果。都市圈规划并未挑战已有的规划编制、审议和实施的管理体制,其中的工作重点是在完备的纵向控制系统当中,增加横向的沟通管道,并建立横向的协商对话机制作为区域合作的一项重要工具。从这些内容来看,都市圈规划在促进区域合作中的意义是不言而喻的,它必须透过"淡化行政区划",以及"在尊重各方利益的前提下，以市场机制为准则、以政府协调为手段、以跨区基础设施和大型骨干工程为先导"的各种不同方式来达到区域一体化的目的。

（3）行政区划改革。20世纪90年代末以来，为化解行政区经济对区域一体化的阻碍，珠江三角洲发生了大规模的"撤县（市）并区"改革，即将大城市行政区周围的县或县级市改为区，纳入大城市行政区范围内，为解决市管县产生的诸多矛盾以及为大城市与周边地区的统一规划和协调发展创造条件。如广州将原来代管的县级市花都与番禺并入广州，佛山将其原管辖下的顺德、南海、高明和三水撤市并区而组建了大佛山。类似的还有珠海撤销斗门县设立斗门区、惠州"合并"了惠阳市、江门"合并"了新会市。这些中心城市的行政区划改革，一方面是由于自身市区所辖范围太小而不利于城市的整体发展，另一方面是城市区域的扩大有利于提升自身的竞争力。

（4）地方政府之间的频繁互动与签署合作协定。在珠江三角洲，相关地方政府领导之间的互动是比较频繁的。在新闻媒体上，人们经常可以看到各个地方政府组织各种各样的学习团、交流团等，由主要领导带队到相关地方政府所辖地区去参观、访问、学习、交流，实质上是寻求在经济发展方面互利合作的机会，学习相对发达地区在经济和社会发展方面的经验。不仅如此，地方政府之间还签署了多项合作协定。如2009年2月27日，深圳、惠州与东莞签署了《推进珠江口东岸地区紧密合作框架协定》；2009年3月19日，广州与佛山签署了《广州市佛山市同城化建设合作框架协定》；2009年4月17日，珠海、中山与江门签订了《推进珠中江紧密合作框架协定》。上述协定标志着珠三角一体化在三个经济圈的发展已经进入实质性步骤。显然，这些地方政府领导间频繁的互动是非常有利于促进珠江三角洲一体化的。

（5）部门间协商与协议。通过部门间的协商与协议开展合作，是近年来珠江三角洲区域合作的亮点，也是最具成效的合作策略。原因在于这种通过具体职能部门之间的沟通、协调与合作，是最直接也是最能避免行政区划边界限制的最佳方式。尽管它不具有整体性和长远性，但却具有相当的弹性，也适合于区域合作中先易后难的治理原则。截至目前，珠三角的地方政府相关职能部门在发展旅游业①、流域治理②、人力资源③、公共安全④、城市规划⑤等诸多具体事项的协作上取得了突出的成效。2009年3月30日，在广东省政府应急办的倡议和指导下，珠三角9市应急管理合作联席会议第一次会议在广州召开，签署了《珠江三角洲地区应急管理合作协定》。

（6）加强组织建设。比较固定的区域政府间合作组织往往是处理区域共同议题和各城市政府间利益冲突与矛盾的协调机制，对于推进区域内协调合作项目产生了明显的成效。为推进珠三角一体化，广东省政府提出要在省政府的统一领导下，形成城市间、部门间、企业间及社会广泛参与的多层次合作机制。为此，广东省实施《规划纲要》领导小组要加强组织协调，大力推进珠江三角洲区域一体化工作。成立由省有关部门牵头、相关市参加的城市规划、交通、能源、信息化、水资源、环保、产业、基本公共服务等专项工作小组，负责具体工作，并在省政府和各市政府专设一个落实《规划纲要》办公室。而在推进"广佛肇、深莞惠和珠中江"三大都市圈的过程中，先后成立了由市际合作领导小组、市长联席会议、

---

① 参见林丹《广深珠联手旅游 创汇占全国两成》，载《羊城晚报》2006年1月10日。
② 参见《广东14城市联手整治珠江 水环境有望得到根本改善》，新华网，http://www.xinhuanet.com，2002年10月11日。
③ 参见《珠三角八市联盟一体化人才交流》，载《羊城晚报》2007年3月15日。
④ 参见《深莞惠警务协作遏制跨市犯罪》，载《南方日报》2006年8月26日。
⑤ 参见《珠三角9城市规划局长昨首次召开联席会议》，载《南方日报》2007年7月26日。

联席会议办公室以及专责小组四位一体的组织协调机制,签署并开始实施全面区域合作的框架协议。最近,广东省委提出要创新珠三角合作协调机制,探索用城市联盟等方式,推动珠三角区域合作向制度化方向发展,实现有序竞争、共赢发展,由广东省发展和改革委员会联合珠三角9个地级以上市牵头组建的政府间合作组织也正在加速推进。

四、区域公共管理制度的绩效及其面临的挑战

  上述区域公共管理制度的建立对促进珠三角一体化产生了积极的影响。2009年,以一体化战略为核心,珠三角率先打破行政区域藩篱,努力构建分工合理、优势互补的新兴产业链,以市场为生产要素和资源配置为核心打造新型区域经济发展模式;城乡规划、基础设施、产业布局、环境保护、基本公共服务一体化"五位一体"和广佛肇、深莞惠、珠中江三大经济圈的战略布局,勾勒了珠三角城市群清晰的发展路径。所以,在非常严峻的外部环境下,2009年珠三角仍然实现了生产总值32105.88亿元,同比增长9.4%。[①] 面对"一体化"中旧有利益格局,广东创造性提出构建三个经济圈的新路径,一体化由小及大,先凝结"三极"力量,再聚合珠三角。广佛肇经济圈令人瞩目,一体化冲动早已成为市场和

[①] 参见《去年珠三角GDP突破3万亿 7市增幅达两位数》,载《南方日报》2010年1月28日。

民间共识,因此广佛同城化率先"破茧而出",携领珠三角区域一体化。广佛两市已经共享就业失业信息、统一边界地区固话资费、打通多条"断头路"。深莞惠以交通基础设施为先导的"一体化"进程加快。珠海、中山、江门三市借助2009年产业构建以及横琴岛开发和港珠澳大桥快速通道,内引外联的一体化聚变效应将激活珠江西岸,试图带动东西两翼齐飞,引领广东雁阵站稳潮头。2009年以来,深莞惠、广佛肇、珠中江相继建立市长联席会议机制,各市一把手一起商谈区域协调发展。医保卡互通互认、公积金异地互贷、年票制通用、公交"一卡通"、手机漫游费取消……藩篱被打破,人流、物流、信息流开始自由流动,人们深切感受到了一体化带来的种种便利。

尽管如此,迄今为止,珠三角地区城市分工与产业合作仍停留在"战国时代"。而区域城市分工与产业合作才是实现区域一体化的关键。在现行地方政府政绩考核体制的压力下,珠江三角洲内部在基础设施建设、产业结构、吸引外资等方面都存在相当明显的恶性竞争。甚至有评论指出:其实,珠三角的一体化声音很大,从实际上的"组合"效果来看,反而削弱了区域的凝聚力和"战斗力",① 具体表现在以下四点。

(1) 基础设施的重复建设。珠三角各自为政的基础设施规划与建设缺乏协调,导致区域整体利益的下降,体现在区域战略资源竞相建设上的最为明显。有研究认为,珠三角各城市发展目标大体相似,以城市市政基础建设为例,同时存在着深圳、珠海、广州几个机场,在港口方面,目前有广州黄埔港、深圳盐田港、珠海高栏港、中山港、南沙港,无疑存在资源浪费。② 但战略性资源往往位

---

① 参见马强军《珠三角一体化可借鉴长三角经验》,载《南方都市报》2010年2月4日。

② 参见《珠三角机场港口要"无地界"合作降低成本》,载《广州日报》2008年1月21日。

于某一城市的行政区划内，分布在区域内不同的城市辖区在城市主导的区域战略资源开发中，区域不能对战略资源进行有效的管理，由于城市对资源的看法与区域不同，导致开发模式和功能不一致，城市利益放在第一位，使区域利益降低或丧失，造成战略资源的浪费。广东省统计局 2008 年 3 月份发布的一份研究报告认为，珠三角各地竞争多于合作，基础设施彼此独立发展，区域整体功能协调性受阻碍，"诸侯经济"意识被强化，突出表现在各地在机场、港口、公路建设等方面都以自我为中心，自成体系，造成重复建设和资源浪费。① 此外，在基础设施建设上，珠三角各市之间也衔接不足、缺乏协调，相邻城市的行政边界地区常常会出现"断头路"。例如，广佛放射线珠江大桥与黄岐对接工程和龙溪大道—海八路升级改造项目属于 2009 年度广佛同城化的重点项目，但两地在关于其开工与完工时间上无统一意见。② 上述结果的出现是区域协调机制的缺陷造成的，在以各自利益为重的前提下，不可能要求某一个城市在全局角度下考虑问题。

（2）产业同构。产业分工是实现珠三角一体化的基础，如果城市间产业同构系数越大，那么区域一体化的程度就越有限。产业同构系数是对产业相似程度的一种测度，目前比较普遍使用的指标是联合国工业发展组织（UNIDO）国际工业研究中心提出的同构系数（similar coefficient），其计算公式为：

$$S_{ij} = \sum_{k=1}^{n} X_{ik} X_{jk} \Big/ \sqrt{\sum_{k=1}^{n} X_{ik}^2 \cdot \sum_{k=1}^{n} X_{jk}^2}$$

其中：S_{ij} 表示同构系数值，i、j 分别表示两个相比较的地区，n 表示产业数，且 $k = 1, 2, 3$；X_{ik} 表示在地区 i 中，产业 k 在该地区所

---

① 参见《广东酝酿经济共同体 珠三角一体化急寻破题》，载《第一财经日报》2008 年 5 月 14 日。
② 参见《珠江大桥放射线接广佛新干线已暂停》，载《南方日报》2013 年 4 月 14 日。

有产业中的比重；X_{jk}表示在地区 j 中，产业 k 在该地区所有产业中的比重。该系数的意义是：当 $S_{ij}=1$ 时表示两区域结构完全一致，当 $S_{ij}=0$ 时表示两地区域结构完全不同，S_{ij} 小于 0.5 时趋同度小，若 S_{ij} 大于 0.5 表示两区域结构趋同度大，应当进行产业结构的调整。在对区域间产业结构相似程度进行评价时，以 0.8 为界来评判同构性的高低，当 S_{ij} 大于 0.8 时，表示产业结构已严重趋同。

根据 2007 年珠江三角洲 9 个城市规模以上制造业企业及服务业的增加值数据，我们采用同构系数计算了珠三角 9 个城市之间的产业同构系数（见表 5-1），发现珠三角地区东岸的深圳、东莞和惠州同构程度相对较高，深圳、东莞、惠州之间的同构系数平均值为 0.88；西岸的佛山、中山、江门、珠海以及肇庆的产业同构度次之，佛山、中山、江门、珠海和肇庆之间的同构系数平均值为 0.70。

表 5-1 2007 年同构程度最高的前八名城市组合

城市组合	同构系数
深圳-惠州	0.91
佛山-中山	0.90
深圳-东莞	0.89
中山-珠海	0.89
东莞-珠海	0.88
东莞-惠州	0.85
东莞-中山	0.84
珠海-深圳	0.78

而从珠三角各市主导性高新技术产业的发展来看，其产业同构情况也非常明显（见表 5-2）。

表5-2 珠江三角洲各市主导高新技术产业的发展情况[①]

地区	高新技术主导产业
广州	电子信息、生物技术、新材料、光机电一体化、新能源与环保
深圳	电子信息、生物技术、新材料、光机电一体化、新能源
珠海	电子信息、生物技术、新材料、光机电一体化、新能源与环保技术、海洋工程、精细化工
佛山	电子信息、生物技术、新材料、光机电一体化、新能源与环保
东莞	电子信息、新材料、光机电一体化、精细化工
中山	电子信息、生物技术、新材料、光机电一体化、新能源与环保、轻纺化高技术、精细化工
惠州	电子信息、生物技术、新材料、光机电一体化、精细化工
江门	电子信息、生物技术、新材料、光机电一体化、新能源与环保
肇庆	电子信息、生物技术、新材料、光机电一体化、轻纺化高技术

（3）招商引资中的恶性竞争。在压力型体制[②]和地方政府间"政治锦标赛"[③]的作用下，各地方政府为吸引外来资本而展开恶性竞争，也成为比较普遍的现象。在珠三角，各城市政府竞相开展"倾销式竞争"，套用商家惯用的"跳楼价"来争夺外资，于是税收等"一降再降"，"门槛一低再低"。一些城市政府早已突破"两免五减半"的企业所得税优惠政策底线，在暗地里实行"五免五减半"政策，有些城市政府甚至对外商承诺给予"十免十减半"或"零地价""零检查""零税收""零收费"等违规优惠政策，这种恶性竞争往往使各城市政府陷入企业林立与财政拮据的矛盾之中。

[①] 参见翁记传《珠江三角洲工业结构趋同研究》，载《世界地理研究》2006年第1期。

[②] 压力型体制是指下级政府主要是迫于压力而完成上级政府布置的任务和各项指标，上下级政府间处于压力状态之下。参见杨雪冬《泛政治化：压力型体制的缺陷》，载《瞭望》1987年第43期。

[③] 参见周黎安《晋升博弈中政府官员的激励与合作》，载《经济研究》2004年第6期。

近年来，土地价格也成为又一轮恶性竞争的有力武器。在珠三角，经常能听到各城市政府这样讲，"我们常常把国家政策允许的范围都用到了，只要不违法，什么都可以谈，优惠政策没有底线"①。这种城市政府主导的恶性竞争一方面增加了外商投资企业的短期行为和以享受优惠政策为目的的重复投资建设，另一方面也使经济发展外部性问题随着总量的扩大而日趋严重，内耗增加，最终损害了区域经济一体化的发展。

（4）生态分割与跨界污染。一般而言，经济区域的形成发育往往以一定的江河湖海为依托，由于相似的地形、气温、降水、植被、土壤、水系等自然特征，基本上属于一个较为完整的自然生态整体。但是，在实践中，一个生态区域整体往往被行政区划切割为不同的部分。由于经济发展水平的差异，不同行政单元对环境治理的认识水准有差异，而采取了不尽相同的行为方式，往往在水资源管理、流域综合开发、环境保护、防洪治理等区域性事务上，行政分割现象较为突出。尤其是在各城市政府的交界地带，往往因为管理制度、政策法律、标准时序等差异，更容易造成生态分割和跨界污染，激化社会矛盾，成为可持续发展的重要障碍。在珠三角，跨界污染的不仅是垃圾，跨区域的水污染和空气污染也普遍存在。据了解，由于广州上游的佛山工业污染珠江，广州第一水源水质已经大大下降，现在不得不考虑从西江更远的地方开辟第二水源。而流经深圳与惠州的淡水河治污用 16 年的时间验证了跨界河流污染治理的"老大难"。② 不仅如此，近年来困扰珠三角的酸雨和灰霾天气问题也一再成为每年广东两会上的"焦点话题"。③

---

① 刘亚平：《当代中国地方政府间竞争》，社会科学文献出版社 2007 年版，第 100 页。

② 参见《淡水河 16 年治污路能否成跨界协调样本》，载《南方日报》2009 年 4 月 1 日。

③ 参见刘茜《跨界污染谁都受害谁都不管》，载《南方日报》2009 年 2 月 20 日。

正是因为上述种种问题，所以有研究显示，珠三角城市群内的协调发展处于弱协调状态，协调度很低。① 相比之下，近几年，长三角城市群、环渤海城市群、武汉城市群以及长株潭城市群却在迅速崛起，在提升区域竞争力上，部分创新力度已远远超出珠三角。以上海为首的长三角经济增速2003年起开始超过珠三角，而且双方差距呈扩大之势。② 更重要的是，1994年广东省规划珠三角经济区之初的基本设想是希望通过珠三角一体化发展提升其辐射引领能力，进而带动东西两翼与粤北山区的发展，从而促进广东区域协调发展。但是，由于珠三角一体化长期没有实质性突破，预期的政策目标并未兑现。无论是从GDP和人均GDP衡量的经济增长速度和经济发展水平看，还是以规模以上工业增加值、地方财政一般预算收入、全社会固定资产投资总额和外贸出口总额等主要经济指标来衡量，珠三角和广东省环珠三角区域的差距都很悬殊，区域经济发展二元结构不仅没有得到改善，还有继续扩大的趋势。③

新制度经济学的核心思想是，制度对经济运行的绩效至关重要。④ 在新制度经济学理论中，制度的产生是因为交易费用的存在，制度的运作又有利于降低交易费用。⑤ 不仅如此，制度还可以为实现合作创造条件。⑥ 从这个意义上讲，珠三角区域公共管理制度的逐步建立有利于降低区域一体化进程中的高额交易费用。但是，随

---

① 参见刘德平《大珠江三角洲城市群协调发展研究》（博士学位论文），华中农业大学2006年，第56～57页。
② 参见《珠三角经济一体化蓄势待发》，载《南方日报》2008年9月17日。
③ 访谈对象：广东省财政厅一官员，2009年4月25日。
④ 参见［美］埃里克·弗鲁博顿、［德］鲁道夫·芮切特《新制度经济学——一个交易费用分析范式》，姜建强、罗长远译，上海三联书店2006年版，第1页。
⑤ 参见［美］罗纳德·科斯《企业的性质》，见［美］路易斯·普特曼、［美］兰道尔·克罗茨纳《企业的经济性质》，孙经纬译，上海财经大学出版社2000年版，第75～98页。
⑥ 参见张宇燕《经济发展与制度选择》，中国人民大学出版社1992年版，第187页。

着时间的推移,人们利益结构的变化,以及因知识积累而感知到了更好的获利机会,人们就产生了对新制度的需求,这时就要求推进制度创新。① 因此,为适应珠三角一体化发展的需要,必须适时推进区域公共管理制度创新。

五、推进区域公共管理制度创新

20世纪90年代以来,威廉姆森完善了交易费用经济学的分析框架,他认为"交易成本经济学主要关注合约关系的治理,然而治理并不是孤立进行的,各种备择治理模式的比较绩效,一方面随着制度环境变化,另一方面也随着经济行动者的特性而变化"。简而言之,要有效降低交易费用,应该关注制度环境、治理制度与行为主体间的互动关系。② 因此,珠江三角洲完整的区域公共管理制度创新应该包括制度环境、治理制度与治理主体三个层面的内容。

1. 创新制度环境

所谓制度环境,是指一系列用来建立生产、交换与分配基础的

---

① 参见 Lance E Davis, Douglass North. Institutional change and America economic growth. Cambridge University Press, 1971: 10。
② 参见[美]奥利弗·E. 威廉森《治理机制》,王建等译,中国社会科学出版社2001年版,第272、414～416页。

政治、社会和法律基础规则。① 相对于治理机制而言，制度环境是一个社会中所有制度安排的总和，往往保持相对稳定，它实际上是具体治理机制发挥作用的外在环境。

在珠三角一体化进程中，要实现区域公共管理制度创新，必须推进制度环境层面的创新，为此应采取以下四个措施。

（1）积极推进法治建设。市场经济是法治经济，因此基于市场经济基础上的区域一体化也离不开法治。目前，珠三角一体化过程中所暴露出来的问题主要是法律实施的问题，法律没有得到严格、统一和协调的执行，不同的地方各自为政，"各人自扫门前雪"，造成了执法中尺度不统一、缺乏协同配合等。因此，首先必须明确宪法权威，强化宪法在统一国内市场中的作用。其次必须完善有利于珠三角一体化的法律制度。一方面要认真清理珠三角招商引资、产业政策等方面不协调、容易引发不良竞争的政策规定；另一方面要加强地方立法，规范各地竞争行为，建立公平有序的市场环境。最后必须在珠三角区域加快法治政府建设的进程，并考虑解决地方政府间立法协同的问题②（目前这一区域涉及广东省、广州市、深圳市、珠海市四个立法实体）。

（2）理顺政府间纵向关系。鉴于改革以来广东省政府特殊的放权发展战略所面临的挑战，因此，适度强化广东省政府的综合协调能力是非常必要的。③ 如重大基础设施建设、产业布局与城市规划、生态环境治理等。与此同时，由于推进区域一体化的背后是利益关系的调整，在现有财税体制框架内，特别是随着财税体制改革的逐

---

① 参见［美］L. E. 戴维斯、D. C. 诺斯《制度变迁的理论：概念与原因》，见《财产权利与制度变迁——产权学派与新制度学派译文集》，刘守英等译，上海三联书店1996年版，第270页。
② 访谈对象：广东省人民代表大会常务委员会办公厅一官员，2009年4月28日。
③ 2010年1月24—30日，笔者在访谈珠三角一些地市发展和改革局的官员时，他们都认为涉及区域一体化的一些关键性利益平衡问题时，还是需要广东省政府出面协调。

步深入,广东省级财政应加强对珠三角 9 城市的统筹协调,合理缩小各地人均可支配财政支出的差距,逐步实现基本公共服务均等化。

(3) 按照科学发展观的要求改革地方政府政绩考核机制。张廷伟(2006)曾以长三角为例剖析了现行的地方政府政绩考核体制对区域一体化产生的负面影响。① 尽管广东省近年来已经在地方政府官员绩效考核方面进行了大刀阔斧的改革,但仍强调与所辖地区经济发展成就直接挂钩,并且这种经济发展成就又主要以上项目、建企业、经济增长速度多少等指标来进行简单量化和比较。这样势必导致各行政区领导强化资源配置本地化和保护本地市场。因此,除了继续按照科学发展观要求改革政府绩效评价指标体系和改革评价方式等之外,还应该考虑将促进区域一体化等相关指标纳入考评体系。

(4) 重塑地方政府间竞争模式。我国 20 世纪 80 年代以来的市场化和分权化改革,促进了地方政府间围绕经济增长为首要目标的地方政府间竞争,一方面,推动了我国国民经济整体的高速发展;另一方面,为了实现本辖区的经济高速增长和充分就业,地方政府往往不顾资源整体配置的效率,热衷于推行以邻为壑的地方保护主义政策措施,致使"诸侯经济"泛起、地方保护主义泛滥。而协调地方政府间横向关系不是要消灭地方政府间竞争,而是要重建地方政府间竞争秩序,必须从以封闭式的地方保护主义为策略的资源竞争转向以开放式的制度创新为基础的制度竞争,通过制度创新来吸引资源、创新技术、促进增长,而不是通过地方保护主义来维持增长。

---

① 参见 Tingwei Zhang. From intercity competition to collaborative planning, the case of the Yangtze river delta region of China. Urban Affairs Review, 2006, 42 (1): 26 - 56.

2. 创新治理机制

所谓治理机制，是指确定合作或竞争方式的经济实体之间的合约关系或治理结构。① 由于交易的属性不同，也就必然会有不同的治理机制。从美国的区域公共管理实践来看，"没有一种组织模式能有效处理大都市区复杂的动态情况，围绕那些跨辖区的问题而组成各种利益共同体是经常的事情，需要建立多种不同的组织规模，以实现规模效益，培育自治精神；区域问题的解决应该建立在现行政治制度安排的基础上"②。所以，威廉姆森指出，"交易的属性不同，相应的治理结构即组织成本与权能就不同，因此就形成了交易与治理结构的不同配比"③。从珠江三角洲一体化的进程来看，区域公共管理机制的创新应该包括以下两个层面。

第一，构建多元化的治理机制。在珠三角一体化进程中，早期的区域公共管理机制主要依赖于民间自发的市场机制。④ 虽然这使各城市政府努力将传统的计划审批制对企业的发展制约降低到最低点，形成了整个珠三角群体化竞争性发展格局，拉动了广东经济的迅速繁荣；但是市场机制所固有的缺陷导致在一定程度上各地之间的恶性竞争。因此，20世纪90年代以来，政府在其中扮演着越来

---

① 参见［美］奥利弗·E. 威廉森《治理机制》，王建等译，中国社会科学出版社2001年版，第480页。
② ［美］罗纳德·J. 奥克森：《治理地方公共经济》，万鹏飞译，北京大学出版社2005年版，第18～19页。
③ ［美］奥利弗·E. 威廉姆森：《资本主义经济制度》，段毅才、王伟译，商务印书馆2002年版，第538页。
④ 所谓市场机制，就是不通过中央指令而凭借交易方式中的相互作用，以对人的行为在全社会范围实现协调的一种制度。参见［美］C. E. 林德布鲁姆《市场体制的秘密》，耿修林译，江苏人民出版社2002年版，第4页。

越重要的角色，各种自上而下的科层机制①不断得到发展与完善，如区域规划、行政区划改革等。在组织经济学家看来，科层制创立的原因是市场效率的失灵，由于信息不对称、垄断力量和外部性，因此科层制成为市场的替代品。②但是，经验事实表明："看得见的手"和"看不见的手"只是分别用于两个极端的情况，在市场和科层制之间，还有另外一种中间力量在发生作用，这第三种力量就是网络。③C. E. 奥斯特罗姆也认为，"划分公用地，建立私人产权，这在许多情况下可以增进效率，对此种观点，我并无异议。同样，通过中央政府机构管理某些资源，可能避免在其他情况下的过度使用，对此种观点，我也无异议。我不同意如下的看法，即中央政府管理或私人产权是'避免公用地灾难的唯一途径'。将体制规定限定在'市场'或'国家'上，意味着社会科学'药箱'只包含两种药"④。从理论研究来看，市场与科层制作为两种基本的治理机制，一般被认为是可以相互替代的。这是因为从交易费用理论的角度来看，科层内部交易费用过高时可以通过市场来"外化"，而当市场交易费用过高时可以通过科层制组织来"内化"。但是，当市场和科层制组织机制都无法成功有效地降低交易费用时，又该如何选择呢？显然，任何单一治理机制都不是万能的，必须构建多元化的治理机制。

第二，应适时从区域行政转向区域公共管理。从珠江三角洲的

---

① 所谓科层制，是指被置于统一所有制下并且易于进行行政控制的一种交易。参见［美］奥利弗·E. 威廉森《治理机制》，王建等译，中国社会科学出版社2001年版，第479页。

② 参见［美］盖瑞·米勒《管理困境——科层的政治经济学》，上海三联书店2002年版，第37～43页。

③ 参见H. B. Thorelli. Networks: between markets and hierarchies. SMJ, 1986 (7): 37–51.

④ 参见［美］埃利诺·奥斯特罗姆《制度安排和公用地两难处境》，见［美］V. 奥斯特罗姆、D. 菲尼、H. 皮希特《制度分析与发展的反思》，王诚等译，商务印书馆1996年版，第89页。

发展来看，已经完成了从行政区行政向区域行政的转型。[①] 但区域行政的议题主要是围绕区域内各地方政府的需要而展开，不能涵盖区域内全部的公共事务。在区域合作中，地方政府往往以"全能者"的身份出现，形成新的"政企不分"的态势，致使合作"主角"大中小企业和其他非政府组织不能完全参与进来，即使参与，也热情不高，最终区域合作成了政府及其相关部门的"独角戏"。在合作内容上，热衷于压力型体制下对短期政绩的追求，缺乏对区域产业链意义上的分工与合作体系的整体性构建，更缺乏在城镇体系、社会保障体系等基础性社会领域上的合作，缺乏从全局考虑整个区域经济社会的科学发展与和谐，从而削弱了区域合作的绩效。而且，在当下的政府管理体制下，区域合作的主要内容不仅容易受到地方政府主要官员个人偏好的影响，还往往会因地方政府主要官员的调任变动而缺乏稳定性和连续性，更容易使这种地方政府主导的区域合作偏离区域一体化的主要目标。因此，要实现珠三角一体化，必须适时改进已有的区域合作策略，逐步走向区域公共管理，以形成区域内多元利益相关者的协作性治理。正是区域内多元利益主体的互动与参与，才使关键的区域性公共性问题不仅能够被表达，也易于解决。具体而言，那就是在现有的地方政府之间协作的基础上，充分发挥行业协会和其他区域性社会组织的积极作用，这包括两个方面：一是建立以各地经济专家为主体的智囊组织，成为珠江三角洲地区一体化发展的咨询参谋机构；二是发挥行业组织在珠三角区域产业一体化中的作用。当区域一体化出现困难时，由政府出面加以组织和协调。在实际运作中，则是由政府、产业界、学者、行业组织、中介组织等各方面代表共同审议加以协调。

[①] 参见张紧跟《从区域行政到区域公共管理：当代中国区域一体化的发展路向》，载《学术研究》2009年第9期。

3. 规范治理主体

在新制度经济学的理论体系中，行为主体被假设为有限理性和机会主义的经济人。① 在这种情况下，相应的激励与约束机制在促进治理主体间的合作中就必不可少。因此，在珠三角区域公共管理制度的创新中，还必须建立健全规范区域公共管理主体的相应激励约束机制。

（1）珠三角的区域发展缺乏一致性的规则，各城市在招商引资、土地批租、外贸出口、人才流动、技术开发、信息共享等政策上都存在很大的差异。没有规范区域一体化的发展的统一法规，一体化发展缺乏必要的制度保障。因此，在珠三角区域一体化发展进程中，要针对区域整体发展所达成的共识，应以制度化的规则作保证，并确立基本的要求：一是为合作行为提供足够的激励；二是对违反"游戏规则"者、机会主义者予以惩罚，使违规者望而生畏。

（2）应建立相应的区域利益分享和补偿机制。众所周知，珠三角一体化发展的出发点是通过区域成员间合作来共享整体利益。要实现珠三角基础设施、产业发展、环保生态、城市规划、公共服务一体化，势必会带来珠三角利益结构的重新调整和各种利益冲突，在当下特殊的制度环境下，如果缺乏相应的区域利益分享和补偿机制，显然是不可能实现的。这就不但要求在推进广佛肇、深莞惠和珠中江三个经济圈的过程中，各市政府在平等、互利、协作的前提下，通过规范的制度建设来实现地方间的利益转移，实现各种利益在地区间的合理分配；同时，必须强化广东省政府的综合协调作用，通过规范的公共财政工具来实现纵向利益转移，以调节珠三角一体化进程中的地区间利益关系，以最终实现区域利益共享。

---

① 参见［美］埃里克·弗鲁博顿、［德］鲁道夫·芮切特《新制度经济学——一个交易费用分析范式》，姜建强、罗长远译，上海三联书店2006年版，第3～6页。

六、结　　论

众所周知，当今世界国家与地区间竞争，最终取决于制度的竞争。珠江三角洲是当代中国走向现代化的战略区域，能否实现有效的区域公共管理，以获得持续的制度性优势，直接关系到珠江三角洲乃至整个中国的长远发展。[①] 20世纪90年代以来，为有效应对外部竞争发展的压力以及内部层出不穷的区域性公共管理问题，珠江三角洲的区域公共管理制度开始发育成长，在相当程度上也促进了区域一体化的进程。但是，面对区域一体化中的诸多深层次问题，现有的区域公共管理制度显然是无法有效应对的。因此，必须适时推进珠江三角洲的区域公共管理制度创新。

从区域一体化的基本要求以及新制度经济学的基本理论出发，创新制度环境、实现治理机制多元化和规范治理主体，应该成为珠江三角洲区域公共管理制度创新的基本思路，而不能局限于改革区域公共管理机制。不过，要使这一区域公共管理制度创新的思路能够顺利实施，还必须至少做好两个方面的配套性改革：一是城市政府职能整体性转变问题。因为区域一体化绝非行政一体化，单纯依赖于政府主导的区域合作也不可能实现区域一体化的预期目标，还必须充分发挥市场与社会的作用。只有转变政府职能，才能真正形

---

① 参见陈瑞莲、蔡立辉《珠江三角洲公共管理模式研究》，中国社会科学出版社2004年版，第18～40页。

299

成城市间、部门间、企业间及社会广泛参与的多元合作共治。二是培育区域共同体意识。只有当区域共同体意识得到确立后，区域一体化才可以获得绵延不绝的动力。

第三节　粤港从"前店后厂"到制度学习①

改革开放以来，以"前店后厂"分工合作模式为肇端的粤港合作，在拉动广东经济崛起与繁荣的同时，也促进了香港的经济转型和持续繁荣稳定。但是，随着粤港之间经济发展落差的逐渐缩小，粤港合作遭遇到越来越多的挑战。面对当前粤港合作中存在的问题，诸多研究者仍然局限于粤港经济合作来讨论相关问题，如提出广东应加强粤港合作中的创新和香港应加强粤港经济合作中的应变②；加强粤港政府间的协商与沟通、加强粤港高新技术产业合作、拓宽双方合作领域③；制定统一的产业发展规划，展开全方位的产业经济合作，营造适宜的制度环境以及促进粤港文化整合等是新时期促进粤港经济一体化协调发展的重要举措④；等等。但是，粤港

---

① 原文发表在《岭南学刊》2010年第2期。
② 参见左连村、张小兰《"十一五"期间粤港经济合作思考》，载《国际经贸探索》2007年第4期，第27～31页。
③ 参见张晓群《粤港经济合作中存在的问题与对策研究》，载《经济与社会发展》2007年第6期，第79～81页；周运源、李潇《论新时期区域经济发展中的粤港经济合作问题》，载《广东经济》2008年第7期，第48～51页。
④ 参见夏ede丽丽、闫小培《新时期粤港经济合作中的区域矛盾与整合》，载《热带地理》2004年第4期，第56～63页。

之间的制度落差不仅使合作中的交易成本居高不下,也限制了粤港合作向更高层次发展。因此,笔者认为,拓展粤港合作必须加速推进广东向香港的制度学习,逐步缩小两地之间客观存在的制度落差。

一、粤港合作的发展及其面临的挑战

20世纪70年代末,受制于土地和劳动力等生产成本上升以及东南亚地区廉价制造品的竞争性压力,香港制造业开始寻求向外转移。也正是在这个时候,中国内地开始了改革开放的历史进程,广东尤其是珠三角地区从过去的"国防前线"摇身一变成为"改革开放的前沿阵地和试验场"。这样,香港寻求制造业转移和广东寻求发展之间形成了历史性的契合。因为地缘、血缘和人缘的关系,香港的制造业"倾泻式"地迁移至珠三角地区,珠三角地区与香港的"前店后厂"的加工贸易模式开始形成。所谓"前店后厂",是指由香港方面负责承接订单,提供原材料、机器设备、产品设计,控制产品质量,同时负责销售及售后服务,扮演"店"的角色;而珠三角地区厂家只负责产品的加工制造及装配,扮演"厂"的角色。"前店后厂"加工模式一方面使香港制造业不仅继续利用其市场推广、资金管理和技术等方面的优势,也利用了珠三角地区廉价的地租及劳动力的优势;而广东则获得了经济发展所需的资金、技术及管理,同时解决了大量剩余劳动力就业问题。借助于这种"前店后厂"式的经济合作,不仅推动了广东的经济增长和工业化进程，也使香港从劳动密集型制造业中心转变成为国际金融和商贸服务中心，使粤港经济区发展成为一个不可分割的"经济生态带"。①

20世纪90年代以来，粤港合作悄然发生了变化，突出表现为珠三角经济对香港的依赖性逐步降低，尤其是亚洲金融风暴之后，香港经济实力有所下降，经济辐射的能力也随之降低。而珠三角通过30余年的发展，积累了相应的资金、技术，培育起了自己的贸易网络，已具备了一定的经济实力；同时，由于广东省土地、劳动力等要素价格的不断上涨，粤港间传统的"前店后厂"式合作模式正受到严峻挑战，珠三角内部在市场压力与政府强势主导下正在展开大规模的产业与劳动力的"双转移"。这表明，粤港经济合作中传统的比较优势正在丧失，竞争及冲突的因素正在显现。虽然现阶段粤港经济合作的主要领域依然是传统制造业，但经济发展的客观要求，正迫使两地经济合作突破劳动密集型制造业的桎梏，向高新技术产业、服务业尤其是生产性服务业等更广泛的层面发展。

于是，粤港合作开始遭遇越来越严峻的挑战。2008年7月，广东省省情调查研究中心发布的关于"粤港经济合作面临的问题与对策"的调查报告指出：粤港合作在新形势下面临着新的挑战，"经济差距逐渐缩小，呈现合作与竞争共存发展的态势；粤港合作处于产业链低端，难以适应经济发展需要"②。具体而言，主要体现在以下三个方面。

（1）经济差距逐渐缩小，经济发展竞争加剧。随着广东多年来高速经济增长、国际化水平的提高，以及香港自亚洲金融危机以来经济增长速度的放缓，粤港之间的经济差距正逐渐缩小，从而使粤港经济呈现出合作与竞争共存发展的态势。在经历了连续十几年

---

① 参见赵超、田秋生《粤港经济合作模式的战略性调整》，载《珠江经济》2007年第10期，第60～65页。
② 谢思佳等：《粤港合作处于产业链低端》，载《南方日报》2008年7月9日。

10%以上的GDP增长之后,广东后续发展的资源制约和环境承载能力下降等问题开始凸显。在广东省"十一五"规划当中,广东已经明确提出经济转型目标,以逐步实现整体经济的进一步增长。另外,广东省近年来对各大港口的大力投资使粤港之间的贸易与物流业务开始形成竞争。香港是远东地区传统的中转港口与航空枢纽,交通运输业是香港传统四大支柱产业之一。但随着珠三角地区城市的相继崛起和基础设施的不断完善,香港的中转地位开始受到挑战。从长远来看,随着粤港之间经济差距的不断缩小,双方的经济互补成分将会降低,传统的合作方式将被打破,粤港必将在越来越多的领域增加经济合作与竞争共存的发展格局。以重化工业为主导的广州、以高新技术和信息产业为主导的深圳都谋求扩大在东南亚地区的影响力,从而提升城市竞争力、完善城市生产服务体系,这必然对香港在这一地区的核心地位形成一定程度的冲击和挑战。

(2)合作处于产业链低端,难以适应经济发展需要。经过多年的经济高速发展,广东借助传统的劳动密集型产业实现工业化之后,面临着向资金密集型、高新技术产业转型,"十一五"时期将力争改变原来高投入、高消耗、高污染、低效益的三高一低增长方式,大力发展汽车、装备制造、钢铁这三大主导产业和电子信息、石油化工、家电这三大支柱产业,广东经济开始迈向重型化的产业发展。事实上,粤港经济合作,无论是"三来一补""前店后厂",还是"厂店合一",始终处于产业链低端,科技基础薄弱,发展后劲不足。而近几年广东制造业的引资及合作对象已转向欧美和日本等工业发达国家。近几年来,广州市引进了汽车、石油化工、装备等产业,工业结构正朝重型化发展,这批新产业的资本构成主要来自欧美和日本大型企业,与香港资本基本上没有直接关系。这种局面使粤港产业合作关系可能逐渐疏远,处于产业链低端的粤港合作受技术的制约已经难以适应经济发展的需要。主要表现在,粤港合作的经济个体普遍规模较小,没有足够的能力向产业链高端升级;

企业集群间缺乏内部协调导致大量低层次的重复性建设,难以适应产业结构调整和整体经济发展的需求。

(3) 缺乏统一的产业规划,合作向心力不强。由于缺乏两地政府间共同推动的统一的产业发展规划,粤港两地的经济合作远没有进一步融合的迹象。并且由于缺乏有力的沟通,粤港两地经济的未来发展也将包含着相互冲突的因素。以近年来粤港两地都提出要大力发展的高新技术产业为例,两地都将电子产业、信息技术、生物技术、新材料、新能源等产业列为未来发展的重点,高新技术产业内产业重构的现象已隐约可见。如果在其发展过程中不能进行很好的协调,必将带来日益激烈的市场竞争。

二、制度落差是制约粤港合作的主要原因

粤港合作遭遇严峻挑战的原因非常复杂。综合已有的研究,笔者认为:①客观条件的限制,包括产业互补优势减少、广东全面对外联系的加强使香港中介地位减弱等;②主观方面主要是合作理念存在问题,既涉及对"一国两制"的理解,也涉及香港对产业空洞化、被内地同化等的担忧;③合作机制的不完善。①

---

① 参见夏丽丽、闫小培《新时期粤港经济合作中的区域矛盾与整合》,载《热带地理》2004年第4期,第56~63页;张晓群《粤港经济合作中存在的问题与对策研究》,载《经济与社会发展》2007年第6期,第79~81页;周运源、李潇《论新时期区域经济发展中的粤港经济合作问题》,载《广东经济》2008年第7期,第48~51页;等等。

毋庸置疑，客观条件的限制的确对粤港合作产生了消极影响。一方面，粤港在经济合作中出现的分歧，主要反映了广东经济经过30余年持续高速增长后，经济规模快速提升，经济功能开始与香港交叉，两地早期建立的"前店后厂"的经济合作模式已不适应广东未来发展的需要，的确需要进行一些调整与重组。另一方面，香港与珠三角地区之间有各自的利益需求，并产生了局部的利益摩擦。但是，既往的粤港合作已经使两地经济实际上紧密相连、荣辱与共，一方发展、双方受益，是一个经济利益一致的整体。现在，珠三角是全球最有活力的制造业基地之一，香港是世界级的金融与商务中心，两者结合起来，大珠三角地区不仅是目前中国最重要的经济金融中心，也是推动全球工商业运作的一股强大动力，这决定了粤港两地在各自的经济转型中均需要对方的支援，在未来发展中仍然有很丰富的合作内容及广阔的合作前景。香港不仅具有非常规范的经济社会运作，还有着符合国际标准的证券市场和集资能力超强的金融市场，香港还是亚太地区最国际化的国际都市，这些对正在日益走向世界的广东仍然具有不可或缺的学习价值。而广东经过30余年的持续高速发展，珠三角地区已成为香港经济发展最核心的腹地，已有经济实力支援香港的产业转型及国际旅游与商务中心地位的提升。[1] 这表明，客观条件的限制并非制约粤港合作的主要原因。

至于粤港之间随着经济发展落差缩小而日益增加的竞争，也不是制约粤港合作的主要因素。随着广东经济的发展，粤港两地之间的经济落差显著缩小，香港经济对广东的扩散效应和牵引作用明显下降。多年来，广东保持了10%以上的高增长，而香港经济自1997年亚洲金融危机爆发以来，发展速度一直较缓。1998年到

---

[1] 参见胡华颖、张力《寻求粤港合作共赢的新举措》，载《广东经济》2008年第4期，第42～45页。

2003年广东年均经济增长速度高达13.4%，而香港同期的年均增速约为2.5%，远远低于广东的经济增长速度。① 2005年广东的经济规模率先突破2万亿元，已经超过香港，制造业和高新技术产业的发展规模和技术水平更是在香港之上。经济发展水平的巨大落差曾经是粤港经济合作强劲的内在动力，而随着落差的缩小，合作动力有所下降也在所难免。近几年广东省在道路、码头、机场等物流设施方面的持续投资与扩容促进了贸易与物流业的快速发展，直接分流了香港的一部分贸易与物流业务，行业互补转向了地区竞争。广东港口建设群雄并起，集装箱业务的发展直逼香港。此外，广州、深圳等城市日益崛起，在东南亚的影响力日益加强，而且都有意建立自己的生产服务体系，都在大力推动金融业及生产服务体系的发展，这使粤港经济竞争开始加剧。从中长期的角度来看，粤港之间贸易与物流产业的发展冲突最大，竞争会不断加剧。但是，众所周知，竞争是市场经济的灵魂，竞争也并不完全排斥合作，经济发展中的竞争与合作往往是一体两面，而且，从发展经验来看，粤港两地之间保持适度的竞争对双方发展都有利无害。因此，问题的关键不在于粤港之间有无竞争，而在于如何规避粤港两地之间的恶性竞争，这有赖于建立健全粤港合作机制。② 目前，粤港之间已经建立了一个有高层决策、有常设机构运作、有专家学者提供咨询的新机制。把合作协调机制从原来的"双署长制"升格为双方行政首脑出面主持的粤港联席会议，下设粤港联席会议的联络办公室，联络办公室成立相应的机构负责日常事务，联席会议下面再设若干专责小组，就合作的各个专题进行研究、跟进和落实，显示了粤港两地政府在CEPA签署后对加强双方合作与交流的重视，也将使有关

---

① 参见邝国良、方少帆、李晓勇《珠三角制造业从比较优势到竞争优势的战略转向研究》，载《国际贸易问题》2004年第7期，第45～49页。
② 参见陈瑞莲、张紧跟《试论当代中国的区域行政》，载《公共行政》2002年第5期，第56～62页。

政策的制定更有效，决策的贯彻更顺畅。

至于主观条件的限制，恰恰说明"一国两制"下两地的制度落差才是制约粤港合作的主要原因。正是因为粤港两地存在着巨大的制度落差，使双方对"一国两制"存在着解读的不一致，一方面担心"两制"能否落实，另一方面过分强调"两制"之间的差异，反而使回归后的"一国"优势未能得到充分发挥，使双方难以达成一致的合作共识。

而粤港合作机制在30余年的互动中也不断完善，1998年启动的粤港高层联席会议制度的运作表明粤港之间形成了市场引导与政府协调的合作机制。但是，两地之间的制度落差导致的制度环境与个体差异在根本上制约了粤港合作机制的效用发挥。在广东，政府通过引进外资的权限政策、税收政策、产业导向政策、经济特区政策等各项行政法规来规范各级地方政府与香港企业的区域合作行为，具有较为浓厚的"计划导向"特征。与之对比，香港政府在推进与广东的区域合作中奉行的是积极不干预政策，几乎完全交由市场进行自发调控，香港政府只有在靠私有企业无法解决问题的情况下，才会进行干预。不仅如此，两地政府之间无论是在政府法治化，还是处理与市场、社会、企业等关系上均存在巨大的差别。这样，粤港合作显然面临着"政府主导下的区域合作"与"多元主体参与的区域治理"难以兼容的合作困境。因此，虽然目前粤港的联席会议制度已经形成，但联席会议制度也只是就近期关系到两地的具体问题进行洽商、规划，还没有就区域经济发展战略决策进行相应的协调，合作机制的预期效果并未实现。对此，20世纪90年代以来交易费用经济学的最新发展显然有助于对此做出合理性解释，即降低合作中的交易费用应该关注制度环境、治理制度与个体间的互动关系。①

综合上述分析,我们可以得出的基本结论是:粤港之间存在的巨大制度落差是制约粤港合作的关键性因素。

三、加快广东向香港的制度学习

改革以来,粤港合作的发展已经使双方形成了相互依赖的密不可分的关系,也是实现大珠三角区域经济一体化的核心内容。区域经济一体化作为一种地域过程,其最终目的就是形成一个同一的区域经济组织,即区域经济共同体。在这个共同体内,通过制定共同的区域产业政策以及与此相关的其他各项社会经济政策,以劳动地域分工为基础,统筹规划,最终建立一种垂直型分工与水平型分工相结合的区域经济联合体系,从而促进共同体成员的共同繁荣。②相关研究认为,区域经济一体化又分为功能性一体化与制度性一体化。③ 功能性经济一体化是指地区间在经济各领域中实际发生的各种障碍清除及经济融合和依赖性增强,制度性一体化是指根据各地区间达成的协议和条约,由特定的一体化组织管理机构加以指导

---

① 参见[美]奥利弗·E. 威廉姆森《效率、权力、权威与经济组织》,见[美]约翰·克劳奈维根《交易成本经济学及其超越》,朱舟、黄瑞虹译,上海财经大学出版社2002年版,第14~60页。

② 参见上海财经大学区域经济研究中心《2003年中国区域经济发展报告》,上海财经大学出版社2004年版,第202页。

③ 参见王洪庆、朱荣林《制度创新与区域经济一体化》,载《经济问题探索》2004年第5期,第35~38页。

的、以缩小制度落差为目标的一体化进程。一般而言，制度性一体化是在功能性一体化发展的基础上，彼此认识到需要有相似或相近的规范和规则，从而达成的某种协议和条约。功能性一体化虽然代表了经济一体化的实质性内容，代表了各区域市场经济自发的内在要求，但在这种自发力量支配下的地区间的经济活动往往是不稳定的、脆弱的；而制度性一体化通过地区之间的制度性整合，将区域经济关系加以巩固和经常化，因此，它是区域经济一体化走上正轨的直接因素，功能性一体化必须从中获得持续健康发展的保障。根据已有的成功经验，在功能一体化实现之后，因为合作红利的驱动，区域经济一体化进程仍将继续。这样一来，区域内合作的形态将发生变化，市场原则下自主发生的功能一体化需要进一步升级，区域经济一体化即将跃入更高层次，区域内各成员间经济合作进入新的时期，这就是制度一体化时期。制度一体化以区域内成员间统一的发展环境为基本目的，通过成员间体制整合，建立相同的制度环境条件，消除因为体制差异形成的经济整合的制度障碍，极大地降低交易成本，获得区域经济一体化过程中来自制度发展的"适应效率"[①]。迄今为止，制度性一体化是区域经济一体化的高层次的合作形态。

回顾改革开放以来粤港合作的历史，我们注意到，正是在经济发展水平与制度安排同时存在巨大落差的背景下，粤港合作拉开序幕并延续至今。从区域经济学意义上讲，已有的粤港合作已经实现了充分的功能性一体化。而且在近30年的合作发展之后，合作形态依然止步于功能性一体化。但是，从前述分析可以看出，目前两地间功能性一体化的空间已相当有限，两地的体制、机制间的差别已经成为继续推进区域一体化进程的关键性约束因素。因此，要继

---

① 史世伟：《欧洲经济一体化与欧盟经济宪法》，载《欧洲研究》2007年第2期，第54～60页。

续拓展粤港合作,就必须将粤港合作逐渐从功能性一体化转变为制度性一体化。具体而言,香港作为成熟和发达的地区,市场机制和法制建设完善,政府管理和运作规范,公务员素质好、廉洁程度高,社会管理更是处于国际先进水平。与香港相比,仍处在社会主义初期阶段和经济与政府管理体制转轨时期的广东省,无论政府职能转变、市场机制建设、法治环境完善程度还是社会管理水平都与香港存在相当大的差距。毋庸置疑,要继续深化和拓展粤港合作,实现广东经济与香港经济的高度融合,并不是要把香港经济的运行机制和法制环境降低到广东的水平,让香港"内地化",而是要在巩固和发展香港国际化水平的同时,把香港作为广东经济国际化的先导和桥梁,作为广东经济与国际接轨的重要接口,让广东经济与香港经济全面接轨,广东要积极借鉴和学习香港的公共管理、经济运行机制和社会管理模式,尽快将广东的市场机制和法制环境提升到香港或接近香港的水平。要实现这一目标,必须尽快加速推进广东向香港的制度学习。

众所周知,改革以来广东通过"先行一步"而实现的崛起,在相当程度上得益于持续的制度学习与制度创新,① 也包括不断学习和借鉴香港的制度和经验。而且为保持持久的竞争力,地方政府必须在地区内部和外部进行持续的制度学习。② 但是,曾经独领"改革风气之先"的广东特别是珠三角现在也先行遭遇发展瓶颈:有利于自主创新的体制尚未建立,令珠三角产业被压制在国际产业链的低端;城乡二元结构体制未被根本打破,使全国最富的地方在广东,最穷的地方也在广东;唯 GDP 论理念的根深蒂固,让 15 年前就提出的打造珠三角经济区的重大决策未能克竟全功;政府职能

---

① 参见任剑涛《30 年改革:广东经验的中国意义》,载《中山大学学报》2008 年第 4 期,第 1~18 页。

② 参见 Hassink R , Lagendijk A. The dilemmas of interregional institutional learning. Environment and Planning : Government and Policy , 2001, 19 (1): 65 – 84.

"越位""错位""缺位",使政企不分、政资不分、政事不分、政社不分的现象大量存在……①而随着广东市场经济水平的日益提升,更为健全的市场机制、更为健全的法制环境、更为完善的社会管理环境、更为合理的公共服务环境,这些都是未来广东经济社会发展的内在诉求。因此,加速向香港的制度学习也是广东自身发展的必然要求。

当然,制度学习并非简单的制度模仿与照抄照搬。对于香港的制度,要从两个方面看:一方面,有些制度是由香港的基本政治和经济体制决定的制度,我们在短期内是难以借鉴的,这些只能通过包容和并存来协调;另一方面,对于香港一些符合市场经济规律和现代社会发展要求的经济与社会管理制度和规则,广东可以进行借鉴和学习,以不断改善广东经济发展的软环境,为粤港合作创造更好的制度条件。甚至可以推论,粤港之间除了政治制度和关税制度之外,应该实现更广泛的制度性融合。这就意味着要转变粤港合作模式,要从早期的资本、技术引进尽快转型为制度和规则引进。

四、简短的结论

粤港合作发展至今,既拉动了广东经济的腾飞和持续高速增

---

① 参见梅志清、邓红辉《从摸着石头过河到全面制度创新》,载《南方日报》2009年3月31日。

长,也实现了香港的长期繁荣与稳定,为未来粤港合作的发展奠定了坚实的基础。回顾以往的粤港合作,在粤港之间经济发展水平存在巨大落差的背景下,以经济合作为核心的功能性一体化发展发挥了关键性作用。但是,当粤港之间经济发展水平落差缩小后,粤港合作中没有制度一体化作为保障的功能性一体化就逐渐遭遇发展的瓶颈,从而面临着严峻的挑战。因为区域经济一体化的已有成功发展经验告诉我们,区域经济一体化发展中的功能性一体化只有建立在制度性一体化基础之上,才会有更广阔的发展空间。香港经济体制十分开放,市场运作高度成熟,经济运行规则与国际接轨,特别是金融体系与法治环境在全世界享有盛誉,是亚太地区国际化程度最高的大都市。同时,香港社会中介组织在许多领域承担着提供公共服务的功能,在社会和经济管理中扮演重要角色。这些对广东完善市场经济体制、进行制度创新、培养国际视野等都有着不可替代的重要借鉴作用。因此,加速推进广东向香港的制度学习,从以往的资金、技术等的引进转变为制度学习与借鉴,应该成为未来粤港合作的新思路。值得注意的是,在 2008 年年底经国务院批复的《珠江三角洲地区改革发展规划纲要(2008—2020)》(以下简称《规划纲要》)中,中央明确了广东作为"科学发展模式试验区和改革先行区"的地位。在这个意义上,加速广东向香港的制度学习,也是落实《规划纲要》的应有之义。

后　　记

在本书即将出版之际，我的思绪不禁回到了自己近20年的中山大学学术生涯中。自己内心的挣扎和苦熬，不断地回应和激荡着南中国这个改革开放排头兵省份"先行先试"的艰苦卓绝的创造性发展历程。我与我们的研究团队同仁一样真切地体验了广东治理转型的艰难历程，本书就是对这一体验过程的尝试性学理反应。

近年来，国际学术界一直在探寻"中国奇迹"之谜。在经济学帝国主义不能提供相对合理解释的背景下，有必要从政治学的学科视角来思考这个命题。在政治学的学科视野下，我们无法忽略中国政府在主导整个发展进程中不断改革自身并在逐步释放市场和社会活力进程中所扮演的非常独特的角色。尤其是从比较研究的视野来看，世界上没有任何一个国家的政府尤其是地方政府像中国地方政府具有那样强大的创新发展动力。于是，就形成了国际学术界盛赞的中国由地方探索走向全国创新的发展道路。而在这里面，广东发展的标本意义独特。在这里，我们不仅见证了市场化进程的狂飙突进和公民社会的茁壮成长，更见证了地方政府在发展与稳定的双重压力下不断进行的自我调适。改革开放以来，从担当改革开放试验田到率先基本实现现代化，从"三个定位、两个率先"到"四个坚持、三个支撑、两个走在前列"，广东一直在为中国的改革发展"探路"。从这个意义上讲，广东改革开放的发展历程就是不断自我调适去使政府回应市场和社会发展需求的过程，不断调适政府与市场和社会关系的过程。广东的发展实践表明：全面深化改革的关键在于政府调适性地回应市场和社会的变迁，在已经充分领略到市场的"魔力"后还应该增进对社会的信任。因此，本书实际上是我在这近20年的中山大学学术生涯中自觉或不自觉地思考"广东发展之谜"的结果。虽然缺乏基本的理论深度和系统性，但我希望把它整理出来，供学界同仁批评，以期促进相关问题的知识增长并继续深化这一领域的理论研究。

  基于上述考虑，本书在梳理广东探索治理体系现代化的背景基础上，分别从改革地方政府治理结构、理顺地方政府与市场和社会的关系、探索参与式治理和创新区域治理四个方面呈现了广东地方政府探索治理体系现代化的历程，从学理上为广东始终引领发展潮流的具体实践提供了初步的理论解释。

  本书的写作首先要感谢中山大学中国公共管理研究中心"当代中国治理理论"和2017年度广州市哲学社会科学"十三五"规划课题（2017GZZK46）的资助，其次要感谢中山大学政治与公共事务管理学院院长兼党委书记肖滨教授的大力支持并将本书纳入"广东地方治理创新研究丛书"，然后要感谢我们中山大学当代中国研究中心各位同仁的相互砥砺，最后要感谢与我风雨同舟、一路相伴的家人。